LECTURES CONTEMPORAINES
DE GABRIELLE ROY

« Cahiers Gabrielle Roy »
Collection dirigée par François Ricard

Cette collection rassemble des ouvrages consacrés à Gabrielle Roy,
textes inédits, études, commentaires critiques et autres documents
susceptibles de mieux faire connaître et comprendre l'œuvre, l'art et
la pensée de la romancière.

Lori Saint-Martin

LECTURES CONTEMPORAINES DE GABRIELLE ROY

Bibliographie analytique des études critiques (1978-1997)

Avec la collaboration de Sylvie Lamarre
Et la participation de Manon Dumais, Élise Michaud,
Laure Neuville, Katherine A. Roberts,
Sophie Sainte-Marie et Katri Suhonen

CAHIERS GABRIELLE ROY

Boréal

Les Éditions du Boréal remercient le Conseil des Arts du Canada ainsi que le ministère du Patrimoine canadien et la SODEC pour leur soutien financier.

© 1998 Les Éditions du Boréal
Dépôt légal : 3e trimestre 1998
Bibliothèque nationale du Québec

Diffusion au Canada : Dimedia
Diffusion et distribution en Europe : Les Éditions du Seuil

Données de catalogage avant publication (Canada)

    Saint-Martin, Lori

    Lectures contemporaines de Gabrielle Roy : bibliographie analytique des études critiques, 1978-1997

    (Cahiers Gabrielle Roy)

    Comprend des index.

    ISBN 2-89052-909-6

    1. Roy, Gabrielle, 1909-1983 – Bibliographie. I. Titre. II. Collection.

PS8535.095Z991   1998   016.843'54   C98-940882-5
PS9535.095Z991   1998
Z8763.764S24   1998

À Paul Socken, premier bibliographe de Gabrielle Roy,
mon premier professeur à l'université et un ami depuis

Remerciements

La préparation d'une bibliographie exige le concours de plusieurs personnes et organismes.

Je remercie tout d'abord le FCAR et l'Université du Québec à Montréal, qui ont subventionné le projet de recherche intitulé « Pour une nouvelle Gabrielle Roy », dans le cadre duquel le présent ouvrage a été préparé.

Paul Socken, de l'Université de Waterloo, a mis à ma disposition une liste partielle des écrits critiques consacrés à Gabrielle Roy jusqu'en 1991, où figurait le titre d'environ le cinquième des textes recensés ici. André Fauchon, du Collège universitaire de Saint-Boniface, a généreusement accepté de publier dans *Les Cahiers franco-canadiens de l'Ouest,* en version préliminaire, une partie de la présente bibliographie, couvrant les années 1984-1995, et m'a fourni de surcroît des références supplémentaires. François Ricard, de l'Université McGill, m'a proposé de faire de cet article un livre en l'augmentant et en le remettant à jour. Qu'ils soient tous trois remerciés de leur aide et de leurs encouragements.

Ma reconnaissance va aussi aux assistantes qui ont collaboré au projet. Laure Neuville, Katherine A. Roberts et Sophie Sainte-Marie ont effectué des recherches bibliographiques et rédigé quelques résumés qui m'ont permis de vérifier les miens ; en fin de parcours, Manon Dumais, Élise Michaud et Katri Suhonen ont corrigé les références et assuré l'uniformisation des données. Je remercie surtout Sylvie Lamarre, ma principale assistante de recherche, qui a assumé plusieurs

9

des mêmes tâches et bien d'autres, telles que la préparation de l'index d'après mon classement, et dont la disponibilité, la rigueur et l'intelligence ont grandement facilité mon travail.

Enfin, et comme toujours, je remercie Paul Gagné de son soutien indéfectible.

Gabrielle Roy devant la critique

Née dans le cadre d'un projet de recherche subventionné par le FCAR et l'UQAM, intitulé « Pour une nouvelle Gabrielle Roy », la présente bibliographie vise à aider les étudiants, les enseignants et les chercheurs à repérer, dans la masse d'écrits critiques — 22 livres et près de 335 articles — consacrés à Gabrielle Roy depuis vingt ans, ceux qui éclaireront le mieux leur recherche ou leur réflexion. Outre le présent essai, qui analyse les grandes tendances en critique royenne, dégage un certain nombre de consensus et esquisse des perspectives d'avenir, le livre propose un résumé détaillé du contenu de chaque texte critique. Il renferme aussi deux annexes : une liste des articles d'introduction à l'œuvre royenne et un choix de textes qui abordent cette œuvre dans le cadre d'une analyse plus générale de la littérature québécoise. Enfin, des index répertoriant les méthodes utilisées dans chaque texte critique ainsi que les ouvrages royens à l'étude permettront au lecteur de s'orienter rapidement et sans tâtonnements. Ainsi, on trouvera réunis, dans le présent volume, tous les outils nécessaires à la découverte d'un corpus critique original, riche et diversifié.

Entre les critiques littéraires et Gabrielle Roy, on peut parler d'une longue histoire d'amour. Malgré la réception immédiate parfois tiède, voire glaciale, qu'ont connue certaines œuvres (voir Ricard 1996a), la romancière s'est vue, très tôt, consacrée. Peu d'auteurs québécois ont fait l'objet d'autant d'études. Les chiffres révèlent de surcroît une renommée toujours croissante : entre 1950 et 1978, Paul Socken (1979) répertorie 5 livres et 47 articles de fond consacrés à Gabrielle Roy, dont près de la moitié (20 articles) sont parus entre 1970 et 1978, signe déjà d'un intérêt de plus en plus marqué. En fait, depuis la parution de l'article de Socken, la progression est constante : environ 60 études (livres et articles confondus) en 1980-1984 (voir aussi l'article bibliographique, non exhaustif, de Chadbourne [1984]), 70 en 1985-1989, près de 120 en 1990-1994, et une centaine pour les seules années 1995-1997. On passe donc de 10 études par année en moyenne à 25, voire 30. Seule l'année 1997, avec sa dizaine d'articles, a connu un fléchissement, mais la tendance dominante laisse croire qu'il sera de courte durée.

Quinze ans après sa disparition en 1983, Gabrielle Roy suscite donc plus d'intérêt que jamais, tant auprès du grand public qu'auprès des spécialistes de la littérature. À part les qualités littéraires intrinsèques de l'œuvre, qu'est-ce qui explique l'essor spectaculaire de la critique royenne ? Une première cause en est sûrement la parution, peu après la mort de la romancière, d'importants inédits susceptibles d'éclairer sous un jour nouveau l'œuvre tout entière. La publication de l'autobiographie royenne, *La Détresse et l'Enchantement*, en 1984, a lancé à elle seule une vague de relectures et d'hommages. Depuis, sont parues la correspondance de l'auteure avec sa sœur Bernadette (*Ma chère petite sœur*, 1988), et, plus récemment, la suite de l'autobiographie, restée inachevée à la mort de Gabrielle Roy (*Le temps qui m'a manqué*, 1997). Tous ces textes, ainsi que la biographie de François Ricard, *Gabrielle Roy, une vie* (1996a), ont maintenu l'auteure dans l'actualité littéraire, lui évitant la période d'oubli qui suit souvent le décès d'un écrivain.

Entamée en 1993, la réédition, par les Éditions du Boréal, de tous les écrits royens a attiré l'attention des critiques et des lecteurs. On peut s'étonner de l'absence de toute édition critique, ou même de toute bonne édition de lecture, bref de toute édition littéraire et définitive plutôt que purement commerciale, des écrits d'une romancière de la trempe de Gabrielle Roy.

À son tour, le cinquantenaire de la publication de *Bonheur d'occasion* a donné lieu à plusieurs événements qui ont encore rehaussé le prestige et la visibilité de Gabrielle Roy : le colloque international tenu à Saint-Boniface en septembre 1995, dont les actes sont parus en 1996 sous la direction d'André Fauchon ; le colloque de l'ACFAS intitulé « *Le Survenant* et *Bonheur d'occasion* : rencontre de deux mondes », organisé à Montréal en mai 1996 par François Ricard et Pierre Nepveu, et auquel on a consacré un numéro d'*Études françaises* en 1997 ;

et le séminaire d'études supérieures de l'Université Laval sur *Bonheur d'occasion,* offert par Marie-Andrée Beaudet, dont les textes ont été publiés (Nuit blanche éditeur).

Autre événement marquant de la période : la création du Fonds Gabrielle Roy à la Bibliothèque nationale du Canada. Bien que ces archives, considérables (voir Ricard 1992a), soient ouvertes à tous ceux qui en demandent l'accès, leur consultation a donné lieu à peu d'articles critiques à ce jour. En revanche, la publication d'un roman inachevé, *La Saga d'Éveline,* et de la correspondance de Gabrielle Roy avec son mari, Marcel Carbotte, est annoncée et devrait susciter beaucoup d'intérêt.

Toutes les études s'accordent, nous le verrons, pour reconnaître non seulement le caractère classique de l'œuvre royenne, mais aussi, avant tout, son éclatante modernité. Cette vision est toutefois relativement récente. Longtemps, en effet, a prédominé l'image d'une Gabrielle Roy nostalgique, un peu mièvre, pour tout dire surannée. Les mères de famille admirables et les enfants merveilleux qui fourmillent dans l'œuvre, la priorité accordée à l'émotion et à la douceur, l'optimisme tendre, l'amour sans borne pour des personnages presque toujours bons et touchants, la conviction, en plein siècle d'atrocités, que « la nature humaine est partout excellente » (*La Petite Poule d'Eau*), l'absence de violence, de sexualité, de conflits apparents, de révolte ouverte (on ignorait alors la teneur de certains inédits), la rareté, sauf dans les premiers écrits, des références à l'actualité politique, sociale ou culturelle : tout cela a fait conclure à plusieurs que l'œuvre royenne était atemporelle, mais aussi, curieusement, dépassée. En même temps, le mythe de la simplicité, du naturel, de la spontanéité et de la facilité de l'écriture de Gabrielle Roy (ne la lit-on pas dans les cours de français langue seconde des écoles secondaires canadiennes ?) a longtemps empêché les critiques de voir les réelles préoccupations formelles de l'auteure, liées souvent du reste à des questionnements philosophiques. Comme le fait remarquer Agnès Whitfield dans un compte rendu, Gabrielle Roy a été perçue, durant les années 1970 et 1980, comme une figure marginale :

> Tant par son traditionalisme et sa double affinité québécoise et manitobaine
> que par l'orientation de plus en plus autobiographique de son œuvre,

Gabrielle Roy ne semblait guère participer aux grandes questions nationalistes, formelles ou féministes de la production littéraire québécoise des années 70 et 80. On ne cessa, certes, de la considérer comme étant une des grands écrivains québécois, mais la place de son œuvre sur la scène littéraire nationale demeurait plutôt discrète, à l'image de l'auteure elle-même[1].

Peut-être en effet — nous y reviendrons — aura-t-il fallu, pour qu'apparaisse clairement la nouveauté de Gabrielle Roy, que les méthodes d'analyse littéraire évoluent à leur tour et, en quelque sorte, la rattrapent.

À l'intérêt durable qu'inspire l'œuvre royenne correspond une internationalisation lente mais sûre de la critique qui en rend compte. François Ricard (1996a) a montré que, promise d'abord à une renommée mondiale (succès immédiat et spectaculaire de *Bonheur d'occasion* aux États-Unis et en France, nombreuses traductions), Gabrielle Roy a vu par la suite son audience et sa reconnaissance se limiter pour l'essentiel à son propre pays. En effet, jusqu'à tout récemment, la très grande majorité des textes critiques était signée par des auteurs québécois, canadiens-anglais, franco-manitobains ou, parfois, étatsuniens ; ce n'est que depuis une quinzaine d'années que le rayonnement de l'œuvre déborde de nouveau l'Amérique du Nord. Si les principaux foyers d'activité à l'étranger se trouvent en France et en Italie, d'autres pays, dont l'Australie, l'Irlande, la Norvège, le Brésil et même l'Inde, commencent à être représentés. Les chiffres tirés du colloque tenu à Saint-Boniface en 1995 sont éloquents : des conférenciers présents, 37 venaient du Canada (Québec compris), 5 des États-Unis et 10 d'Europe (dont 7 de France). Il y a tout lieu de croire que le mouvement est irréversible — ce qui est fort heureux, étant donné la qualité de certains textes (dont ceux des Piccione, Vaucheret, Resch, Stéphan, Tufte, Kwaterko, Figueiredo, Porto). Si on ne peut que se réjouir du retentissement international de l'œuvre, il faut cependant signaler un malaise qui se dégage de la lecture de certains textes de critiques étrangers. Un intérêt sincère tient parfois lieu de connaissance approfondie de l'œuvre ; l'attitude est souvent eurocentriste

---

1. Agnès WHITFIELD, « L'œuvre de Gabrielle Roy et la critique », *Lettres québécoises,* n° 37, printemps 1985, p. 62.

(on multiplie les comparaisons rapides et non étayées avec les principaux écrivains français), et on a tendance à faire totalement abstraction de la longue tradition critique qui existe au Québec et au Canada — comme si personne, ici, n'avait relevé le caractère utopique de *La Petite Poule d'Eau* ou l'importance de la quête identitaire chez Gabrielle Roy. Mais, à condition d'éviter les pièges de l'arrogance culturelle, les voix venues de l'extérieur révèlent souvent des facettes inconnues de l'œuvre.

Comment caractériser l'immense masse d'écrits critiques (plus de 350 textes) recensés ici ? Les maîtres mots de la critique royenne, pour la période, auront été : foisonnement, approfondissement, diversification. Si nombre d'auteurs se cantonnent encore dans la description pure ou dans le résumé à peine commenté, restant pour ainsi dire à la surface du texte (ou même à la surface de la vie de l'auteure), il n'en demeure pas moins que cette période a vu appliquer à l'œuvre royenne, avec un grand bonheur, la quasi-totalité des méthodes et des problématiques critiques nouvelles (en plus des lectures traditionnelles — études de la réception, approches mythocritique, sociocritique, biographique, thématique —, qui foisonnent encore). En ressort avant tout, nous l'avons vu, la grande modernité de la pensée et de l'écriture de celle qui fut longtemps considérée comme traditionnelle. Dans le même mouvement se trouvent pulvérisés certains mythes touchant Gabrielle Roy, notamment celui, déjà mentionné, de la spontanéité, de la simplicité, voire de la naïveté de son écriture, qui se révèle au contraire d'une densité et d'une richesse remarquables. L'occasion est donc belle pour découvrir une Gabrielle Roy complexe, ambivalente, résolument à l'abri des modes mais mieux rattachée aux préoccupations de son époque — et de celle à venir — qu'on ne l'a cru jusque-là. Belle aussi pour observer l'évolution du paysage critique québécois depuis une vingtaine d'années.

Ainsi qu'on le verra, cette bibliographie est analytique mais non critique. Au lieu de distribuer les blâmes et les louanges — ce qui rend les notices plus piquantes, sans doute, mais éminemment plus subjectives et peut-être, en dernière analyse, moins utiles —, j'ai préféré faire, de chaque texte, le résumé le plus fidèle possible, pour que les lecteurs puissent décider par eux-mêmes s'il s'agit ou non, dans chaque cas, d'un contenu susceptible de les intéresser ou de les éclairer. En revanche, le présent essai, destiné à donner une vue d'ensemble, réintroduit nécessairement la dimension critique.

Qui étudie Gabrielle Roy, et dans quelle optique ? Quelles œuvres sont aimées ou négligées par la critique ? Comment les migrations de l'auteure, du Manitoba au Québec en passant par l'Europe, ont-elles contribué à façonner l'image qu'on se fait d'elle ? La lit-on de la même façon selon qu'on est Canadien-Anglais, Franco-Manitobain ou Québécois ? Qu'est-ce qui, dans la critique royenne, a changé depuis vingt ans, et qu'est-ce qui est resté ? Quelles sont les nouvelles tendances les plus importantes ? Quelles sont les approches les plus fréquemment utilisées, et les plus fructueuses ? Quelle image de l'œuvre les textes nous renvoient-ils ? Inversement, quel portrait de la critique littéraire voit-on se dessiner à leur lecture ? Quelles voies sont maintenant les moins explorées et les plus prometteuses ? Que réserve l'avenir ? Autant de questions auxquelles je tenterai de répondre ici.

Enfants chéris et parents pauvres

Pour beaucoup, Gabrielle Roy était et demeure la femme d'un seul livre. Même aujourd'hui, les textes qui traitent de la littérature québécoise dans son ensemble (voir l'annexe 2) ne mentionnent en général que *Bonheur d'occasion*, qu'il s'agisse du langage dans le roman québécois, de la modernité romanesque, voire de la montagne ! Pour les non-spécialistes du moins, *Bonheur d'occasion* occupe, dans l'œuvre royenne, une place à part, voire toute la place. On pourrait donc dire que, tout en établissant Gabrielle Roy comme l'une des figures de proue de la littérature québécoise, *Bonheur d'occasion* a occulté dans une large mesure le reste de sa production. Il faut noter, toutefois, que la lecture de *Bonheur d'occasion* a beaucoup évolué, ainsi que nous le verrons, et touche de plus en plus les éléments formels plutôt que sociaux du roman, la littérarité et la mise en texte du réel, plutôt que la seule valeur documentaire.

Les chiffres des dernières années révèlent par ailleurs que l'intérêt se porte de plus en plus sur d'autres œuvres de Gabrielle Roy (bien que beaucoup tiennent encore son premier roman pour son chef-d'œuvre). On peut parler pour l'essentiel de deux massifs textuels : les deux romans montréalais, *Bonheur d'occasion* et *Alexandre Chenevert*, d'une part, et le bloc autobiographique, composé principalement de *Rue Deschambault,* de *La Route d'Altamont* et de *La Détresse et l'Enchantement,* d'autre part. (Certains ajoutent à ce groupe *Ces enfants de ma vie,* ouvrage toutefois beaucoup plus rarement étudié, que l'on traite le plus souvent à part.) Ainsi, *Bonheur d'occasion* a inspiré 80 études, *La Détresse et l'Enchantement,* 40, *Rue Deschambault* et *La Route d'Altamont,* 26 et 23 respectivement, et la série autobiographique dans son ensemble, 13 autres textes (plus de cent études en tout)[2]. Voilà un virage capital, puisque Paul Socken n'a répertorié que deux études consacrées à *Rue Deschambault* et à *La Route d'Altamont* (l'autobiographie n'était pas encore parue). Autre tendance nouvelle qui sera analysée plus loin, ce qu'on commence à appeler « l'œuvre manitobaine » fait l'objet d'une vingtaine d'études.

Plusieurs ouvrages rarement abordés par le passé ont finalement été scrutés de près par la critique. C'est le cas particulièrement d'*Alexandre Chenevert* (30 études), qui a suscité des lectures formelles et thématiques, nouvelles (américanité, interculturel), de *La Montagne secrète* (26 études), étudié notamment selon les approches mythocritique, féministe et thématique, de *Ces enfants de ma vie* (20 études), texte dont les études génériques et la critique au féminin ont donné une autre perception, de *La Petite Poule d'Eau* (18 études surtout thématiques) et, enfin, d'*Un jardin au bout du monde* (15 études), que l'on a analysé surtout des points de vue formel et thématique. Sans nier l'importance des grandes synthèses, rien ne remplace l'analyse patiente et minutieuse d'un seul livre, voire d'une seule nouvelle, qui permet des approfondissements nouveaux. La période traitée ici a vu paraître une quarantaine d'études consacrées à l'ensemble de l'œuvre, donc une fraction de la production totale (un peu plus de 10 %), alors que près de 60 % des études répertoriées par Paul Socken couvraient l'ensemble de l'œuvre. On peut donc parler d'une critique maintenant plus ciblée et mieux circonscrite. De la même façon, des textes peu connus ou inédits (les reportages, *La Saga d'Éveline*) font l'objet de quelques études. La

---

2. Les chiffres mentionnés ici ne correspondent pas au nombre total d'articles et de livres parce que les études traitant de plus d'un roman ont été comptabilisées plus d'une fois.

tendance est donc à un examen en profondeur de chacune des facettes de la production royenne.

Il reste cependant des textes négligés par la critique. *La Rivière sans repos* (9 études) est de ceux-là, peut-être parce qu'il semble, en raison de son décor, occuper une place marginale dans l'œuvre. Impression fausse, du reste, car il s'y intègre facilement de plusieurs points de vue, par le biais d'un certain réalisme social (il y aurait lieu de comparer les techniques formelles de ce roman à celles de *Bonheur d'occasion* et d'*Alexandre Chenevert*, projet entamé par Estelle Dansereau), de l'ouverture aux autres cultures et, dans une perspective féministe, d'un trajet narratif, celui d'Elsa, qui fait clairement écho à celui de Florentine dans *Bonheur d'occasion* (voir Bourbonnais 1988, Saint-Martin 1989).

Mais les parents pauvres absolus demeurent *De quoi t'ennuies-tu, Éveline ?* (4 études) et *Cet été qui chantait* (3 études seulement, dont une sur la réception critique). Bien sûr, la multiplication des textes consacrés à l'œuvre royenne laisse croire que les titres négligés connaîtront eux aussi leur heure de gloire : s'il est vrai que *De quoi t'ennuies-tu, Éveline ?* est souvent abordé dans les études consacrées aux écrits d'inspiration autobiographique, *Cet été qui chantait*, en raison même de sa place marginale dans l'œuvre (mais n'y a-t-il pas justement, chez Gabrielle Roy, plusieurs textes marginaux, si bien que la marge devient presque la norme ? et cette tendance à une certaine hétérogénéité ne mériterait-elle pas d'être étudiée pour elle-même ?), devrait retenir l'attention des critiques. Qu'est-ce qui explique le curieux silence qui règne à son sujet ? Pas uniquement l'échec esthétique : *La Montagne secrète*, pourtant mal reçu par la critique lors de sa parution, fait maintenant l'objet de nombreuses études. Pourquoi, dans *Cet été qui chantait*, la tendresse, la confiance, la recherche de l'utopie, tous traits qui font le charme des autres écrits royens, inspirent-elles l'agacement ou l'indifférence ? Pourquoi Gabrielle Roy semble-t-elle forcer la note ? Les causes de cet échec sont peut-être d'ordre formel, ou encore peut-être d'ordre plus intime : conçu comme un hommage au souvenir de Bernadette, l'une des sœurs aînées de l'auteure, le projet a pu forcer Gabrielle Roy à exprimer plus de foi et d'optimisme qu'elle n'en ressentait réellement, d'où une impression de contrainte. On pourrait encore se pencher sur la structure de cette œuvre, sur la vision du monde naturel qui s'en dégage ou sur la représentation des femmes et, plus généralement, des relations entre les êtres.

De ce portrait des œuvres choyées ou négligées par la critique, on peut donc conclure que, si *Bonheur d'occasion* continue de se tailler la part du lion, presque tous les textes commencent à être abordés ; par ailleurs, les grandes synthèses des débuts font souvent place à des lectures plus pointues. Enfin, on peut s'attendre à un certain renouvellement des études royennes en raison de l'intérêt nouveau pour les corpus marginaux ou mal connus (nouvelles et reportages des débuts, inédits, correspondance).

Le Manitoba, le Québec ou le Canada ?

À quelle enseigne loge Gabrielle Roy ? Est-elle une romancière franco-manitobaine, québécoise ou canadienne ? À lire les textes critiques, on se rend compte que cette question, qu'on aurait pu croire dépassée, soulève encore les passions. De façon toute prévisible, la réponse varie selon l'origine des critiques : les Franco-Manitobains invoquent son lieu de naissance, et les Québécois, son point d'arrivée, tandis que les Canadiens anglais soulignent plutôt son refus de choisir et son amour exemplaire pour toutes les régions du Canada[3].

À condition d'observer certains silences, on peut en effet plier l'œuvre aux thèses les plus incompatibles entre elles. Pour les Canadiens anglais, Gabrielle Roy est une championne de l'unité canadienne, ardente admiratrice du beau, grand et tolérant pays qu'est le nôtre ; ils oublient les injustices criantes qu'a subies la minorité franco-manitobaine, dénoncées avec tristesse et amertume dans *La Détresse et l'Enchantement,* sans parler de celles imposées aux Québécois francophones de l'époque de *Bonheur d'occasion.* Les Franco-Manitobains voient en Gabrielle Roy la confirmation éclatante du talent des leurs, mais aussi l'exemple d'un tenace refus de l'assimilation : « L'œuvre de cette Manitobaine prouve de façon tangible qu'on peut naître d'un milieu en situation minoritaire et manier admirablement bien la

---

3. Il ne s'agit pas ici de porter de jugements de valeur, ni de laisser croire qu'il existe, au sein de chacun des groupes mentionnés ici, une quelconque unanimité des vues et des approches. Il faut bien constater, toutefois, l'existence de trois grandes tendances géographiques et idéologiques, qui d'ailleurs rendent compte toutes trois de certains éléments essentiels de l'œuvre et de la pensée royennes.

langue française[4] » ; ils ne disent mot du fait que, pour s'illustrer, Gabrielle Roy a cru devoir quitter Saint-Boniface et s'établir en milieu essentiellement francophone. Les Québécois nationalistes, eux, applaudissent sa vive dénonciation de la domination colonialiste :

> Rose-Anna et Florentine sont des types à travers lesquels tout le drame d'un peuple se joue. La romancière a voulu en donner une idée en créant une foule de personnages secondaires qui ouvrent à l'imagination des perspectives nationales. Ils représentent tous les déracinés bloqués dans leur processus d'urbanisation par une société capitaliste uniquement soucieuse de production et de consommation. Parias de la société urbaine, ils le sont non seulement par leur manque d'argent, mais aussi par leur langue et leurs institutions réfractaires à une civilisation qui s'élabore en anglais[5].

De façon semblable, Maurice Arguin (1989) soutient que Gabrielle Roy a créé, avec Jean Lévesque, « la préfiguration du héros du roman de contestation, le révolutionnaire, qui assumera, en pleine conscience, un choix entre l'assimilation et la suppression du dominateur » (p. 89). En effet, on peut voir en Gabrielle Roy une ardente nationaliste québécoise[6]... à condition de ne retenir de son œuvre que son premier et son troisième roman. Au fond, chacune de ces lectures rend compte d'une partie de la réalité, tout en faisant d'importantes entorses à la vérité : les Québécois gomment les origines de Gabrielle Roy et son fédéralisme profond et sincère, les Franco-Manitobains nient presque qu'elle les a quittés (elle demeurera toujours « Manitobaine jusqu'à la moelle des os », comme l'écrit Paul Baril [1996, p. 424]), les Canadiens anglais passent sous silence les injustices qu'elle dénonce dès son premier roman[7].

---

4. Annette SAINT-PIERRE, « Itinéraire de l'écriture et de l'édition dans l'Ouest canadien », *La Licorne*, n° 27, 1993, p. 267.

5. Maurice LEMIRE, « Le roman québécois des mœurs urbaines », *Québec français*, n° 36, décembre 1979, p. 57.

6. Antoine SIROIS (1984) croit au contraire que le succès de *Bonheur d'occasion* au Canada anglais s'explique par le fait que ce roman « associait à la fois la valeur sociale et la valeur esthétique, et n'était pas imprégné de nationalisme » (p. 476).

7. Rappelons encore qu'il s'agit de tendances générales.

Comment concilier ces trois perspectives opposées, qui, il faut bien le dire, trouvent toutes trois de solides appuis dans l'œuvre ? La seule manière véritable de le faire, sans doute, serait de sonder précisément les *contradictions* des vues royennes au lieu d'en faire ressortir un seul aspect, celui en général qui renforce ses propres opinions. Pour difficile et inconfortable qu'elle soit, une telle position serait des plus révélatrices.

Dans les faits, il importe de le noter, cette triple allégeance au Manitoba, au Québec et au Canada, cette diversité de vues politiques (fédéralisme, nationalisme québécois, revendication tardive d'une identité minoritaire) est une autre illustration à la fois de l'extrême ambivalence de Gabrielle Roy et de son extraordinaire sens (conscient ou inconscient) de l'autopromotion. Contre toute attente, elle a su remporter la faveur de publics très divers, aux exigences politiques et idéologiques incompatibles entre elles, et ainsi assurer le rayonnement durable de son œuvre.

Les trois solitudes

Lorsqu'on se demande qui étudie quels ouvrages de Gabrielle Roy et de quelle manière, le même clivage géographique réapparaît, accompagné de divergences dans le choix du corpus et du traitement. Là encore, coexistent trois Gabrielle Roy antinomiques.

Plus que tout autre écrivain de langue française sans doute, Gabrielle Roy occupe, au panthéon littéraire canadien, une place de premier ordre, celle que, de son vivant, elle a souhaitée et recherchée (voir O'Neill-Karch 1992, Ricard 1996a). Mais l'immense reconnaissance critique dont on la gratifie s'est obtenue au prix d'une « canadianisation », autrement dit d'une assimilation[8]. Toute spécificité francophone — qu'on la définisse comme franco-manitobaine ou comme québécoise, peu importe — gommée, Gabrielle Roy devient « *a great Canadian author* », un « écrivain de l'enfance », un « écrivain

---

8. Selon E. D. BLODGETT (1983), beaucoup de lecteurs anglophones ne se rendent pas compte que Gabrielle Roy écrivait en français, tant la traduction systématique correspond en effet à une forme sournoise d'assimilation. Voir son « How Do You Say "Gabrielle Roy" ? », Camille R. LABOSSIÈRE (dir.), *Translation in Canadian Literature*, Ottawa, Presses de l'Université d'Ottawa, p. 13-34.

des Prairies », ce qui a pour conséquence d'occulter des enjeux linguistiques et politiques importants. De la même façon, les critiques canadiens-anglais privilégient le plus souvent les approches thématiques et surtout comparatistes plutôt que stylistiques. Encore là, sauf exception (voir les Ewing, Purdy, Shek, Smart), les thèmes abordés sont d'ordre « général » (l'enfance, le voyage, la mémoire) plutôt que politique ; Gabrielle Roy est comparée à des écrivains canadiens-anglais (Margaret Laurence, Alice Munro, W. O. Mitchell, Sinclair Ross…) ; les romans des Prairies ont la faveur de ces critiques.

La période couverte ici a également vu apparaître une critique nouvelle, pratiquée essentiellement par des francophones de l'Ouest canadien et axée sur les rapports ambivalents qui lient Gabrielle Roy à son Manitoba natal. Or, si le corpus de choix est le même que pour les critiques canadiens-anglais, l'« œuvre manitobaine », l'approche adoptée est fort différente. Ces lectures privilégient deux grands axes. Un premier courant étudie la représentation de l'espace manitobain et constate à quel point la peinture des lieux réels se double d'une analyse des paysages intérieurs, c'est-à-dire des sentiments et des réflexions intimes des personnages, si bien que les éléments du monde naturel — plaine, collines, montagnes — en acquièrent une haute valeur symbolique (Harvey 1982, 1992 et 1993, Mocquais 1984, Collet 1986 et 1992, Essar 1991, M. Genuist 1991a, Viau 1992a et 1992b, Bartosova 1994b). Un second mouvement critique consiste à examiner l'attitude de Gabrielle Roy envers le groupe dont elle est issue, la minorité francocanadienne. On rappelle alors à la fois son admiration pour ceux dont le dévouement et les héroïques efforts ont fait que « nous sommes restés Français au Manitoba[9] » et son refus catégorique de défendre publiquement les droits des francophones hors Québec, refus qui lui vaut de sévères critiques (C. Lafontaine 1986). Par ailleurs, tous les observateurs notent qu'elle témoigne (mais de façon posthume) des petites et grandes humiliations que subissaient quotidiennement les Franco-Manitobains. Alors que Monique Genuist (1990) loue sa défense du multiculturalisme et le portrait lumineux qu'elle trace de ses lieux d'origine, Cécile Lafontaine voit dans son intérêt pour les autres

---

9. Un article de 1939 s'intitule précisément « Comment nous sommes restés Français au Manitoba ».

minorités une manière d'esquiver toute réflexion sur la sienne. Carol J. Harvey (1996a), plus positive, dépeint une femme qui, ayant subi la tentation de l'anglais, surmonte son aliénation et choisit le français comme langue d'écriture, devenant ainsi un modèle d'identité française vécue et assumée. De ces différentes lectures se dégage toute l'ambivalence de Gabrielle Roy, à la fois douloureuse et féconde, source de déchirements mais aussi moteur de son écriture.

La critique franco-manitobaine possède donc sa spécificité idéologique et thématique. Cette orientation originale, qui éclaire une dimension négligée de l'œuvre, entraîne des différences d'approche et de corpus par rapport aux critiques québécois. En effet, les Québécois retiennent souvent les romans montréalais de Gabrielle Roy, qui, sauf exception, intéressent très peu les Franco-Manitobains. Ceux-ci se penchent presque exclusivement sur les écrits manitobains, en retenant, comme nous l'avons vu, deux thèmes qui leur sont propres : la mise en scène de l'espace des Prairies et les aléas de l'identité minoritaire. Les critiques québécois qui voient en Gabrielle Roy une dénonciatrice de la domination anglaise au Québec se penchent surtout sur les éléments *sociopolitiques* de l'espace montréalais, alors que les francophones de l'Ouest s'attardent plutôt aux dimensions *symboliques* et *émotives* de l'espace manitobain (l'appel au voyage, la quête de soi et de l'écriture) ; leur réflexion politique porte sur la survie du français en milieu minoritaire plutôt que sur le colonialisme économique. Certes, les Québécois sont nombreux aussi à étudier *Rue Deschambault, La Route d'Altamont* et *La Détresse et l'Enchantement,* mais, en général, ils en retiennent des éléments tout autres.

Sans durcir l'opposition entre ces trois approches ni oublier qu'il s'agit de généralisations (rappelons aussi que le but est non pas de juger mais de comprendre), force nous est de constater qu'il existe réellement trois pôles, trois grandes tendances géographiques, au sein de la critique royenne. Chacun de ces groupes s'approprie Gabrielle Roy, comme le montrent par exemple les lectures comparatistes : les Québécois la comparent, sauf exception, à des écrivains québécois, les Canadiens anglais à des auteurs canadiens-anglais, alors que seuls les Franco-Manitobains évoqueront Maurice Constantin-Weyer ou Georges Bugnet. Depuis l'avènement de ce qu'on pourrait appeler la nouvelle critique manitobaine, on serait tenté de parler, non plus de deux, mais de trois solitudes canadiennes, avec, comme unique passerelle de l'une à l'autre, l'œuvre royenne elle-même.

L'ancien…

Ces différences constatées, abordons la question plus vaste de savoir quelles méthodes critiques on applique le plus fréquemment à l'œuvre de Gabrielle Roy et quels résultats on obtient ainsi. Comme l'ont souligné à la fois Paul Socken et Richard Chadbourne, les approches traditionnelles — lectures biographique, mythocritique, sociologique, comparatiste, thématique, études de la réception ou des symboles — ont longtemps dominé le paysage critique. Or, si ces méthodes demeurent à l'honneur, s'y sont ajoutées — nous y reviendrons plus loin — des approches nouvelles qui ont modifié en profondeur notre perception de l'œuvre.

La célèbre notion de « la mort de l'auteur » n'a nullement cours dans la critique royenne. Au contraire, les **lectures biographiques** — fréquentes depuis toujours et sans doute justifiées dans la mesure où Gabrielle Roy elle-même a reconnu, voire revendiqué, l'étroite parenté entre sa vie et son œuvre — foisonnent encore, notamment depuis la parution de *La Détresse et l'Enchantement* en 1983. On retrouve, dans cette catégorie, à la fois la vaste biographie de François Ricard (1996a), saluée par l'ensemble de la critique, et des articles très pertinents qui scrutent une question plus circonscrite, comme l'influence possible de certains hommes de lettres sur Gabrielle Roy (Shek 1989) ou l'amitié entre la romancière et le critique littéraire torontois William Arthur Deacon (O'Neill-Karch 1992), mais aussi des textes plus flous, moins rigoureux, qui se contentent de répéter le déjà-connu (Clemente et Clemente 1997) et des témoignages parfois émouvants mais presque toujours proches de l'hagiographie. La grande faiblesse d'une certaine critique biographique est évidemment la simplification à outrance des liens entre la vie et l'œuvre, qui fait de celle-ci un simple décalque, une copie inférieure, moins « vraie », de celle-là. Cette approche se révèle à la fois naïve, puisqu'elle prétend dévoiler « ce qui s'est réellement produit » (comme s'il était possible de restituer, de façon non problématique, le réel — surtout le réel des perceptions et des émotions) et méprisante, dans la mesure où l'œuvre est vue non pas comme une création, mais comme un moyen de pallier un manque à vivre ou de racheter une faute commise. En général, il est moins productif de partir à la recherche de la « vérité » pour déterminer si, durant tel été, tel événement s'est bel et bien produit (bien que Harvey 1993, entre autres, apporte à ce sujet des précisions souvent utiles) que de considérer l'œuvre comme un vaste « espace autobiographique » (Ricard 1996b), ou encore de cerner selon quelles modalités Gabrielle Roy navigue « entre réalité et fiction » (Robinson 1995a). Dès lors, on peut étudier la genèse de l'écriture moins dans les faits vérifiables que dans l'enchevêtrement complexe des émotions, des tensions et des conflits intérieurs. Du moment où l'on cesse de traquer la vérité littérale, il devient possible d'étudier les mouvements de la mémoire, de sonder les affects liés à l'évocation d'un passé souvent douloureux, d'analyser la mise en place du rapport narratrice-narrataire ou les jeux de l'énonciation, bref de voir l'écriture autobiographique comme un phénomène *textuel* avant tout. Quelle que soit la formule, on retiendra, dès lors, « non pas l'aveu mais la recréation, non pas la restitution du passé mais sa réparation » (Ricard 1996c, p. 28). Pour être féconde, la critique biographique doit prendre en compte autant le caractère fictif de toute écriture que l'extrême complexité du jeu du réel et de la fiction, de manière à enrichir la réflexion sur la façon dont la vie et l'art se nourrissent l'un l'autre.

Toujours dans le domaine de l'extratextuel, les **études de la réception**, relativement peu nombreuses, soulèvent parfois des questions pertinentes : mentionnons Sirois (1984) et Melançon (1984) sur le succès de *Bonheur d'occasion* au Canada anglais et au Québec et Mathis (1996) sur l'accueil réservé à Gabrielle Roy en Allemagne. Agnès Whitfield (1990a et 1990b) a ouvert des pistes nouvelles en demandant pourquoi, malgré l'importance accordée aux questionnements et aux revendications féministes dans l'œuvre, la critique persistait à voir en Gabrielle Roy une traditionaliste en matière de relations entre les sexes. Dans une réflexion non dépourvue d'humour, Ben-Zion Shek (1996) prend à partie certains critiques « gauchistes » qui, selon lui, condamnent Gabrielle Roy de manière hâtive et malhonnête en passant à côté de la contestation sociale que renferme *Bonheur d'occasion*. Mais, sauf exception, et faute de nouveaux objets, les études de la réception semblent appelées à se raréfier.

La **mythocritique**, en revanche, demeure vivace. Cette approche vise surtout deux œuvres : *Alexandre Chenevert* (Socken 1984 et 1987) et *La Montagne secrète* (Amprimoz 1981, Francœur et Francœur 1993, Morency 1986 et 1994, Voldeng 1996). Fait intéressant, il s'agit des deux seuls romans royens qui mettent en scène un protagoniste masculin, comme si les schémas théoriques habituels — par exemple la quête héroïque selon Joseph Campbell — rendaient mieux compte du roman centré sur l'homme. Lise Gaboury-Diallo (1996) prend le contre-pied de cette approche androcentriste en montrant que, de *La Montagne secrète* à *La Route d'Altamont,* on passe d'un symbolisme masculin à l'image d'une Muse maternelle, signe qu'émerge une vision au féminin de la création artistique. Par ailleurs, Antoine Sirois (1996) analyse l'enchevêtrement des mythologies classique et inuit qui caractérise *La Rivière sans repos.* Les études de Jean Morency (particulièrement 1994 et 1997) renouvellent l'approche mythocritique en faisant référence non plus seulement aux mythes de l'Antiquité, mais aussi à ceux du continent américain, rattachant Gabrielle Roy à des interrogations identitaires originales.

La **critique sociologique** au sens très large demeure l'un des filons les plus riches, même si elle ne retient encore, pour l'essentiel, que *Bonheur d'occasion* et *Alexandre Chenevert.* Élisabeth Nardout-Lafarge (1991) traite du rôle de la guerre dans quelques romans québécois, tandis qu'Esther Trépanier (1994) compare la vision qu'ont de Montréal le peintre Adrien Hébert et certains romanciers de la même époque. Jacques Allard (1997) se penche sur les sociogrammes de la Cité et de la Chambre dans *Bonheur d'occasion,* Micheline Cambron (1997) analyse l'univers référentiel du roman, entre la ville et le « vaste monde », Madeleine Frédéric (1988, 1989 et 1992) étudie les chronotopes de l'œuvre, et Gilles Marcotte (1997) en explore la vision sociale ambivalente. Dans tous ces articles, on observe un refus, fécond, de dissocier vision de la société et forme romanesque. Dans la critique sociologique se trouve également une tendance qu'on pourrait appeler idéologique, résolument silencieuse sur la question de la forme, dont le but est plutôt d'évaluer les vues politiques royennes ; les seuls articles uniformément négatifs se trouvent dans cette catégorie. Deux camps, ici, s'affrontent avec force. Marie-José des Rivières (1978) voit en *Bonheur d'occasion* un roman profondément antimoderne et nostalgique du passé rural; pour Myo Kapetanovich (1982, 1990, 1991a, 1991b et 1992), Gabrielle Roy est une janséniste qui s'ignore et se complaît dans le misérabilisme au lieu de rechercher la libération de ses personnages. D'autres critiques signalent au contraire la force et la lucidité de sa vision sociale[10]. Novella Novelli (1989) applaudit l'engagement social radical des premiers romans et déplore le tarissement de cette veine au profit d'œuvres plus oniriques. Comme Novelli, Max Dorsinville (1984) et Maurice Arguin (1989) considèrent qu'avec *Bonheur d'occasion* et *Alexandre Chenevert*, Gabrielle Roy annonce les romans nationalistes des années 1960; Anthony Purdy (1990) la compare favorablement à l'écrivain socialiste britannique George Orwell et souligne la lecture quasi marxiste de la société marchande qu'on retrouve dans *Bonheur d'occasion*. À défaut d'un véritable débat (il est rare que les critiques se répondent les uns aux autres comme le fait Shek dans l'article mentionné plus haut), on peut donc parler d'une profonde divergence des vues. Faut-il reconnaître, là encore, la fameuse ambivalence royenne?

Les **études comparatistes** se multiplient également tout au long de la période couverte ici. Peu probantes lorsqu'elles se cantonnent dans l'anecdote (presque tous les écrivains ont enseigné, voyagé ou pratiqué le journalisme) ou lorsqu'elles alignent résumés et inventaires thématiques, ces études ont leur raison d'être dans la mesure où elles présentent une lecture en profondeur des textes concernés, sans que les inévitables différences se trouvent escamotées. Il existe ce qu'on pourrait appeler quatre grands axes de comparaison. Tout d'abord, le parallèle avec Proust, fondé sur l'importance accordée à la mémoire involontaire et à la représentation du temps, revient souvent, y compris chez des critiques dont les principales visées ne sont pas comparatistes (Robidoux 1989, Bell 1991-1992, Bourbonnais 1992, Phi 1992, Mac-Donell 1994, Dubé 1995, Mocquais 1995). En raison de ses origines manitobaines, Gabrielle Roy est souvent lue en même temps que d'autres écrivains des Prairies (Whitaker 1989), dont Sinclair Ross (Mocquais 1984), W. O. Mitchell (Collet 1986), Georges Bugnet (Harvey 1994c) et, surtout, Margaret Laurence, avec qui les affinités sont particulièrement frappantes (notamment Hughes 1983, Drummond

---

10. On consultera aussi à ce sujet Ben-Zion SHEK, *Social Realism in the French-Canadian Novel,* Toronto, Harvest House, 1977, p. 65-111, p. 173-203.

1989, Thomas 1991). Tout aussi naturellement, *Bonheur d'occasion* a été rapproché de deux autres romans marquants parus la même année : *Le Survenant* de Germaine Guèvremont (Green 1979, Allard 1997, Cambron 1997, Marcotte 1997, Morency 1997, Saint-Martin 1997, Smart 1997) et *Two Solitudes* de Hugh MacLennan (Ewing 1985, Stratford 1986). Les vues féministes de Gabrielle Roy ont donné lieu à des comparaisons avec d'autres écrivaines : la romancière belge Neel Doff (Frédéric 1988), Simone de Beauvoir (Guillemette 1993, Saint-Martin 1993b), Alice Munro (Gilbert 1993) et Mariama Bâ (Nnadi 1996) ; plusieurs auteurs (Maindron 1991 et 1996, Thomas 1991, Ouellet 1993) situent *La Détresse et l'Enchantement* dans le contexte plus large de l'autobiographie au féminin. Mentionnons enfin d'autres rapprochements qui intriguent : avec Gérard Bessette (Whitfield 1984), avec George Orwell (Purdy 1990), avec Antoine de Saint-Exupéry (Bell 1991), avec Yves Thériault (Sirois 1996). Depuis quelques années, l'approche comparatiste s'est enrichie d'une tangente nouvelle en vertu de laquelle, au lieu de lire Gabrielle Roy en parallèle avec ses contemporains ou ses prédécesseurs, on mesure son influence sur les romanciers qui l'ont suivie et qui lui rendent hommage, dont Anne Hébert (Rea 1996), Jacques Poulin (Socken 1996), Michel Tremblay (Duchaine 1992), Monique Genuist (Clarke 1996) et Francine Noël (Nutting 1993). C'est sans doute de ce côté que viendront d'autres découvertes.

Enfin, la très vaste catégorie **thématique** réunit de nombreuses études importantes : Antoine Sirois (1979) sur le rôle de la parure dans *Bonheur d'occasion,* François Ricard (entre autres 1989b) et Réjean Robidoux (1989) sur l'ensemble de l'œuvre, André Berthiaume (1988) sur la naissance de la vocation artistique, Dennis Essar (1991) sur la relation entre l'espace et la quête spirituelle, Jacques Paquin (1994) sur la création comme acte de destruction dans *La Montagne secrète,* France Théoret (1995) sur le départ et la quête artistique, Brenda Dunn-Lardeau (1996a) sur la présence du Moyen Âge et de la Renaissance dans *Rue Deschambault,* Nicole Bourbonnais (1996) sur la voix. Parmi les thèmes les plus fréquents, on retrouve la quête identitaire et le voyage initiatique (Boucher 1988b, Dubé 1989, L'Hérault 1989, Socken 1989), l'enfance (Collet 1986, Dufault 1987 et 1991, Quigley 1991, Rolfe 1996), l'espace manitobain (May 1981, Harvey 1982 et 1993, Mocquais 1984, Essar 1985, Viau 1992a et 1992b) et l'espace montréalais (Resch 1978, Grace 1984, Saint-Martin 1993a, Copeta et Costantino 1985, Vaucheret 1985, Dolbec 1992, Trépanier 1994, Gann 1995), la mémoire et le temps (Bell 1991-1992, Bourbonnais 1992, Phi 1992) et le voyage (Chadbourne 1978, Gilbert Lewis 1980, Boucher 1991). Enfin, plusieurs études très riches analysent la poétique de Gabrielle Roy (M. Francœur 1984, Berthiaume 1988, Cadieux 1989, Williams 1991, Coleman 1993, Piccione 1993, Paquin 1994, L. Francœur 1996). L'**étude des symboles** (Delson-Karan 1987, 1988a, 1998b, 1993 et 1995), très proche de la critique thématique, a révélé la complexité et, surtout, l'extrême ambivalence des symboles royens : le jardin, par exemple, évoque le début et la fin de la vie, la jeunesse et la vieillesse ; il est à la fois refuge, prison et ouverture (May 1991). La montagne, la plaine et les collines ont fait l'objet d'études souvent très prégnantes, dans la mesure où elles tiennent compte précisément de la persistante dualité royenne. Sont apparus aussi, au cours de la période, de nouveaux thèmes dont il sera question plus loin.

Mais la catégorie thématique est sans doute aussi celle où se commettent les pires abus. Comme les écrits royens sont (ou plutôt semblent être) d'une limpidité exemplaire, ils ont attiré, plus que ceux d'auteurs réputés plus difficiles, les résumés à peine commentés, les paraphrases, les collages de citations à l'infini. Cette tendance ne disparaît pas avec le temps, comme en témoignent entre autres maints textes des Actes du colloque de Saint-Boniface. De nombreuses études ressassent à l'envi, sans énormités mais sans originalité non plus, les grands thèmes — l'enfance, la culpabilité, le voyage, les déchirements identitaires — qui, traités avec plus de rigueur, approfondissent encore notre perception de l'œuvre de Gabrielle Roy.

... et le nouveau

À côté des méthodes traditionnelles, qui continuent, on l'a vu, d'être abondamment pratiquées, ont émergé des optiques et des approches inédites. L'étude de nouveaux thèmes — l'existentialisme, l'interculturel, l'américanité — a révélé des préoccupations « modernes » chez cette romancière réputée classique. Sans être nouvelles, les théories psychanalytiques trouvent également des applications originales. Les approches linguistiques et formelles, ainsi que la génétique textuelle, les études génériques et, dans un autre ordre d'idées, la critique au féminin, ont également dévoilé des facettes insoupçonnées de l'œuvre.

L'**approche thématique renouvelée** a permis de déceler, chez Gabrielle Roy, la présence de questionnements qui, faute d'outils méthodologiques ou d'intérêt, n'avaient jamais été abordés, dont l'identité minoritaire, thème évoqué plus haut. Plusieurs critiques ont relevé la présence de thèmes existentialistes comme l'absurdité et l'inauthenticité, surtout dans *Bonheur d'occasion* (Drummond 1986, 1988 et 1989) et *Alexandre Chenevert*. Lee Brotherson (1981) voit en Chenevert un Sisyphe malheureux (Gabrielle Roy serait donc plus pessimiste encore que Camus), tandis qu'Arnold Davidson (1979) lie la pensée royenne à la tradition de l'existentialisme chrétien, de Dostoïevski à Mauriac, plus positif que la vision profane d'un Sartre. Pour Dennis Drummond (1991), le monde royen n'est pas réellement absurde, bien que les êtres humains doivent renoncer à en appréhender seuls le sens, Dieu le comprenant parfaitement. Les lectures de ce type, qui éclairent la philosophie de Gabrielle Roy, démentent le mythe de l'écrivain purement instinctif, proche des émotions et loin des idées.

La thématique interculturelle n'est pas à strictement parler nouvelle puisqu'elle remonte au début des années 1970[11] ; toutefois, c'est au cours de la période récente qu'elle a connu un essor remarquable. Or, dans toutes les études de cette catégorie, on souligne la grande place que Gabrielle Roy a ménagée à l'étranger, à l'Autre, dans ses fictions. Ben-Zion Shek (1986) la voit comme le premier écrivain québécois à reconnaître en l'étranger un semblable plutôt qu'une présence hostile et vaguement menaçante. Sébastien Joachim (1980) signale que, avec *Rue Deschambault*, Gabrielle Roy, parmi les premiers au Québec, a mis en scène des personnages noirs, sous le signe de la fraternité interraciale de surcroît (non sans échapper toutefois aux stéréotypes). Max Dorsinville (1984) ajoute qu'*Alexandre Chenevert* fut le premier roman de notre littérature à proposer une ouverture sur le tiers monde, évoqué

---

11. Voir Ben-Zion SHEK, « The Jew in the French-Canadian Novel », *Viewpoints*, vol. 4, hiver 1969, p. 29-35, et « The Portrayal of Canada's Ethnic Groups in Some French-Canadian Novels », *Slavs in Canada : 3. Proceedings of the Third National Conference on Canadian Slavs*, Ottawa, 1970, p. 269-280.

par le biais du pacifisme héroïque de Gandhi. Pour Pierre L'Hérault (1989, 1991 et 1994), l'auteure, marquée par l'errance acadienne de sa famille maternelle, a ouvert très tôt le roman québécois à l'altérité, annonçant l'écriture migrante. Yannick Resch (1991) étudie les réflexions identitaires au terme desquelles tous, y compris les Canadiens ou les Québécois « de souche », deviennent en quelque sorte des étrangers, si bien que, de façon paradoxale, personne ne l'est plus. Légèrement moins positif, Józef Kwaterko évoque, à propos d'*Alexandre Chenevert*, l'alternance entre repli sur les stéréotypes et désir d'un échange et d'une solidarité véritables et s'attarde à la définition du protagoniste en tant qu'immigrant dans sa ville natale. Sherry Simon (1992-1993) assimile la réflexion royenne à celle d'une Julia Kristeva, dans la mesure où il s'agit d'établir comment on devient étranger, y compris à soi-même. Selon Ook Chung (1995), Gabrielle Roy a le mérite de souligner les similitudes entre tous les êtres, sans passer sous silence les particularités ethniques. Selon l'optique critique adoptée, la question de l'altérité est donc sociale, idéologique, politique ou philosophique. Esthétique aussi, comme le montre Estelle Dansereau (1990a et 1990b, 1995, 1996), puisque tous les procédés textuels servent à ouvrir le discours à l'altérité, à des voix venues des marges. Là encore, toutes ces études révèlent, chez Gabrielle Roy, une modernité étonnante : la romancière inaugure dans une large mesure la réflexion sur l'hétérogène qui s'imposera par la suite.

Ces dernières années, la question de l'américanité de la littérature québécoise a fait couler beaucoup d'encre. Mais que signifie ce terme déjà un tantinet galvaudé ? Les lectures divergent. Pour Jean Levasseur (1991) et Lucie Guillemette (1993), il s'agit de la mise en scène de l'espace états-unien, en l'occurrence la Californie de *De quoi t'ennuies-tu, Éveline ?*, signe d'une appartenance territoriale. Jean Morency (1991, 1994 et 1997) évoque plutôt la place centrale qu'occupent, dans l'imaginaire royen, les mythes du continent américain. Jean-François Chassay (1992 et 1995) voit en *Alexandre Chenevert* le premier roman québécois à reconnaître, dans Montréal, une ville où dominent les signes de la culture populaire américaine (réclames, publicités, communications de masse). Quelle que soit la définition, on reconnaît aisément que, là encore, Gabrielle Roy fait figure de pionnière.

Peu pratiquée avant la période traitée ici, sinon dans les articles importants mais parfois contestables de Gérard Bessette, la **critique psychanalytique** demeure marginale (alors que le psychologisme est très répandu), mais donne des résultats parfois intéressants. À propos de Gérard Bessette justement, Agnès Whitfield (1984) compare *Ces enfants de ma vie* au *Semestre* du point de vue de la réparation de l'objet maternel perdu. Alain Roy (1994) lit, dans la nouvelle « Le vieillard et l'enfant », un drame œdipien classique d'évincement, auprès du (grand-)père, de la mère par la fille. Estelle Dansereau (1990a, 1990b et 1995) s'inspire de la théorie lacanienne de la construction du sujet dans et par le langage pour étudier la marginalisation sociale et discursive de certains personnages immigrants. Enfin, la théorie psychanalytique revue et corrigée au féminin sert à examiner la vision inconsciente de la création artistique dans *La Montagne secrète* (Lamarre 1996 et 1997) et les abîmes de la relation mère-fille dans la série d'inspiration autobiographique (Gilbert Lewis 1985c, Saint-Martin 1992 et 1995).

Dans leurs essais respectifs, Paul Socken et Richard Chadbourne déploraient une grande lacune : la pénurie d'**études linguistiques et formelles** consacrées à Gabrielle Roy. Si, en effet, certaines grandes études d'avant 1978 avaient pour sujet la structure de *Bonheur d'occasion,* il était beaucoup moins question du style de Gabrielle Roy et, plus généralement, de son esthétique : « Il est certainement grand temps que la critique secoue les tentations de l'interprétation biographique pour se pencher sur les textes eux-mêmes » (Chadbourne 1984, p. 605). Depuis, grâce entre autres à l'ouvrage collectif *Portes de communication* (1995), initiative d'Estelle Dansereau et de Claude Romney, ce vœu a été exaucé, si bien que nous en savons beaucoup plus maintenant sur la manière dont écrivait Gabrielle Roy.

Parmi toutes les approches inspirées de la linguistique, la sémiotique fut la première à être pratiquée de façon quelque peu systématique (Juery 1981, Amprimoz 1982, Calloud et Panier 1983, M. Francœur 1984), bien que, dans certains cas, on se soit intéressé beaucoup plus à la théorie qu'au texte royen, qu'on a noyé sous une multitude de néologismes sans l'éclairer réellement. S'inspirant de façon assez libre de Greimas, et sans jargon, André Brochu (1979, 1984 et 1989) recherche le « schème organisateur » de divers romans royens. Dans une étude qui a fait date, André Belleau (1980) scrute, au moyen d'une méthode inspirée de la sémiotique et de la narratologie, les failles dans la représentation de l'écrivain en devenir dans *Rue Deschambault* et *La Route d'Altamont*. Plus récemment, Pierrette Daviau (1993) utilise certains outils de la sémiotique pour étudier les couples royens, tandis que Janet Paterson (1996) s'attarde à la poétique de l'alimentation dans *Bonheur d'occasion*.

De manière plus générale, nombre d'auteurs ont montré que le grand sujet des écrits de Gabrielle Roy, au-delà de l'intrigue de surface, est le langage lui-même, son pouvoir et ses ratés. Ellen Babby (1982) a noté la première qu'*Alexandre Chenevert* est avant tout un roman sur l'incapacité du langage comme système signifiant de rendre compte de la réalité ; après avoir longuement étudié le langage de la représentation et la représentation du langage chez Gabrielle Roy dans son livre de 1985, elle a conclu, là encore, à la modernité de l'œuvre. Schonberger (1995 et 1996) reprend le sujet en soulignant le caractère autoréflexif et polyphonique d'*Alexandre Chenevert,* roman dont le principal sujet est son propre acte énonciatif. Pour Patrick Coleman (1993), *Bonheur d'occasion,* loin d'être uniquement le « roman-miroir » qu'y voit Schonberger, est également un roman sur la représentation : Gabrielle Roy y interroge ses rapports au réalisme et le malaise que lui inspirent divers modèles littéraires, dont le roman d'amour et le roman du conflit social. De façon en quelque sorte analogue, « Où iras-tu Sam Lee Wong ? » met en scène l'aliénation du sujet qui cherche à se constituer au moyen du langage (Dansereau 1990a) ; *Ces enfants de ma vie* porte moins sur des personnages que sur l'art poétique royen (M. Francœur 1984) ; *La Détresse et l'Enchantement* traite avant tout, malgré son propos apparent, d'écriture (Cadieux 1989). En somme, toutes ces lectures insistent sur la littérarité du texte royen, qui met à nu ses propres processus de représentation et prend pour principal sujet le langage. Voilà dissipé à tout jamais, on l'espère, le mythe des « jolies petites histoires » naïves et transparentes de Gabrielle Roy.

La narratologie a fourni également des outils précieux. Dans le livre qu'il consacre à *La Montagne secrète,* Yvon Malette (1994) applique les catégories genettiennes du temps, du mode et de la voix. D'autres études portent sur l'écart, dans les écrits dits autobiographiques, entre « je » narrant et « je » narré, entre souvenir et écriture, ou encore insistent sur l'importance de la complicité narrateur-narrataire que met patiemment en place le texte (Harvey 1985, Crochet 1990-1991, Ouellet 1992, Wiktorowicz 1992, Dubé 1995, Hahn 1995, Romney 1995, Francœur 1996). Les théories de l'énonciation ont permis aussi de voir de quelle manière la polyphonie énonciative laisse entendre des voix dissonantes qui ouvrent le discours romanesque à l'hétérogène (Dansereau 1990a, 1990b et 1995). Là encore, les vues divergent : si, pour Dansereau (1996), cette ouverture à d'autres voix s'obtient grâce à une diminution marquée de la distance entre narratrice et personnages, Boucher (1988a) affirme que Gabrielle Roy refuse d'accorder le privilège de la narration à ses personnages (sinon à Christine, qu'elle a créée à son image), si bien qu'elle étouffe toute autre voix que la sienne.

Quelques critiques se sont intéressés au réalisme de Gabrielle Roy, surtout dans *Bonheur d'occasion* : Gilles Marcotte (1989) relit ce roman à la lumière de la théorie du « grand réalisme » de Lukács ; Leif Tufte (1993) s'interroge sur son appartenance à différentes sous-catégories du roman réaliste (roman populiste, mélodrame) ; Madeleine Frédéric (1995) et Gerald Mead (1988) étudient, chacun à sa manière, les artifices de la narration prétendument objective et l'enchevêtrement du discours du narrateur et des discours direct, indirect et indirect libre. Enfin, quelques textes (Smart 1988, Saint-Martin 1989, Bourbonnais 1990) portent sur le réalisme au féminin de *Bonheur d'occasion*. En revanche, à part les études des images et des métaphores (Hahn 1987, Lennox 1988, MacDonell 1996, Cambron 1997), les articles de Claude Romney (1995 et 1996) consacrés à l'inversion comme procédé stylistique, celui de Pierre-Yves Mocquais (1995) sur l'emploi des mots « plaine » et « prairie » et ceux d'Andrée Stéphan (1987b) et de Liliane Rodriguez (1995 et 1996) sur l'intégration de la langue populaire ou régionale, peu d'études portent sur le style royen à proprement parler. Subsiste donc là une lacune qu'il faudra commencer à combler.

Selon Richard Chadbourne (1984, p. 605), la manière dont Gabrielle Roy utilise les genres littéraires est « l'une des sources de son originalité ». Depuis, quelques réflexions dans le domaine des **études génériques** le confirment dans ses vues. Entamée dans *Gabrielle Roy,* son livre de 1975, la réflexion de François Ricard sur l'évolution des formes romanesques chez la romancière se poursuit (1989b). Robert

Vigneault (1996) situe les nouvelles royennes à mi-chemin entre la fiction et l'essai, dans la mesure où une bonne partie de leur charme vient des réflexions sur la vie, sur le temps, sur la mémoire qu'elles renferment. Jean-Pierre Boucher (1991) affirme que la nouvelle convient à Gabrielle Roy en raison de sa capacité de rendre la mobilité, l'inachèvement et l'interrogation. Plusieurs études (Whitfield 1991, 1992a et 1992b, Thomas 1991, Clemente 1993, Ouellet 1992 et 1993) rattachent *La Détresse et l'Enchantement* et *Ces enfants de ma vie* à la pratique de l'autobiographie au féminin davantage qu'au *Bildungsroman* masculin linéaire. Rosmarin Heidenreich (1996) voit *Rue Deschambault* comme un autre roman d'apprentissage au féminin, qui transgresse les conventions du sous-genre dont il fait partie. L'étude déjà mentionnée de Christine Robinson (1995a) porte sur les liens complexes entre réalité et fiction dans l'œuvre dite autobiographique. En montrant que Gabrielle Roy a souvent repensé ou outrepassé les frontières entre les genres, toutes ces études — dont il faudrait souhaiter la multiplication — nous éclairent du coup sur sa pratique esthétique.

Enfin, on commence à appliquer avec bonheur les méthodes de la **génétique textuelle** à l'œuvre royenne. Quelques articles (Harvey 1991 et 1996b, Thifault 1996) portent sur les avant-textes ou sur l'évolution d'un même sujet, des reportages à la fiction[12]. Christine Robinson (1995b, 1996 et 1997) présente les différentes versions du roman inachevé *La Saga d'Éveline* et décrit l'ampleur des modifications thématiques, événementielles et narratologiques. Estelle Dansereau (1992) et Brenda Dunn-Lardeau (1996b) comparent de manière approfondie différents états d'un même texte et montrent comment s'obtiennent, au prix de multiples révisions, la densité, la concision, la tendresse et l'apparente simplicité qui caractérisent le style de Gabrielle Roy. On commence à comprendre un peu mieux comment elle travaillait et à mesurer à quel point son style réputé coulant et spontané est le fruit d'un patient travail et, souvent, d'un long mûrissement.

---

12. Voir aussi un article paru depuis la fin de la période couverte ici : Sophie MONTREUIL, « Petite histoire de la nouvelle "Un jardin au bout du monde" de Gabrielle Roy », *Voix et Images*, vol. XXIII, n° 2 (68), 1998, p. 360-381.

Tout compte fait, donc, les approches linguistiques et formelles révèlent toute la place qu'occupent, dans les écrits royens, les problèmes liés au langage et à ses carences ainsi qu'à la représentation textuelle. On comprend aussi de mieux en mieux que, malgré l'apparente rareté des réflexions soutenues sur le sujet, Gabrielle Roy n'a cessé de nous entretenir, avant tout, d'écriture. Il est généralement admis maintenant — ce qui n'était pas le cas il y a dix ans — que la lisse surface référentielle du texte royen masque une extrême complexité syntaxique, narrative, structurelle. Le mythe de l'écriture facile et spontanée, spécialement persistant dans le cas des femmes qui écrivent, se trouve, enfin, lui aussi, dissipé. Il y a donc lieu de se réjouir de l'essor de la critique linguistique et formelle, qui marque un grand tournant dans l'histoire de la critique royenne.

Depuis les articles de Socken et de Chadbourne, une nouvelle venue a transformé le paysage critique royen : il s'agit de la **critique au féminin**. Les premiers articles d'importance constatent à la fois, chez Gabrielle Roy, une grande compassion pour les femmes, surtout pour les mères, et une incapacité d'imaginer des solutions nouvelles pour la génération des filles (Green 1979, Pascal 1979 et 1980). Peu à peu, à l'image d'une conservatrice qui épouse sans réserve l'idéologie traditionnelle de la mère au foyer — image qui du reste réconfortait les critiques littéraires (Saint-Martin 1989, Whitfield 1990a et 1990b) —, succède la vision d'une femme subtilement mais réellement contestataire, qui annonce la plupart des grands thèmes de la réflexion féministe des années 1970 et 1980. En effet, Gabrielle Roy met au cœur de son œuvre tous les enjeux touchant les femmes, dont les questions liées à l'autonomie et à la liberté ainsi qu'à la répartition inégale du pouvoir entre les sexes (Pascal 1979 et 1980, Gilbert Lewis 1985a, Stéphan 1987a, Smart 1988, Saint-Martin 1989 et 1993b, Harvey 1993 et 1994d, Dunn-Lardeau 1996a), la relation mère-fille (Pascal 1979 et 1980, Gilbert Lewis 1985c, Harvey 1990a et 1993, Saint-Martin 1989, 1992 et 1995) et le rapport à l'espace urbain (Grace 1984, Gilbert Lewis 1985a, Saint-Martin 1993a), à la guerre (Smart 1988, Stéphan 1991b), au corps (Bourbonnais 1988 et 1990, Stéphan 1991a) et à l'homme (Gilbert Lewis 1982, Saint-Martin 1989, Whitfield 1992b). Le rapport des femmes à la création artistique (Bourbonnais 1988 et 1990, Saint-Martin 1989 et 1996a, Harvey 1993) est un sujet particulièrement riche, car là se cristallisent les aspirations et les tensions qui marquent toute la réflexion royenne sur la condition des femmes, portées à leur comble du fait qu'il s'agit d'usurper des privilèges masculins. À ce chapitre, Sylvie Lamarre (1996 et 1997) a éclairé d'un jour nouveau *La Montagne secrète,* œuvre généralement considérée comme marginale du point de vue féministe, dans laquelle elle décèle un roman familial au féminin et une vision critique de la dichotomie entre vocation féminine et maternelle et vocation d'artiste.

Mais la critique au féminin ne se borne pas à étudier les thèmes, manifestes ou cachés, de l'œuvre ; elle s'intéresse tout autant à la forme littéraire, retrouvant par là, comme nous l'avons vu plus haut, les préoccupations linguistiques et formelles. Ainsi, Patricia Smart (1988) étudie la manière dont Gabrielle Roy a produit, dans *Bonheur d'occasion,* un réalisme au féminin, voire un réalisme maternel ; Jo-Anne Elder (1995), au contraire, croit que le regard du narrateur est empreint de la même virilité agressive que celui de Jean. Toujours à propos de *Bonheur d'occasion,* Lori Saint-Martin (1997) analyse la contribution de l'un des éléments formels du réalisme, les dialogues, à la réflexion féministe. Carol J. Harvey (1993) rattache également le cycle manitobain à la pratique d'une écriture au féminin. Des études fort originales (Courchene 1989-1990, Whitfield 1991 et 1992a, Clemente 1993) ont renouvelé notre perception de *Ces enfants de ma vie* en rattachant l'œuvre à une réflexion critique sur la masculinité et sur la féminité, mais surtout à la tradition de l'autobiographie au féminin, avec sa forme éclatée, non linéaire, multiple. Lori Saint-Martin (1995) prolonge la réflexion sur le rapport mère-fille en montrant que les structures narratives, les métaphores et même les tournures syntaxiques de certains textes royens sont surdéterminés par cette relation. Beaucoup reste à faire dans ce domaine, mais, déjà, cette approche a révélé de nouvelles facettes de la pensée et de l'écriture royennes, si bien que Gabrielle Roy nous paraît désormais se rattacher pleinement à l'écriture au féminin, en plus de soulever presque toutes les grandes questions qui préoccupent les théoriciennes féministes modernes. L'étude de ses romans inédits, *La Saga d'Éveline* et *Baldur,* fera voir avec quelle violence cette femme réputée si calme, si modérée, a dénoncé la société patriarcale, le pouvoir de l'Église et du mari et la maternité obligée. Disparaît donc enfin un autre mythe, celui d'une

Gabrielle Roy universaliste (comme si le sort de la moitié de l'humanité était un sujet mineur), conservatrice en matière de relations homme-femme et, au fond, écrivain, plutôt que femme.

Nouvelles orientations

Beaucoup a donc été dit sur Gabrielle Roy. Y a-t-il risque de saturation ? Si certains sujets semblent avoir été surexploités, notamment dans les domaines biographique, comparatiste et thématique, il reste encore de nombreuses avenues à explorer. Curieusement, malgré l'importance qu'accordait Gabrielle Roy à la traduction (elle suivait de près la préparation de la version anglaise de chacune de ses œuvres), rien n'est paru sur le sujet, sinon de brefs commentaires de certaines de ses traductrices. Du point de vue des méthodes, les approches psychanalytique et génétique, ainsi que les études du genre littéraire, peu employées jusqu'ici, recèlent des promesses. Les lectures formelles, qui ont visé surtout, jusqu'ici, trois livres — *Bonheur d'occasion, Alexandre Chenevert, La Détresse et l'Enchantement* —, devraient impérativement être élargies à l'ensemble de l'œuvre. La narratologie, entre autres, devrait permettre encore des découvertes. La mythocritique pourrait être appliquée à l'ensemble des écrits autobiographiques, remarque qui vaut aussi pour les lectures sociologiques, confinées pour l'essentiel aux romans réalistes. Les praticiennes de la critique au féminin ont négligé jusqu'ici *Alexandre Chenevert, La Petite Poule d'Eau, La Rivière sans repos* et (comme tous les autres critiques du reste) *Cet été qui chantait*. Et, bien entendu, il y a fort à parier que les nouvelles méthodes qui émergeront à l'avenir trouveront, avec les écrits royens, un terrain d'application fécond.

À propos de certaines œuvres, nous l'avons vu, presque tout reste à dire : c'est le cas pour *La Rivière sans repos, Cet été qui chantait, De quoi t'ennuies-tu, Éveline ?* et certaines nouvelles d'*Un jardin au bout du monde*, même *La Petite Poule d'Eau*. Les corpus marginaux — les reportages et les nouvelles du début, les lettres à Bernadette, les contes pour enfants — ont peu retenu l'attention. Le projet d'édition des inédits (correspondance et romans), sous la direction de François Ricard et de Jane Everett, promet de révéler de nouveaux visages à la fois de la femme et de la romancière, ouvrant de multiples pistes de recherche. On peut imaginer qu'une bonne partie du renouvellement des études royennes viendra de ce côté. Sera ainsi favorisée l'apparition de lectures d'ensemble plus fines, plus complètes et plus nuancées que les grandes synthèses des années 1960 et 1970, qui, pour magistrales qu'elles aient été dans certains cas, traitaient d'une œuvre encore en pleine évolution et passaient sous silence les inédits.

Radioscopie de la critique québécoise

La lecture des écrits critiques consacrés à Gabrielle Roy procure au moins un plaisir inattendu : à parcourir cette masse de textes, on découvre non pas seulement un approfondissement d'une œuvre complexe et multiple, mais aussi le mûrissement, pourrait-on dire, de l'ensemble de la critique littéraire telle qu'elle se pratique au Québec et même ailleurs. On voit apparaître et s'estomper la sémiotique pure et dure du début des années 1980, s'affiner les méthodes sociologiques et psychanalytiques, s'approfondir les réflexions thématiques, naître une foule de nouvelles méthodes insoupçonnées il y a quinze ou vingt ans. Certes, pas plus dans le domaine de la critique qu'ailleurs, il n'y a de progrès univoque : certaines études du début demeurent, dans leur genre, inégalées. Il y a toujours autant de mauvais articles sur Gabrielle Roy (l'originalité devient même plus difficile à atteindre puisque l'œuvre est de plus en plus commentée), mais aussi beaucoup d'aperçus très riches issus des méthodes aussi bien traditionnelles que récentes. L'essor de tant de nouvelles formes critiques témoigne de la vitalité du champ littéraire tout en éclairant des pans inconnus de l'œuvre royenne. Précieuses en elles-mêmes, ces découvertes illustrent aussi de façon heureuse la nécessité de la théorie littéraire. À mesure qu'elle évolue, en effet, on voit apparaître de nouvelles facettes des œuvres qu'on croyait bien connaître. Si la théorie ne peut se substituer à l'intelligence et à la sensibilité littéraire, elle les seconde de manière heureuse. Bref, les études royennes rendent compte, comme bien d'autres sans doute, de l'évolution de la critique littéraire vers une plus grande variété des approches, une plus grande rigueur et aussi, dans les meilleurs cas, une plus grande liberté de pensée et d'écriture.

Une œuvre toujours actuelle

Quel bilan dresser de la lecture de tous ces textes critiques ? Outre la contestation de certains mythes déjà mentionnés — le traditionalisme de l'auteure, le caractère instinctif de son écriture —, revient, quel que soit le sujet, le constat de l'extrême ambivalence royenne : ambivalence à propos des origines, des lieux aimés et fuis, du progrès, du Canada et du Québec, du couple et de la famille, de la mère, d'elle-même et de ses choix... Ce déchirement perpétuel est du reste l'un des grands moteurs de son écriture. Encore et toujours, la critique souligne les tensions et les paradoxes qui travaillent une surface textuelle lisse et en apparence sans problèmes. Bref, une œuvre qui semblait limpide et rassurante, voire presque trop simple, se révèle, sur le plan de la pensée comme sur celui de l'écriture, d'une grande complexité.

Une autre tendance forte, déjà relevée, marque la recherche récente sur Gabrielle Roy : la mise en lumière de sa modernité. Auparavant, les critiques ont, en général, traité de l'œuvre de manière atemporelle, en la liant à la littérature universelle et à des thèmes en quelque sorte éternels (l'exil et le retour, la vie et la mort, la vocation d'écrivain). À situer Gabrielle Roy par rapport aux grands courants de pensée *contemporains,* comme on le fait maintenant, on constate son avant-gardisme dans de nombreux domaines : féminisme, écologisme (Chadbourne 1991), ouverture aux autres cultures. Une fois de plus, de traditionnelle, voire de dépassée qu'elle semblait, Gabrielle Roy nous paraît maintenant avoir annoncé nombre de tendances des plus actuelles, de la réflexion identitaire à l'intérêt pour les questions formelles et langagières. L'émergence de nouvelles tendances critiques (lecture au féminin, américanité, interculturel) fait ressortir la présence de tous ces enjeux dans l'œuvre royenne. En effet, les grandes questions de notre époque — justice sociale, éducation, sort des femmes et des minorités, environnement — y occupent une place de choix, tout comme les méditations sur la langue et sur l'écriture. Moderne, voire postmoderne (Gilbert 1993), Gabrielle Roy est non pas la figure marginale qu'on se plaisait à voir en elle, mais bien une devancière qu'on ignorait. S'il est vrai que, après 1950, l'écriture a pris le pas sur la vie, qu'elle a en quelque sorte dévorée (Ricard

1984), il n'en demeure pas moins que c'est au moyen de l'écriture que Gabrielle Roy a participé aux grands questionnements de son époque, s'y intégrant à sa manière, proche et lointaine à la fois. Sans doute reconnaît-on justement une œuvre classique à ceci qu'elle nous apparaît toujours, paradoxalement, neuve : à l'instar du récit d'Éveline dans *La Route d'Altamont*, elle « change à mesure que nous-mêmes changeons ».

Comment utiliser la bibliographie

Comme la présente bibliographie commence là où finissait celle de Paul Socken, vers le milieu de l'année 1978, quelques articles parus en 1978 et recensés par lui ne figurent pas ici. Sur la période 1979-1983, on consultera également l'article non exhaustif mais très intéressant de Richard Chadbourne (1984).

Comme, par ailleurs, le classement des articles se fait sous le nom des auteurs plutôt que par thèmes, il peut être difficile de cerner les origines d'un concept ou d'un sujet. Dans les cas où il existe de multiples articles traitant d'un même sujet — avec parfois un décalage temporel important —, on trouvera, sous la rubrique du texte plus récent, des renvois qui permettront de faire des liens entre les idées ou de remonter à la source de certains questionnements.

Sont répertoriés ici les livres, les chapitres de livres et les articles de fond consacrés à l'œuvre de Gabrielle Roy. Ont été exclus les thèses et mémoires ainsi que les textes ponctuels (articles de journaux et de magazines, entretiens, comptes rendus). En revanche, on trouvera en annexe une liste non exhaustive des articles d'introduction consacrés à Gabrielle Roy, utile pour ceux qui découvrent l'œuvre ou qui connaissent peu la littérature et la société québécoises, ainsi qu'un choix d'articles d'ordre général sur la littérature québécoise ou canadienne-française où il est question, au passage, de Gabrielle Roy. Pour les écrits de la romancière elle-même, on consultera François Ricard (1992a et 1996a).

On retrouvera également, en fin de volume, un index des œuvres traitées et des approches méthodologiques.

Certains articles critiques portent sur un ensemble de textes royens. Afin d'éviter la multiplication des renvois, je désigne deux grands blocs textuels : l'« œuvre manitobaine », qui comprend *Rue Deschambault, La Route d'Altamont,* parfois *Ces enfants de ma vie,* plus rarement *La Détresse et l'Enchantement,* et l'« œuvre autobiographique », composée de quatre ouvrages : *Rue Deschambault, La Route d'Altamont, De quoi t'ennuies-tu, Éveline ?* et *La Détresse et l'Enchantement (Ces enfants de ma vie,* autre ouvrage d'inspiration autobiographique, est presque toujours traité à part). Tout en reconnaissant le caractère imparfait de tels classements, je crois important de constater l'existence de certains blocs textuels dégagés par la critique en raison d'affinités formelles ou thématiques.

Livres

BABBY, Ellen Reisman (1985), *The Play of Language and Spectacle : A Structural Reading of Selected Texts by Gabrielle Roy,* Toronto, ECW Press, 122 p.

De tous les romans royens, seul *Bonheur d'occasion* doit être considéré comme un roman réaliste traditionnel ; tous les autres ouvrages mettent en scène, d'une manière ou d'une autre, les problèmes de l'expression et de la signification. C'est que tous les écrits de Gabrielle Roy, y compris *Bonheur d'occasion,* portent sur l'action de regarder, sur le « spectaculaire », un système de signification qui se manifeste dans la parole aussi bien que dans les actes non verbaux. On y retrouve donc à tout moment le « langage du spectacle », dont les manifestations prennent plusieurs formes. Sur le plan thématique, *La Rivière sans repos* et les « Nouvelles esquimaudes » qui le précèdent portent sur la communication et ses difficultés et sur les différences de perspective qui séparent deux cultures ; les motifs récurrents du cinéma et de la lecture, ainsi que la tentative que fait Elsa d'écrire une lettre, font ressortir une interaction complexe entre fiction et réalité, si bien que, en prétendant vouloir faire une distinction entre les deux, l'instance narrative en brouille irrémédiablement les contours. Sur le plan spatial, la description de l'axe vertical (vues en plongée ou en contre-plongée, très nombreuses dans *La Montagne secrète*) et de l'axe horizontal (étendues infinies) ainsi que la présence des fenêtres et des miroirs sont également liées au paradigme du spectacle. Sur le plan narratif enfin, le mode (changements fréquents du point de vue, incipit *in medias res*) et la voix (interventions du narrateur, écart temporel entre le « je » narrant et le « je » narré) créent un écart de perception entre « le personnage innocent qui voit » et « le lecteur privilégié qui sait » (p. 84). Dans *Alexandre Chenevert,* le roman le plus achevé de Gabrielle Roy, le « langage du spectacle » fait place au « spectacle du langage » (voir aussi Babby 1982). En plus d'être prisonnier de sa « cage » de caissier, comme on l'a souvent noté, le personnage éponyme est prisonnier de son incapacité de communiquer ; l'impossibilité de mettre en mots ses réflexions constitue l'élément le plus tragique de son enfermement. De surcroît, Alexandre observe, autour de lui, nombre de signifiants vides (discours publicitaire, propagande, formules convenues) ; la capacité du langage comme système de signification se trouve ainsi remise en cause. L'évocation ironique du nom du héros tout à la fin du roman accentue encore le caractère circulaire et spectaculaire du récit. De manière plus générale, l'importance accordée au problème de l'expression et de la représentation souligne le rôle clé qu'a joué Gabrielle Roy dans l'émergence de « l'âge de la parole » au Québec et indique de façon éclatante sa modernité.

BEHOUNDE, Ekitike (1983), *Dialectique de la ville et de la campagne chez Gabrielle Roy et chez Mongo Beti*, Montréal, Qui, 94 p.

Comparaison de *Bonheur d'occasion* et de *Ville cruelle* de Mongo Beti (pseudonyme d'Alexandre Biyidi, écrivain camerounais). Enseignants et journalistes, les deux auteurs traitent du colonialisme et de la misère qu'il engendre : chômage chez Roy, exploitation des paysans chez Beti. Tous deux ont une vision « apocalyptique » (p. 14) et signent une « caricature sociale » (p. 19) qui révèle un pays en crise profonde. *Bonheur d'occasion* est aussi « un mélodrame éloquent saturé d'aventures rocambolesques » (p. 39). Gabrielle Roy dépeint à la fois la famille urbaine et la famille rurale ; Mᵐᵉ Laplante « semble refléter un caractère séduisant d'une mère de famille modèle » (p. 59), alors qu'en ville la famille s'effrite. Les deux villes fictives se trouvent très près de la réalité sociologique et toponymique de leur époque, Gabrielle Roy nommant par exemple plus d'une trentaine de rues montréalaises.

BELL, Mark (1991), *Gabrielle Roy and Antoine de Saint-Exupéry : "Terre des hommes" — Self and Non-Self*, Francfort-sur-le-Main, Peter Lang, 282 p.

Dans « Terre des hommes », texte rédigé pour l'Exposition universelle de 1967, Gabrielle Roy livre l'essentiel de sa philosophie humaniste et existentialiste, inspirée de celle d'Antoine de Saint-Exupéry. Les deux auteurs empruntent le concept nietzschéen de la volonté de puissance, qui permet de faire appel à une énergie créatrice en soi ; ils cherchent à accomplir une révolution spirituelle, à remédier à l'aridité du monde moderne (l'influence du groupe La Relève est également déterminante dans le cas de Gabrielle Roy). Les lie aussi l'adhésion à certaines valeurs : rejet du monde moderne de la production en série et de l'aliénation des masses, croyance au progrès et à une complicité harmonieuse entre les êtres humains et leur terre, persévérance, quête de l'illumination personnelle, charité, amour du travail comme contribution au progrès humain. Ils pratiquent tous deux un style classique, dépouillé, faussement simple, qui dissimule les marques d'un patient travail stylistique. Gabrielle Roy est plus confiante, plus optimiste, sans doute en raison de son admiration pour la pensée de Teilhard de Chardin, empreinte de l'idée de la perfectibilité de l'homme et d'une unité possible avec le monde extérieur ; elle ne semble pas éprouver le mépris qu'affiche Saint-Exupéry à l'égard des gens ordinaires. Elle se trouve donc aux antipodes de l'élitisme et des envolées épiques de Saint-Exupéry. Bref, tout en s'inspirant des écrits de l'auteur français, Gabrielle Roy en arrive à une synthèse toute personnelle, en raison du contexte littéraire et social particulier du Québec de l'époque et de sa vision « chrétienne, syncrétique et "féminine" de l'humanité » (p. 63), vision circulaire plutôt que linéaire. Par ailleurs, sa perspective universelle, inspirée du Nouveau Testament, explique son refus du modernisme formel et son rejet du nationalisme chauvin.

CLEMENTE, William A., et Linda M. CLEMENTE (1997), *Gabrielle Roy :
Creation and Memory*, Toronto, ECW Press, 202 p.

Résumé des principaux faits de la vie de Gabrielle Roy, réalisé à partir de *La Détresse
et l'Enchantement* et d'autres sources publiées et suivi d'une brève introduction à
chacun des romans.

COLEMAN, Patrick (1993), *The Limits of Sympathy : Gabrielle Roy's* The
Tin Flute, Toronto, ECW Press (Canadian Fiction Studies, n° 26), 100 p.

La nouveauté de *Bonheur d'occasion* repose sur plusieurs éléments : place importante faite aux personnages féminins, rupture d'avec la mentalité coloniale de
l'époque, alliance de rigueur et de poésie. Tout au long du roman, l'auteure accorde
moins d'importance au réalisme photographique qu'à une « interrogation morale
et psychologique à propos de la manière dont la fiction doit (ou ne doit pas) s'ap-
proprier le réel » (p. 50). On constate notamment une tension entre « une esthétique
de l'acceptation et de la résignation et la tradition réaliste marquée par des désirs
agressifs de la part des personnages mais aussi de l'instance narrative » (p. 54). Le
rapport de l'auteure à ses personnages se compose à la fois d'identification et de déta-
chement, si bien que les tiraillements de l'acte créateur deviennent le grand sujet du
roman. Ainsi, la relation Jean-Florentine montre que, pour Gabrielle Roy, le véritable tabou est non pas la sexualité, mais la rupture d'avec la famille : « Écrire un
livre où transparaissent la sympathie et la solidarité sociale permet de justifier, et de
compenser, l'autonomie qu'elle s'est arrogée par la seule force de sa volonté » (p. 67).
La relation mère-enfant permet d'aborder les mêmes questions de proximité et d'autonomie ; Rose-Anna est moins un personnage qu'un « espace où se résolvent les
sentiments de séparation et d'intimité d'autrui » (p. 78). Malgré sa noblesse de caractère, Emmanuel refuse de remettre en cause le système, de sorte que sa vision du
politique tourne court, faute de solutions concrètes ; en revanche, il présente un idéal
de l'amitié véritable qui offre des chances de bonheur plus solides que l'amour
romantique ou l'accumulation de biens matériels. La fin du roman, avec la disparition de Jean et d'Emmanuel et l'accouchement de Rose-Anna, signale la disparition
des enjeux sociaux au profit des rythmes naturels cycliques.
À la fois modeste (caractère effacé de l'instance narrative, composition simple et soi-
gnée) et ambitieux (car il se donne non seulement pour un portrait détaillé et fidèle
d'un quartier et de ses habitants, mais aussi pour une réflexion sur la condition
humaine en général), le roman déçoit quelque peu, faute d'innovation formelle et
de solutions aux problèmes sociaux. Néanmoins, grâce à l'analyse des « implications
morales et artistiques de la sympathie » (p. 22) ainsi que des problèmes de séparation
et de solidarité qui marquaient la société canadienne-française de l'époque, grâce
aussi à ses réflexions sur la manière même dont la fiction transpose et transforme le
réel, *Bonheur d'occasion* demeure d'une grande actualité. L'analyse du roman s'accompagne d'une présentation de sa réception critique et d'une introduction qui le
situe dans le contexte social et littéraire de l'époque.

COLLECTIF (1981), *Gabrielle Roy, dossier de presse, 1945-1980*, Sherbrooke, Bibliothèque du séminaire de Sherbrooke, 138 p.

Recueil d'articles journalistiques.

DAVIAU, Pierrette (1993), *Passion et Désenchantement. Une étude sémiotique de l'amour et des couples dans l'œuvre de Gabrielle Roy*, Montréal, Fides, 198 p.

Une approche sémiotique permet d'éclairer autrement les portraits de couples que renferme l'œuvre de Gabrielle Roy. Le portrait physique véhicule les traits psychologiques et affectifs des personnages : dureté et volonté de séduction chez Jean, douceur et droiture chez Emmanuel, alternance des deux séries de traits dans le cas de Florentine. Dans la description des couples, certaines parties du corps, notamment le visage et les mains, font l'objet d'une attention particulière de la part de Roy ; elles prennent ainsi valeur de symboles. Par ailleurs, ces portraits sont construits sur des oppositions ; généralement, les sèmes positifs se regroupent chez un des partenaires mariés et les sèmes négatifs chez l'autre, mais sans distinction de sexe, Rose-Anna, par exemple, possédant les mêmes traits dysphoriques que le père de Christine dans *Rue Deschambault*. Le carré sémiotique de Greimas permet d'examiner l'évolution de l'idéologie qui sous-tend les portraits de couples. Ainsi, les couples des premières nouvelles et des premiers romans correspondent à une conception traditionnelle de la vie conjugale, marqué par la non-communication et la soumission. Puis viennent les couples qui s'inscrivent sous le signe de l'incommunicabilité et de l'aliénation (Alexandre-Eugénie, Martha-Stépan), dont certains, y compris Martha et Stépan, évoluent à la fin vers la non-incommunicabilité et la contestation. Enfin, les deux derniers couples dans l'œuvre de Roy (Médéric et l'institutrice et, dans l'autobiographie, Gabrielle et Stephen) se situent au pôle le plus positif de communication et de libération, mais doivent se séparer. Ce n'est donc qu'en refusant la vie commune qu'on parvient à vivre une relation amoureuse positive. On peut y voir une évolution du couple vers un certain refus des valeurs traditionnelles du mariage, évolution qui trouve sa réplique dans les formes romanesques, car, à mesure que les relations se transforment, on passe du roman urbain au roman psychologique, de la focalisation zéro à la focalisation interne, puis à l'autobiographie ; d'extérieurs, les portraits deviennent intérieurs et subjectifs. Toutefois, si on assiste, chez Gabrielle Roy, à une « modification des clichés culturels et de l'entité couple telle que véhiculée au Québec dans les années 1950 » (p. 76), cette ébauche de contestation sociale est vite abandonnée en faveur d'une perspective individualiste selon laquelle « la réalisation du devenir personnel et professionnel des personnages l'emporte sur la perspective d'une vie à deux conventionnelle dans le mariage » (p. 136).

FAUCHON, André (dir.) (1996a), *Colloque international « Gabrielle Roy ».* *Actes du colloque soulignant le cinquantième anniversaire de* Bonheur d'occasion, tenu au Collège universitaire de Saint-Boniface du 27 au 30 septembre 1995, Winnipeg, Presses universitaires de Saint-Boniface, 756 p.

Chacun des textes est répertorié dans la section « Articles et chapitres de livres » sous le nom de son auteur.

GILBERT LEWIS, Paula (1984), *The Literary Vision of Gabrielle Roy : An Analysis of Her Works*, Birmingham, Summa Publications, 319 p.

Portrait de l'ensemble de l'œuvre de Gabrielle Roy, accompagné d'une analyse de ses thèmes, images et intérêts. Sont étudiés, à tour de rôle, les différents âges de la vie : enfance émerveillée mais angoissée, vie d'adulte pleine d'épreuves, surtout pour les mères de famille, vieillesse où alternent la tristesse et la fierté, enfin, liens privilégiés qui se tissent entre les enfants et les vieillards, entre le début et la fin de la vie, car tous, quel que soit leur âge, sont confrontés à l'inévitabilité de la mort. Le portrait de la nature chez Roy reprend le mouvement circulaire et la dualité persistante qui se retrouvent aussi chez l'ensemble des personnages, partagés entre la soif de liberté et le désir de forger des liens affectifs ; ainsi, la maison est tantôt une cage, tantôt un refuge. Suivant les théories de Bachelard, on peut distinguer, chez Roy, les rêves des rêveries : les premiers, masculins, sont liés à un but à atteindre, tandis que les deuxièmes, féminins, projettent le rêveur dans un futur vague que contredit la réalité objective. Si les personnages des deux sexes s'adonnent à la rêverie, seuls les personnages masculins semblent avoir accès au rêve (c'est le cas aussi de Christine et des maîtresses d'école). Du point de vue esthétique, on peut relever l'importance des figures de conteurs et d'artistes, dont le rôle est de partir à la découverte de soi pour ensuite faire partager aux autres la force libératrice qu'ils tirent de cette exploration. Le créateur est donc hanté par un désir de perfection, d'où un sentiment d'insatisfaction durable. Quant à la foi religieuse, relativement peu importante chez Roy, elle oscille entre l'idéalisme et le réalisme tragique ; l'œuvre renferme une critique féministe de l'Église, notamment à cause de l'obligation de procréer, mais la plupart des prêtres sont dépeints de manière positive. Enfin, la vision du futur et du progrès est marquée par la même oscillation entre réalisme et idéalisme, la confiance l'emportant généralement sur le tragique. Dans un monde idéal, tous les êtres seraient solidaires. Hâter la venue de ce monde constitue la grande tâche de l'artiste.

HARVEY, Carol J. (1993), *Le Cycle manitobain de Gabrielle Roy,* Saint-Boniface, Des Plaines, 273 p.

L'importance de l'époque manitobaine dans la formation de la sensibilité littéraire de Gabrielle Roy ressort de trois livres (*Rue Deschambault, La Route d'Altamont, Ces enfants de ma vie*) qui ont pour narratrice Christine (voir en revanche Robinson 1995a, pour qui Christine n'est pas la narratrice de *Ces enfants de ma vie*) et qui mettent en scène deux grandes problématiques, l'enfance et le rôle de la femme. Si, d'un ouvrage à l'autre, l'écriture de l'auteure évolue (le registre devenant plus grave, et le style, plus précis mais aussi plus précieux), les trois sont marqués par de nombreux traits récurrents : même amour de la nature, même notion romantique d'être une élue du destin, même importance accordée aux dialogues, même économie de moyens dans la narration.

Une présentation de la vie de Gabrielle Roy montre de quelle manière se trouvent transformés en fiction les menus souvenirs d'enfance ainsi que la situation difficile des francophones du Manitoba, les épreuves de la jeunesse et le travail d'institutrice, cependant que le personnage passe de l'innocence à l'expérience, et que le Manitoba, de territoire réel, devient un pays intérieur, mythique. Parmi les espaces fictifs, ressortent le jardin rassurant et maternel qui s'oppose à la plaine, symbole de liberté et de découverte, mais aussi de chaos et de mort, ainsi que l'eau, symbole de naissance et de changement, à l'encontre de l'arbre, signe de stabilité et de permanence. L'étude du décalage entre le « je » narrant et le « je » narré, entre le passé et le présent, révèle à quel point la mise en fiction transforme la réalité vécue.

Ressort de cette lecture la solidarité de la narratrice à l'égard des enfants pauvres — elle prend alors position implicitement contre « les structures qui permettent l'exploitation des minoritaires et des marginalisés » (p. 89-90) — et à l'égard des femmes, dont la souffrance est longuement dépeinte. Ainsi, derrière les réflexions en apparence anodines de Christine sur l'amour, le mariage et la maternité, se cache une certaine remise en question, bien que l'on doive se garder de « vouloir attribuer à Gabrielle Roy un féminisme précoce qui lui serait étranger » (p. 94). La mère captive du foyer transmet alors à sa fille un désir de liberté et d'épanouissement personnel qui la conduit vers l'écriture, tout en la rendant peu solidaire de la souffrance féminine, à laquelle elle a réussi à échapper (voir aussi Pascal 1979) ; elle gardera donc ses distances par rapport aux autres femmes, même en compatissant avec leur misère. En raison de sa forme quasi autobiographique et circulaire, l'œuvre de Gabrielle Roy relève d'une écriture féminine qui privilégie l'intériorité. Enfin, à l'origine de la création romanesque, se trouve un sentiment de culpabilité à l'endroit de la mère. Le cycle autobiographique, en proposant une image idéalisée du passé, permet la réparation de l'objet (la mère) dans *Rue Deschambault* et dans *La Route d'Altamont,* alors que, dans *Ces enfants de ma vie,* on assiste à celle du sujet (l'auteure elle-même). Christine est donc « Gabrielle Roy telle qu'elle a été et comme elle aurait voulu être » (p. 256).

HESSE, Martha Gudrun (1984a), *Gabrielle Roy,* Boston, Twayne Publishers, coll. « Twayne's World Authors Series », n⁰ 726, 113 p. (version française : *Gabrielle Roy par elle-même,* trad. Michelle Tisseyre, Montréal, Stanké, 1985, 179 p.).

Introduction générale à l'œuvre de Gabrielle Roy : aperçu biographique, résumé des intrigues, introduction aux personnages et aux thèmes, brèves remarques sur la réception de chaque ouvrage. C'est l'humanisme de Gabrielle Roy qui expliquerait son succès international ; sont loués aussi son pouvoir d'observation, sa compassion, son amour du prochain. C'est une artiste plus intuitive qu'intellectuelle, dont les œuvres naissent plus souvent d'une émotion que d'une idée. Elle recrée ou reconstitue la réalité davantage qu'elle ne la crée.

HUGHES, Terrance (1983), *Gabrielle Roy et Margaret Laurence. Deux chemins, une recherche*, Saint-Boniface, Du Blé, 191 p.

Nées l'une et l'autre dans une famille de pionniers, Gabrielle Roy et Margaret Laurence sont venues à l'écriture après un exil volontaire et de longs tâtonnements. Toutes deux ont débuté dans l'écriture en décrivant avec compassion et lucidité des gens d'autres origines, les immigrants du Canada dans le cas de Gabrielle Roy et les Somaliens dans le cas de Margaret Laurence, qui a suivi son mari ingénieur jusqu'en Afrique. Leurs premiers romans respectifs sont ainsi le fait d'étrangères qui observent une société autre que la leur, d'où peut-être leur clairvoyance. Toutes deux affectionnent les personnages féminins forts, surtout les mères de famille, dont l'aliénation sociale et l'isolement sont longuement dépeints ; la relation mère-fille est souvent négative, et la tentative de la fille de se libérer de la mère par le biais de l'amour est vouée à l'échec. Toutes deux montrent l'influence des ancêtres sur les générations suivantes, ainsi que les difficultés de communication entre mères et enfants et entre époux (chez les deux romancières, le couple est « constitué d'absences, de silences, de regrets et de remords » [p. 176]). Hagar Shipley (*The Stone Angel*) et Alexandre Chenevert se ressemblent : êtres malheureux, hantés par le passé, incapables de communiquer, ils ne connaissent une certaine résolution de leurs conflits intérieurs qu'au seuil de la mort. Avec les personnages de Morag Gunn (*The Diviners*) et de Pierre Cadorai, les deux romancières ont mis en scène le cheminement et les épreuves d'un artiste. Elles s'intéressent aussi à tous les êtres marginalisés et victimes de préjugés, tels les Métis et les Inuit. Assez tardivement, toutes deux ont évoqué leurs souvenirs d'enfance en soulignant le caractère marquant de cette période de la vie ; la vision de Gabrielle Roy est moins sombre et plus axée sur l'ouverture et la communication que celle de Margaret Laurence. Mais le rapprochement le plus important tient sans doute au rôle prépondérant de l'espace des prairies, dont on analyse l'empreinte sur le caractère des personnages ; l'exil et le retour sont au cœur des deux œuvres romanesques. Ainsi, tout en étant de langue et de milieu différents, les deux romancières sont engagées dans la même recherche.

MALETTE, Yvon (1994), *L'Autoportrait mythique de Gabrielle Roy. Analyse genettienne de* La Montagne secrète *de Gabrielle Roy*, Orléans (Ontario), David, 292 p.

Lecture narratologique qui a pour but de faire « la preuve scientifique de ce que *La Montagne secrète* est un authentique roman » (p. 16). À propos du temps romanesque, on remarque d'importantes variantes dans la vitesse d'évolution du récit au sein de chacune des trois parties du roman et de l'une à l'autre. Des quatre mouvements narratifs répertoriés par Genette, l'ellipse, bien que fréquente, modifie peu la vitesse diégétique ; la pause descriptive ne survient qu'à deux reprises, fait étonnant puisqu'il s'agit de la narration de la vie d'un artiste visuel. En fait, presque toutes les descriptions sont focalisées par un personnage (Gédéon, Pierre…) et sont intégrées ainsi au cheminement artistique de ce dernier. Les sommaires, plus fréquents, servent à accélérer le déroulement, à préciser encore l'évolution de Pierre, et à assurer la transition entre les scènes dramatiques. Le rythme du roman vient pour l'essentiel de l'alternance sommaire-scène et surtout d'« un mouvement constant, ou plutôt un déchirement, entre la scène objective et la scène subjective correspondant au déchirement entre le "vivre" et le "raconter" » (p. 265). Les prolepses (anticipations) sont rares, alors que les analepses (retours en arrière) abondent et éclairent surtout les épreuves qu'a traversées Pierre et son long cheminement vers la réalisation de son rêve de devenir artiste. L'itération, dans les deux premières parties du roman, rappelle également les difficultés que connaît Pierre et la force de sa volonté en plus d'éclairer différents aspects de la vocation artistique.

Quant au mode, le récit diégétique (d'événements) met en lumière l'importance de l'expérience visuelle pour l'artiste, tandis que le récit mimétique (de paroles), qui prend la relève dans la dernière partie du roman, souligne le rôle que joue la réflexion. La distance narrative qu'implique le déchirement entre le « vivre » et le « raconter » vient en partie d'une prédominance du discours transposé par rapport au discours rapporté.

Enfin, l'étude de la voix narrative montre l'importance du narrateur extradiégétique qui « raconte l'histoire comme s'il en avait été témoin ou, mieux encore, comme s'il l'avait lui-même vécue » (p. 240) ; de cette façon, le cheminement de l'artiste peintre intéresse le narrataire, qui se sent interpellé. Ce narrateur confère une dimension universelle à la réflexion sur la création artistique ; l'ouverture de la fin du roman et son atemporalité soulignent encore cet effet d'universalité. Fait étrange toutefois, plus le récit avance, plus le narrateur cherche à s'éloigner de son statut hétérodiégétique, peut-être à cause de la nécessité de préciser certains aspects liés à la nature même de l'art. Le texte devient ainsi une sorte d'autobiographie à la troisième personne.

MITCHAM, Allison (1983a), *The Literary Achievement of Gabrielle Roy*, Fredericton (Nouveau-Brunswick), York Press, 38 p.

Introduction à des thèmes marquants de l'œuvre royenne : l'exploration de l'Ouest et du Nord canadiens, l'immigration, l'innocence, l'enfance, la ville-prison. Roy est loin des écrivains des prairies canadiennes (Grove, Ross, Mitchell) en raison de la tendresse et de la douceur qui imprègnent son œuvre ; elle partage avec Saint-Exupéry la haine de la société bourgeoise, l'amour de la nature sauvage, l'individualisme et l'idéal de la liberté, l'intérêt pour l'amitié et l'enfance, et un fort sens de l'ironie. Gabrielle Roy se démarque par son intégrité, son souci de la vérité, son universalisme et par le mélange de tragédie et d'humour qui colore ses œuvres.

MORENCY, Jean (1986), *Un roman du regard*. La Montagne secrète *de Gabrielle Roy,* Québec, Centre de recherche en littérature québécoise, coll. « Essais », n° 3, 97 p.

Étude de la manière dont le regard structure l'imaginaire de *La Montagne secrète*. Une approche mythocritique révèle que toutes les forces qui entourent le protagoniste (ciel, eau, terre, feu, végétaux, animaux) concourent à l'émergence d'un univers pour ainsi dire en miroir, qui le renvoie à la conscience de lui-même. Il est question ensuite du regard de l'artiste, à la fois tout-puissant et vulnérable, et de la lutte contre la marche du temps que constitue la quête artistique, lutte marquée par une opposition entre symboles relevant d'un régime diurne et d'un régime nocturne, d'essence féminine, lié au caractère destructeur du temps. Enfin, la thématique du regard dynamise autant le modèle initiatique du héros solitaire, qui meurt à la vie profane pour renaître à une vie intérieure, que la figure mythologique, en l'occurrence celle de Prométhée, héros de la révolte contre Dieu. L'avènement du héros solaire, représentant de Dieu sur terre, anéantit la révolte prométhéenne. Principe organisateur du roman, le regard en accroît à la fois la cohérence et la richesse symbolique. Il sous-tend la thématique principale, la création artistique, ainsi que le déroulement du récit. Bref, nous sommes en présence d'une « véritable dramaturgie du regard » (p. 87).

NOVELLI, Novella (1989), *Gabrielle Roy, de l'engagement au désengagement,* Rome, Bulzoni, coll. « I quattro continenti », n° 3, 215 p.

Le changement de sujet qui marque l'œuvre royenne, le passage de la veine sociale à la veine onirique, « reflète un changement idéologique et non pas esthétique » (p. 48) : l'auteure a pris conscience des responsabilités de l'écrivain social et, effrayée, les a esquivées. À preuve, son parcours journalistique en trois étapes — exploration de la réalité sociale, remise en question du système, puis invitation au rassemblement, à l'union. La troisième étape ne sera pas franchie dans la fiction, car Gabrielle Roy ne signera jamais le grand roman de la syndicalisation des ouvriers québécois. Ses œuvres engagées présentent une topologie des classes sociales, du sous-prolétariat à la petite bourgeoisie dans *Bonheur d'occasion,* puis la nouvelle classe moyenne des cols blancs dans *Alexandre Chenevert,* mais, au lieu de poursuivre le portrait de ce monde conflictuel, devenu plus percutant dans *Alexandre Chenevert* du fait que le personnage a pris conscience de son aliénation et tente d'y remédier, l'auteure délaisse l'étude de la vie urbaine. La fin tragique d'Alexandre sert d'avertissement : « Comme Alexandre Chenevert, elle risque d'y laisser son équilibre intérieur et sa santé » (p. 172). Dès lors, Gabrielle Roy présente, avec *La Petite Poule d'Eau* (ouvrage publié avant *Alexandre Chenevert* mais conçu après), une œuvre onirique, dépolitisée, d'où sont bannis les conflits et les tensions, un retour vers l'espace rassurant de l'enfance, un univers enjolivé, euphémisé. *La Montagne secrète* illustre encore le désengagement de l'auteure, dont la préoccupation dominante sera désormais la recherche d'une forme nouvelle capable de traduire sa vision esthétique. Selon Gabrielle Roy, l'artiste ne peut créer que dans la solitude, loin de ses semblables ; la solidarité humaine n'enrichit pas l'art. Des documents annexés illustrent l'attitude de l'auteure, faite de « non-participation au débat social » (p. 171). Elle a donc abandonné le combat politique afin de retrouver la paix intérieure grâce au repli sur un univers imaginaire.

PICCIONE, Marie-Lyne (dir.) (1991), *Un pays, une voix, Gabrielle Roy*, Actes du colloque du Centre d'études canadiennes de l'Université de Bordeaux, tenu les 13 et 14 mai 1987, Bordeaux-Talence, La Maison des sciences de l'homme d'Aquitaine, 116 p.

Chacun des textes est répertorié dans la section « Articles et chapitres de livres » sous le nom de son auteur.

RICARD, François (1992a), *Inventaire des archives personnelles de Gabrielle Roy conservées à la Bibliothèque nationale du Canada*, Montréal, Boréal, 203 p.

Liste des documents (manuscrits de textes inédits ou épars, correspondance, etc.) que renferment les archives de Gabrielle Roy.

RICARD, François (1996a), *Gabrielle Roy, une vie*, Montréal, Boréal, 646 p.

Biographie de Gabrielle Roy suivie d'une liste de ses publications et de ses textes inédits.

ROMNEY, Claude, et Estelle DANSEREAU (dir.) (1995), *Portes de communications. Études discursives et stylistiques de l'œuvre de Gabrielle Roy*, Sainte-Foy, Presses de l'Université Laval, 212 p.

Chacun des textes est répertorié dans la section « Articles et chapitres de livres » sous le nom de son auteur.

SOCKEN, Paul (1982), *Concordance de* Bonheur d'occasion *de Gabrielle Roy*, Waterloo, University of Waterloo Press, 1135 p.

Concordance du roman.

SOCKEN, Paul, G. (1987), *Myth and Morality in* Alexandre Chenevert *by Gabrielle Roy*, Francfort-sur-le-Main, Peter Lang, 96 p.

Se côtoient ici deux lectures d'*Alexandre Chenevert* en plus d'une étude de quelques nouvelles anciennes dans lesquelles figure une ébauche du protagoniste. Le livre renferme également la transcription des notes prises à l'occasion d'un entretien avec Gabrielle Roy en 1979. La première partie de l'étude, intitulée « Mythic Dimensions », analyse le cheminement psychologique du protagoniste à la lumière de la structure tripartite du mythe du héros (voir Socken 1984). À l'approche « verticale » de cette première partie, qui met Alexandre en présence du divin, fait place une lecture « horizontale » des relations qu'il entretient avec son entourage. Malgré ses croyances humanitaires, Alexandre se montre d'abord incapable d'aimer sa famille et ses voisins. Après son séjour au lac Vert, qui lui révèle l'essence de l'expérience humaine et le renseigne sur lui-même, il se réconcilie avec l'existence d'un monde imparfait qui permet néanmoins l'émergence d'une certaine fraternité humaine.

Articles et chapitres de livres

ALLARD, Jacques (1997), « Deux scènes médianes où le discours prend corps », *Études françaises* (« *Le Survenant* et *Bonheur d'occasion* : rencontre de deux mondes »), vol. 33, n° 3, p. 53-65.

L'étude des espaces symbolique et matériel du récit permet de situer *Bonheur d'occasion* et *Le Survenant* par rapport à deux sociogrammes dominants de l'histoire romanesque québécoise, la Cité et la Chambre (discours politique et amoureux), qui s'opposent en quelque sorte au discours du Ciel (discours religieux). La scène médiane, qui ne se trouve pas nécessairement au centre mathématique du livre, est tout aussi déterminante que les incipit et excipit, plus souvent étudiés : dans *Le Survenant*, il s'agit de la fête du jour de l'An, tandis que, dans *Bonheur d'occasion*, il faut retenir le chapitre XVII, celui qui montre Jean marchant au hasard dans la ville après avoir fait l'amour à Florentine. Le rapport amoureux y est présenté comme sale : il doit être nié avec autant de violence qu'on en met à nier la pauvreté sur le plan politique, d'où les images du vent et de la pluie qui balaient tout. On constate donc, dans les deux romans, « des exemples de l'imprégnation de la Cité par la Chambre, dans l'estompement graduel du Ciel » (p. 65), signe de leur modernité éclatante.

AMPRIMOZ, Alexandre L. (1981), « L'homme-arbre de *La Montagne secrète* », *Canadian Literature*, n° 88, p. 166-171.

La métaphore récurrente de l'arbre (plus de 250 allusions) est au centre du monde allégorique de *La Montagne secrète*. L'arbre incarne les souffrances liées à la condition humaine en même temps qu'il représente la verticalité et l'invitation au courage et à l'effort ; il symbolise donc un but à atteindre plutôt qu'un refuge. En raison de la solitude et des épreuves que supportent aussi bien les humains que les arbres, il s'effectue une personnification de l'arbre et une « arborification » (p. 170) de l'homme. Le monde naturel, qui inspire l'œuvre d'art, constitue le thème unificateur du rêve de l'artiste.

AMPRIMOZ, Alexandre L. (1982), « Fonction gestuelle : *Bonheur d'occasion* de Gabrielle Roy », *Présence francophone*, n° 24, p. 123-137.

Il importe, dans *Bonheur d'occasion*, d'étudier les gestes (le « gestus » englobe toute émission de signe qui n'implique pas la voix, dont les odeurs) pour voir ce qu'ils recèlent de désirs. On peut ainsi dresser le tableau des gestes échangés entre Jean et Florentine, axés d'abord sur la poursuite par celui-là de celle-ci qui recule, puis sur le mouvement inverse. Souvent, seuls les gestes éclairent des paroles ambiguës. C'est en fait la dynamique gestuelle entre les deux personnages qui détermine la direction narrative du roman, signe de sa profonde cohérence interne.

ANDRON, Marie-Pierre (1996), « La représentation du corps dans *Alexandre Chenevert* », André FAUCHON (dir.), *Colloque international « Gabrielle Roy ». Actes du colloque soulignant le cinquantième anniversaire de* Bonheur d'occasion, tenu au Collège universitaire de Saint-Boniface du 27 au 30 septembre 1995, Winnipeg, Presses universitaires de Saint-Boniface, p. 123-135.

Les deux visions du corps idéal présentés dans *Alexandre Chenevert*, celle d'Émery Fontaine, liée à un hédonisme proche parent du conformisme social, et celle de la médecine moderne, fondée sur la maîtrise du corps par la science, laissent en définitive à désirer et font ressortir l'humanité d'Alexandre. Emprisonné dans sa cage urbaine, Alexandre Chenevert a recours à différentes formes d'évasion, dont « la fuite par l'inappétence » (p. 125), dans l'espoir d'échapper à son corps disgracieux et dolent pour atteindre le monde de l'esprit, qu'il survalorise. Son corps « s'écrit par la maladie » (p. 127), exprimant par là les émotions qu'il ne peut communiquer autrement ; son séjour réparateur au lac Vert ne permet pas la renaissance corporelle, car il ne peut traduire en mots et communiquer ce qu'il y a appris.

ARCAND, Tatiana (1996), « Les contes pour enfants de Gabrielle Roy », André FAUCHON (dir.), *Colloque international « Gabrielle Roy ». Actes du colloque soulignant le cinquantième anniversaire de* Bonheur d'occasion, tenu au Collège universitaire de Saint-Boniface du 27 au 30 septembre 1995, Winnipeg, Presses universitaires de Saint-Boniface, p. 335-350.

Relevé de cinq contes publiés par Gabrielle Roy à l'intention des enfants (bien que la plupart d'entre eux aient été conçus dans un autre contexte) et de leurs principaux thèmes. Elle s'y intéresse aux démunis et aux marginalisés et développe nombre de thèmes explorés dans ses écrits pour adultes : le voyage, le processus créateur, l'éducation, l'entente entre les bêtes et les êtres humains et l'amour de la nature. Proche de Colette ou de Saint-Exupéry, Gabrielle Roy s'adresse à l'enfant en chaque lecteur et en appelle à la réconciliation « avec soi-même et avec le monde » (p. 349).

ARGUIN, Maurice (1989), *Le Roman québécois de 1944 à 1965. Symptômes du colonialisme et signes de libération,* Montréal, l'Hexagone, p. 33-99.

Comme d'autres romanciers québécois de la même période, Gabrielle Roy dépeint l'affrontement entre anglophones et francophones et montre que ceux-ci constituent une « classe ethnique défavorisée » (p. 37), marquée par le chômage et la dépossession. La ville est « aux mains des étrangers » (p. 40), chez qui, selon Alexandre Chenevert, « le goût de la domination est inné » (p. 50). Les deux romans urbains de Gabrielle Roy dénoncent l'aliénation, le colonialisme économique et l'identification de la langue anglaise à la réussite. Y figurent les mêmes types que dans les autres romans sociaux de la période : le rêveur aliéné (Azarius et Alexandre) et l'ambitieux (Jean Lévesque). Celui-ci atteint seul dans le roman de mœurs urbaines « ce degré de lucidité qui fait de lui la préfiguration du héros du roman de contestation, le révolutionnaire, qui assumera, en pleine conscience, un choix entre l'assimilation et la suppression du dominateur » (p. 89). Mais, faute de possibilités concrètes à sa mesure et de moyens d'échapper à son statut de colonisé (ainsi qu'en témoigne son incapacité d'imaginer la réussite autrement que par l'adhésion à la classe dominante), sa révolte tourne court.

ARPIN, Maurice (1994), « Lecture euphorique et lecture dysphorique : le cas de Médéric Eymard », *Cahiers franco-canadiens de l'Ouest,* vol. 6, n° 2, p. 181-199.

Le personnage de Médéric dans la nouvelle « De la truite dans l'eau glacée » (*Ces enfants de ma vie*) se prête à une lecture euphorique, comme l'a bien vu la critique, mais aussi, à un niveau plus profond, à une lecture dysphorique. De héros, voire de demi-dieu mythique qu'il apparaît d'abord, Médéric se transforme en victime dépendante, désespérément à la recherche de l'approbation du père alcoolique qui l'humilie dans sa jeune virilité, puis de la tendresse de l'institutrice. Cette faiblesse s'explique par un traumatisme précoce, sans doute un manque d'affection de la part de ses parents. Le portrait que trace Gabrielle Roy de l'enfance dans le recueil est donc bien moins idyllique qu'on ne l'a cru jusqu'ici.

BABBY, Ellen Reisman (1982), « *Alexandre Chenevert* : Prisoner of Language », *Modern Language Studies,* vol. 12, n° 2, p. 22-30.

La modernité d'*Alexandre Chenevert* vient de l'importance accordée au langage et à la communication. Parmi toutes les prisons évoquées dans le roman, le langage est la plus aliénante. Malgré son vif et douloureux désir de communication humaine, Alexandre tombe constamment dans les formules toutes faites (fonction phatique du langage) ou encore se voit agressé par les impératifs de la publicité (fonction conative). Les nombreuses réflexions sur les signifiants (sens ou orthographe des mots, noms propres) soulignent sur le plan formel les ratés de la communication. Le seul dialogue véritable survient entre Alexandre et le Dr Hudon ; du reste, la présence dans le texte du compte rendu de celui-ci fait ressortir l'autoréflexivité du roman. La reprise du nom du héros comme derniers mots du roman laisse croire à une foi renouvelée dans la capacité du langage de dire l'identité. Quoi qu'il en soit, c'est la représentation textuelle elle-même, au-delà de la réalité quotidienne, que le roman met en scène ; voilà en quoi il se démarque de *Bonheur d'occasion*.

BABBY, Ellen Reisman (1984), « *La Rivière sans repos* : Gabrielle Roy's "Spectacular" Text », *Québec Studies*, n° 2, p. 105-117.

Comme dans Babby 1985, il est ici question de la relation complexe entre présentation et représentation chez Gabrielle Roy. De nombreux éléments des textes qui composent *La Rivière sans repos* montrent l'importance du regard, la cinématisation de la réalité, l'intérêt accordé aux failles de la communication et la remise en cause du langage comme système signifiant. De texte en texte, on assiste à une régression progressive de l'identité, du langage et de la liberté.

BABBY, Ellen Reisman (1989), « À la recherche du sens. *De quoi t'ennuies-tu, Éveline ?* », *Voix et Images*, vol. 14, n° 3, p. 423-432.

De quoi t'ennuies-tu, Éveline ? reprend les principaux aspects structuraux et thématiques de l'œuvre de Gabrielle Roy : amour du voyage, remontée vers les origines, fascination pour le conte oral. La recherche du sens à donner au télégramme de Majorique, qui se dit « à la veille du grand départ », met en lumière l'importance qu'accorde Roy à l'expression et souligne que souvent, chez elle, « le langage trahit le signifié » (p. 424). Sont également typiques de Gabrielle Roy deux procédés narratifs : la « re-génération du récit » (p. 426), où un récit est repris par un deuxième narrateur, et la transformation du familier en étrange. La présence de la Californie dans ce récit montre que la fascination qu'exerçait autrefois la France sur les auteurs québécois a fait place à un intérêt pour l'espace nord-américain.

BARIL, Paul (1996), « Gabrielle Roy et son œuvre : personnages en quête d'une identité », André FAUCHON (dir.), *Colloque international « Gabrielle Roy ». Actes du colloque soulignant le cinquantième anniversaire de* Bonheur d'occasion, tenu au Collège universitaire de Saint-Boniface du 27 au 30 septembre 1995, Winnipeg, Presses universitaires de Saint-Boniface, p. 411-424.

Le statut précaire des Franco-Manitobains se reflète dans la plupart des œuvres royennes. Par exemple, Luzina maugrée mais se soumet lorsque le gouvernement fédéral traduit en anglais le nom qu'elle a donné à leur petite école locale ; en cela, elle est « à l'image de plusieurs autres personnages de Gabrielle Roy, sinon de la romancière elle-même » (p. 414). Le déchirement entre la fidélité à son héritage et le besoin d'apprendre l'anglais apparaît également dans l'autobiographie ; le moment critique est celui où Gabrielle Roy arrive au Winnipeg Normal Institute, établissement de langue anglaise. Elle comprend, « à l'instar de plusieurs de ses concitoyens [...], qu'il faut lutter sans arrêt » (p. 418) pour préserver sa langue. Par ailleurs, son intérêt pour les immigrants s'explique par le fait qu'elle partage avec eux le sort des minorités linguistiques marginalisées. Malgré son ambivalence à l'égard de sa province natale, Gabrielle Roy demeure « Manitobaine jusqu'à la moelle des os » (p. 424).

BARTOSOVA, Marie (1989), « Le merveilleux quotidien dans "L'enfant de Noël", un récit de *Ces enfants de ma vie* », *Cahiers franco-canadiens de l'Ouest*, vol. 1, n° 2, p. 181-184.

Le réalisme du recueil ne fait pas obstacle à l'émergence d'une ambiance magique ; au contraire, c'est de l'excès de réalisme, de l'extrême dénuement des protagonistes, que naît le merveilleux. La pauvreté pousse les êtres (surtout l'institutrice, qui ressemble à une fée bienveillante) à davantage de bonté et les rend sensibles à tout événement qui sort de l'ordinaire. Une grande leçon s'en dégage : il faut savoir apprécier la beauté des choses simples.

BARTOSOVA, Marie (1994a), « Le discours schizophrène dans "Alicia" de Gabrielle Roy », *Cahiers franco-canadiens de l'Ouest*, vol. 6, n° 1, p. 19-25.

En raison des efforts que déploie Christine pour protéger sa sœur atteinte de maladie mentale dans cette nouvelle de *Rue Deschambault*, et par un effet de mimétisme, le discours enfantin présente ici des affinités avec le discours schizophrène : difficulté d'établir une référence au monde extérieur, recours fréquent à l'anaphore (« ils » pour désigner les parents ou les employés de l'asile), abondance de groupes nominaux qui ne se réfèrent pas au contexte d'énonciation, répétitions destinées à éviter à la narratrice de perdre pied. Bien que certains de ces traits se manifestent aussi dans d'autres textes de *Rue Deschambault*, ils y sont moins fréquents. Christine se voit donc tiraillée entre le monde des adultes et celui, énigmatique, de sa sœur.

BARTOSOVA, Marie (1994b), « Reflets du Manitoba dans l'œuvre de Gabrielle Roy », André FAUCHON (dir.), *La Production culturelle en milieu minoritaire*, Actes du 13e colloque du Centre d'études franco-canadiennes de l'Ouest, tenu au Collège universitaire de Saint-Boniface les 14, 15 et 16 octobre 1993, Winnipeg, Presses universitaires de Saint-Boniface, p. 297-310.

Deux traits ressortent, selon Gabrielle Roy elle-même, de sa vision du Manitoba : le sentiment de fraternité humaine et l'amour du paysage. Les récits manitobains abolissent généralement la frontière entre soi et autrui et valorisent les artisans du rapprochement (Luzina, le capucin), tandis que les romans de l'exil (*Bonheur d'occasion* et *Alexandre Chenevert*) portent sur la difficulté de rejoindre véritablement autrui, la compassion et la communication étant l'apanage de quelques personnages idéalistes. Quant au paysage, la prairie est un espace ambivalent, évoquant tantôt le potentiel infini de l'avenir, tantôt une sourde menace. (Voir aussi May 1981, Harvey 1982 et 1993.)

BARTOSOVA-JACK, Marie (1996), « Images de l'enfance dans *Ces enfants de ma vie*», André FAUCHON (dir.), *Colloque international « Gabrielle Roy »*. *Actes du colloque soulignant le cinquantième anniversaire de* Bonheur d'occasion, tenu au Collège universitaire de Saint-Boniface du 27 au 30 septembre 1995, Winnipeg, Presses universitaires de Saint-Boniface, p. 351-360.

Dans chacun des récits de *Ces enfants de ma vie,* un enfant est assimilé aux autres membres de sa famille, voire stéréotypé, et la narratrice doit aller au-delà des clichés pour le découvrir et l'aimer. Les comparaisons animales et végétales soulignent la simplicité et l'innocence des enfants. Comme leur créatrice, tous ces enfants possèdent un don particulier et semblent être élus « par le destin » (p. 359).

BECKETT, Sandra L. (1996), « Spatialité du souvenir/Souvenir de l'espace dans l'œuvre manitobaine de Gabrielle Roy », Georges CESBRON (dir.), *L'Ouest français et la Francophonie nord-américaine,* Actes du Colloque international de la francophonie, tenu à Angers du 26 au 29 mai 1994, Angers, Presses de l'Université d'Angers, p. 171-179.

La tension entre les pôles Est-Ouest, Québec-Manitoba, marque toute l'œuvre royenne. L'élément structurant le plus important de *La Route d'Altamont* est le récit de l'émigration que fait la mère de la narratrice, dont les effets reviennent dans chaque nouvelle. (Voir aussi May 1981, Harvey 1982 et 1993, Essar 1985.)

BEDNARSKI, Betty (1989), « To Hold Happiness in One Hand : Gabrielle Roy's Autobiography », *Antigonish Review,* vol. 76, p. 25-33.

Lecture d'*Enchantment and Sorrow,* traduction de l'autobiographie de Gabrielle Roy qu'a signée Patricia Claxton. En ressortent particulièrement le sentiment de culpabilité, l'égoïsme salutaire et l'imminence de la mort. Roy semble avoir jeté bas les masques dans l'espoir de se réconcilier avec un passé douloureux, grâce à la lucidité que procure le recul. Frappent enfin le décalage temporel entre narratrice et personnage et la transformation du vécu par la mémoire.

BELL, Mark (1991-1992), « "Enrichir la gelée" : Proustian Intertext in the Writings of Gabrielle Roy », *Québec Studies,* n° 13, p. 27-36.

À l'instar de Proust, Gabrielle Roy montre un grand intérêt pour la mémoire involontaire. Dans *Cet été qui chantait,* elle cherche, comme lui, à comprendre pourquoi certains souvenirs remontent en elle, et tente de reproduire l'extase à laquelle donne naissance l'expérience de la beauté. En revanche, Roy s'intéresse moins au « temps perdu » qu'à la réalité immédiate ; l'art sert non pas à préserver le passé, mais à adoucir le présent. Ainsi, tout comme Proust évoque « tant de morceaux de viande ajoutés et choisis [qui] enrichissent la gelée », Roy convoque l'esthétique proustienne, l'engagement existentialiste, la métaphysique thomiste et la phénoménologie québécoise de la nature et produit une synthèse toute personnelle.

BELLEAU, André (1980), *Le Romancier fictif. Essai sur la représentation de l'écrivain dans le roman québécois*, Sillery, Presses de l'Université du Québec, p. 39-89.

Le projet d'écriture, chez Gabrielle Roy, n'est pas présenté comme survenant peu avant l'écriture elle-même ; l'auteure insiste plutôt sur le caractère ancien et précoce de son désir d'écrire. On sent là une tenace angoisse non dite, d'autant que les conflits familiaux et la sexualité adolescente, ainsi que la révolte, sont niés ; seul le désir du départ demeure et dénonce la censure opérée par l'écrivain adulte. C'est l'écrivain de la maturité qui fabrique en quelque sorte l'enfant qui voulait écrire, qui s'invente une enfance d'écrivain destinée à justifier un choix plus tardif. Dans cette optique, on n'est pas éloigné de la réalité en raison de sa condition d'écrivain ; on choisit la vocation d'écrivain pour expliquer son éloignement de la réalité. Loin de faire ressortir l'unité profonde du moi actuel et du moi révolu, la scission narratologique souligne donc les blancs, les fissures et la fragmentation. Une autre ambiguïté naît du fait que le projet d'écriture transite par la figure maternelle, qui l'encourage et s'y oppose en même temps : « Écrire c'est donc aussi quitter sa mère. Mais c'est en même temps se mettre par elle à la recherche de la filiation et de l'origine » (p. 52). Les nombreuses représentations de l'activité créatrice (les signes tracés sur le sable, la poupée de la grand-mère) nous conduisent à nous demander de quelle manière la réalité est saisie et transformée par le texte littéraire.

Par ailleurs, on peut établir une opposition entre les romans du code, comme ceux de Roger Lemelin, dans lesquels la littérature est vue comme un acte extérieur, une activité productrice dont on souligne les dimensions sociale et institutionnelle, et les romans de la parole, comme *Rue Deschambault* et *La Route d'Altamont*, où elle est présentée comme « un fait de pure subjectivité » (p. 59), comme un voyage intérieur, comme un projet esthétique avant tout. Dans les deux cas, « il semble que le discours québécois ne puisse représenter le destin de l'écrivain autrement que dans la déchirure » (p. 83).

BERTHIAUME, André (1988), « Gabrielle Roy : l'épisode de "La Mouette" », *Écrits du Canada français*, n° 62, p. 75-92.

L'épisode de « La Mouette » (*La Détresse et l'Enchantement*) constitue « une sorte de séquence matricielle [...] où le désir d'écrire de Gabrielle Roy trouve sous le patronage de Tchekhov les fondements d'une esthétique qui oriente l'œuvre à venir » (p. 77). Grâce à des jeux de miroir et à une alternance de la scène de théâtre et de celle de la rue, le récit simple de Roy devient ici un discours très structuré, sorte de petit essai sur la littérature. L'art (l'enchantement) sert à consoler de la vie (la détresse) et à abolir les paradoxes. C'est à partir de cet épisode que s'imposent la découverte de l'identité et le choix de l'écriture comme mode d'expression. À partir d'autres textes, notamment *Rue Deschambault,* on note le rôle que jouent autant le père que la mère dans l'émergence de la vocation artistique.

BLODGETT, E. D. (1980), « Gardens at the World's End or Gone West in French », *Essays on Canadian Writing*, n° 17, p. 113-126.

Dans *La Route d'Altamont*, Roy préserve l'esprit d'exploration de l'Ouest canadien en « transformant l'espace en métaphysique du temps » (p. 118) et en présentant quatre méditations sur l'expérience du même personnage et sur le motif de la vie comme voyage. L'espace extérieur n'est que prétexte ici pour explorer le monde intérieur ; c'est pour cette raison qu'on revient toujours au départ, aux origines. L'espace permet la découverte de soi, la fiction, l'improvisation, au risque souvent d'un aveuglement volontaire face au réel, qu'on idéalise ou déforme à son gré. En revanche, la nostalgie de l'époque des pionniers, qui imprègne les romans de Georges Bugnet et de Maurice Constantin-Weyer, est absente des écrits royens.

BOUCHER, Jean-Pierre (1988a), « Point de vue narratif dans *Alexandre Chenevert* », *Littératures*, n° 1, p. 149-164.

L'instance narrative omnisciente d'*Alexandre Chenevert* domine le personnage à la manière des puissants de ce monde qui dominent les faibles ; son regard extérieur, sévère et menaçant, s'ajoute à tous les autres qui scrutent déjà le personnage. En plus de constater l'aliénation du personnage, donc, l'instance narrative contribue à l'y enfoncer. Au fond, Alexandre lui-même a renoncé à être le narrateur de sa propre vie : il cesse de consigner par écrit ses pensées, il n'arrive pas à écrire aux journaux et à ses proches pour communiquer les vérités que lui révèle son séjour au lac Vert. « Son échec est donc avant tout narratif » (p. 155) et entraîne tous les autres échecs dont est faite sa vie. Si aucun autre personnage n'est jugé digne d'accéder à la narration, même le Dr Hudon, qui en a manifestement les capacités, c'est que l'instance narrative refuse jalousement de renoncer à ses privilèges. Par contre, les restrictions de champ ponctuelles font voir une pluralité de points de vue, dont aucun n'est privilégié. Le roman se situe ainsi à mi-chemin entre les œuvres traditionnelles, monolithiques, et les romans à la première personne qui commencent à émerger à l'époque. Par la suite, Gabrielle Roy n'accordera le privilège de la narration qu'à son double fictif, Christine ; aucun personnage différent d'elle ne devient narrateur. Tout se passe donc comme si Roy parlait « d'elle-même en parlant des autres à qui elle prête sa voix plutôt que de les laisser raconter eux-mêmes l'histoire de leur vie » (p. 164). Cette incapacité de créer des personnages-narrateurs autonomes est donc un défaut important chez celle qui est considérée par beaucoup comme notre meilleur écrivain.

BOUCHER, Jean-Pierre (1988b), « Un recueil de récits brefs. *Ces enfants de ma vie* de Gabrielle Roy », *Canadian Literature*, n° 119, p. 45-54 (repris sous le titre « Initiation à l'enfance et à l'âge adulte. *Ces enfants de ma vie* de Gabrielle Roy » dans *Le Recueil de nouvelles. Études sur un genre littéraire dit mineur*, Montréal, Fides, 1992, p. 103-113).

Conformément au principe selon lequel un recueil de récits forme un tout, au sein duquel chaque texte signifie à la fois par lui-même et par rapport aux autres, on constate l'unité de composition de *Ces enfants de ma vie,* dont chaque récit part du précédent, tandis que le dernier les résume tous. Au cœur de chacun, on retrouve un couple privilégié formé d'une institutrice et d'un élève, ce qui donne lieu à une réflexion sur la transition entre l'enfance et l'âge adulte, entre la liberté et l'asservissement. Plus que d'un recueil de souvenirs, il s'agit d'une exploration dynamique de la vie psychique de la narratrice, qui se pose des questions encore sans réponse au moment de l'écriture. Tout le recueil apparaît comme une initiation progressive à la plaine (symbole de l'enfance et de la grandeur de la nature), bref comme un voyage initiatique intérieur où l'enfant sert de guide à l'institutrice, porteuse en retour du savoir livresque. En refusant, à la fin du recueil, d'épouser Médéric, à qui elle est cependant liée par des noces symboliques, l'institutrice quitte définitivement le monde de l'enfance sans pour autant adopter les valeurs de l'âge adulte. Le titre du recueil évoque à la fois le refus de la maternité et le désir d'être mère (ne pouvant dire « mes enfants », la narratrice déplace la marque de la possession en évoquant « ma vie »).

BOUCHER, Jean-Pierre (1991), « Recueil et voyage : *La Route d'Altamont* de Gabrielle Roy », *Littératures,* n° 6, p. 39-57 (repris sous le titre « Nouvelle éponyme en clôture. *La Route d'Altamont* de Gabrielle Roy » dans *Le Recueil de nouvelles. Études sur un genre littéraire dit mineur,* Montréal, Fides, 1992, p. 39-55).

L'importance des recueils de divers genres dans la production de Gabrielle Roy laisse croire que cette forme, mieux que le roman, lui a permis de rendre l'éclatement, la mobilité et le questionnement. En effet, la fragmentation du recueil est liée au thème du voyage, omniprésent dans l'œuvre royenne. L'unité de *La Route d'Altamont,* « recueil-ensemble » au sens de René Godenne, vient du fait que, dans chacun des quatre textes qui le composent, la protagoniste, Christine, poursuit le même déplacement de la ville vers le large, vers la plaine. Voyages rêvés, voyages migratoires, voyages temporels et voyages initiatiques se rejoignent et se complètent. Le voyage intérieur de Christine, quête du sens de la vie et de la mort se transformant en quête de l'écriture, s'assimile à celui de l'institutrice de *Ces enfants de ma vie.*

BOURBONNAIS, Nicole (1982), « La symbolique de l'espace dans les récits de Gabrielle Roy », *Voix et Images,* vol. 7, n° 2, p. 367-384.

La vaste plaine, chez Gabrielle Roy, connote la solitude et la vacuité, exerçant sur l'esprit humain un sentiment mêlé de fascination et d'oppression. À l'étendue illimitée de la plaine s'oppose, dans « Un jardin au bout du monde », l'espace restreint mais débordant de vie du jardin de Martha. Toute la nouvelle est structurée à partir de cette opposition, qui donne lieu à des valeurs elles aussi opposées et aboutit, sans se résoudre, à la transformation du jardin éphémère en espace mythique éternel, à l'instar de la plaine : « Le vide de l'éternité est en quelque sorte avalé par la plénitude de l'éphémère » (p. 370). Stépan et Martha en arrivent, par des chemins différents, à la conclusion que Dieu n'existe pas ; c'est encore le jardin qui se substitue au temple comme espace sacré. Ainsi, la réussite de Martha est du domaine de la création plutôt que de celui de la procréation; en effet, chez Gabrielle Roy, ce sont les femmes qui possèdent le plus souvent le pouvoir créateur : « Ce n'est pas non plus notre Père qui est aux cieux mais notre Mère qui a les deux pieds sur terre qui est l'objet du chœur de louanges, du Magnificat » (p. 380). Ici, la narratrice accompagne de près la protagoniste, lui souffle les réponses à ses questions métaphysiques, se ligue avec elle dans l'acte créateur. Car la vraie immortalité n'est peut-être pas celle du jardin, mais celle que confère l'écriture.

BOURBONNAIS, Nicole (1988), « Gabrielle Roy : la représentation du corps féminin », *Voix et Images,* vol. 14, n° 1, p. 72-89 (repris dans Lori SAINT-MARTIN [dir.], *L'Autre Lecture. La critique au féminin et les textes québécois,* Montréal, XYZ, t. I, 1992, p. 97-116).

Absent jusque-là du roman québécois, le corps féminin est omniprésent dans *Bonheur d'occasion.* Si Gabrielle Roy semble se conformer aux stéréotypes en mettant en scène le corps de la mère et celui de la jeune fille à marier, il n'en est rien, car, grâce au réalisme, elle pulvérise les mythes en les caricaturant et en montrant l'aliénation qu'ils engendrent. Loin de s'épanouir dans la maternité comme le prétend alors l'idéologie traditionnelle, les femmes sont esclaves de leur corps trop fécond, dont Gabrielle Roy souligne sans cesse la fatigue et l'affaissement. Si Florentine entretient sciemment sa maigreur, c'est parce qu'elle refuse de devenir mère; mais, aussi mince soit-elle, elle ne pourra échapper à son destin de femme. Par ailleurs, le corps de la mère de famille est lié à la mort plutôt qu'à la vie, notamment dans la scène de l'accouchement. Le corps de Rose-Anna devient donc l'image du sort qui attend les femmes et sert d'avertissement et de repoussoir à Florentine : « L'objet en litige entre mère et fille est bien le corps reproducteur » (p. 113). C'est le choix même du réalisme qui permet de dénoncer les conditions de vie aliénantes des personnages féminins. (Voir aussi Stéphan 1991a.)

BOURBONNAIS, Nicole (1990), « Gabrielle Roy, de la redondance à l'ellipse ou du corps à la voix », *Voix et Images,* vol. 16, n° 1, p. 95-109.

Omniprésent dans *Bonheur d'occasion,* le corps féminin disparaît par la suite, car ce n'est qu'au profit d'un déni de la reproduction, et donc du corps sexué et de la séduction, que les jeunes femmes de l'œuvre arrivent à s'assumer. Comme il aurait été impossible alors de mettre en scène une jeune femme sachant conjuguer avec bonheur épanouissement érotique et refus de la maternité, Gabrielle Roy opte encore pour le réalisme : « À l'échafaudage tout imaginaire d'une fiction de l'avenir, l'auteure préfère la mise en déroute d'un présent inacceptable » (p. 96). Ni la mère ni l'institutrice, vouées l'une à la reproduction des corps, l'autre à celle des esprits, ne peuvent se libérer, pas plus d'ailleurs que les religieuses et les folles; seule y parvient la créatrice. Car la perte du corps, en signalant que Gabrielle Roy « élimine du plan romanesque ce qui n'est pas viable sur le plan existentiel » (p. 99), s'accompagne de l'accès à la créativité, particulièrement chez les vieilles femmes libérées du fardeau de l'espèce. On semble alors établir « la preuve que la vraie nature de la femme — celle qui fait retour une fois le joug social disparu — la porte vers les grands espaces et le grand large » (p. 101). Par ailleurs, témoin des actes créateurs accomplis par sa mère et sa grand-mère, Christine s'inscrit dans une filiation matrilinéaire ; en même temps, comme sa mère la voue à l'enseignement, donc à la perpétuation d'un rôle féminin stéréotypé, il faudra la mort d'Éveline pour que jaillisse l'écriture. À l'origine de la vocation de la fille se trouve donc moins la mère réelle que la mère « originaire, hors culture » (p. 108), liée à la voix première, au chant.

BOURBONNAIS, Nicole (1992), « Gabrielle Roy : les figures du temps », François GALLAYS, Sylvain SIMARD et Robert VIGNEAULT (dir.), *Le Roman contemporain au Québec (1960-1985)*, Montréal, Fides, coll. « Archives des lettres canadiennes », t. VIII, p. 411-426.

La quête du temps, liée de près à la réflexion sur le sens de l'entreprise scripturale, constitue la préoccupation centrale des derniers écrits de Gabrielle Roy. L'écart entre le « je » narrant et le « je » narré, ainsi que le recours à un présent immuable, permettent d'englober et de réunir toutes les époques, dans la quête d'un temps mythique. Le retour vers le passé s'accompagne d'un retour sur soi, donc d'une quête identitaire, d'où la fascination des morts et des absences. S'inscrivent dans les récits de nombreux procédés liés à la représentation du temps : éternels recommencements, réflexions qui élargissent le temps linéaire du récit, souvenirs qui font du texte un seul champ temporel. La « petite phrase chuchotée » du lac Winnipeg rappelle la « petite phrase » de la sonate de Vinteuil, et, comme chez Proust encore, cette phrase abolit la distance entre passé et présent. Mais « il s'agit moins toutefois pour Gabrielle Roy de retrouver le temps perdu que de remonter à l'origine pour redécouvrir la source de tout désir » (p. 420).

BOURBONNAIS, Nicole (1996), « Les sortilèges de la voix chez Gabrielle Roy », André FAUCHON (dir.), *Colloque international « Gabrielle Roy ». Actes du colloque soulignant le cinquantième anniversaire de* Bonheur d'occasion, *tenu au Collège universitaire de Saint-Boniface du 27 au 30 septembre 1995,* Winnipeg, Presses universitaires de Saint-Boniface, p. 427-435.

La fascination pour la voix humaine, qui se soustrait au sens et au logos pour donner « accès à la bienheureuse folie, propice à la libération » (p. 429), marque l'œuvre royenne. La voix-chant, innée et naturelle plutôt que cultivée, ébranle et ravit l'auditeur, l'entraînant vers le passé, vers l'origine ; elle abolit alors, un instant, les ravages du temps. Le chant des grenouilles et la « petite phrase » que chuchote le lac déclenchent l'émotion et le désir de se lancer dans la vie ; la voix est ainsi liée à l'émergence du rêve de bonheur futur. Chez Roy, la voix est non pas sensuelle ou amoureuse, mais bien « désincarnée, angélique ou étrangement mystérieuse » (p. 431). Elle est aussi l'instrument privilégié du rapprochement avec la mère originelle plutôt qu'avec la « pauvre mère » (p. 433) accablée de soucis ; c'est pour cette raison qu'elle est toujours source d'harmonie, voire de fusion avec l'univers. En somme, « tout se passe comme si chez Gabrielle Roy la voix était à l'origine de la création » (p. 435).

BOYCE, Marie-Dominique (1996), « Le désert de la vie : trajectoire purificatrice de l'écrivain », André FAUCHON (dir.), *Colloque international « Gabrielle Roy ». Actes du colloque soulignant le cinquantième anniversaire de* Bonheur d'occasion, tenu au Collège universitaire de Saint-Boniface du 27 au 30 septembre 1995, Winnipeg, Presses universitaires de Saint-Boniface, p. 523-530.

Inspirées de la vie familiale éprouvante de Roy, les images de tristesse et de désolation parsèment toute l'œuvre et évoquent le climat de résignation qui dominait les milieux canadiens-français de l'époque. Seuls les créateurs, Christine ou Pierre, peuvent rétablir la communication entre les êtres et les générations, après avoir connu la solitude et la souffrance.

BRAULT, Jacques (1989), « Tonalités lointaines (sur l'écriture intimiste de Gabrielle Roy) », *Voix et Images,* vol. 14, n° 3, p. 387-398.

Certains textes de Gabrielle Roy servent ici à amorcer une réflexion sur les traits de l'écriture intimiste. L'intimisme constitue « la proximité par quoi l'écriture remodalise la relation du moi et du monde » (p. 389). La tonalité intimiste est dite « lointaine » parce que, pour bien saisir le proche, il faut s'en éloigner, puis s'en rapprocher de nouveau grâce à l'écriture. Il y a connivence entre l'éloignement et la proximité, entre la possession et la dépossession, l'infiniment petit et l'infiniment grand, le profond et le banal, le début et la fin. Si l'intime a à voir avec un lieu clos ou un objet familier, il est surtout lié à une tonalité se révélant dans la tension qui « travaille » le texte ainsi qu'à « l'effort inventif qu'il déploie pour compenser l'éclatement de la simultanéité orale » (p. 393). Toute écriture implique donc une cassure, une nostalgie et un « étrangement » (p. 397).

BROCHU, André (1979), « La structure sémantique de *Bonheur d'occasion* », *Revue des sciences humaines,* vol. 45, n° 173, p. 37-47 (repris dans *La Visée critique. Essais autobiographiques et littéraires,* Montréal, Boréal, 1988, p. 169-185).

Quatre « sphères d'existence » sont décrites dans *Bonheur d'occasion* : la sphère individuelle (les histoires d'amour), la sphère familiale (Rose-Anna), la sphère sociale (la vie de Saint-Henri) et, enfin, la sphère mondiale (la guerre). À l'intérieur de chaque sphère, les échanges, « l'évasion horizontale », sont toujours négatifs (échec de l'amour, désagrégation de la famille, conflit Westmount-Saint-Henri, catastrophes de la guerre). On peut tenter de passer d'une sphère à l'autre : ainsi, Florentine passe de la première à la deuxième en épousant Emmanuel, Jean va de la première à la troisième en réalisant ses ambitions matérielles, Emmanuel intervient dans la sphère mondiale. N'étant pas sanctionnée, cette « évasion verticale » constitue le meilleur espoir des personnages. Par ailleurs, le carré sémiotique de Greimas montre toute l'importance de l'opposition rêve-réalité : Azarius représente le rêve, Rose-Anna la réalité (la misère et le pragmatisme), Jean le non-rêve (l'arrivisme) et Emmanuel la non-réalité (l'idéalisme). Quant à Florentine, elle est partagée entre les deux pôles thématiques, ce qui en fait sans doute le personnage central du roman. À superposer les deux niveaux, on se rend compte que les quatre pôles du carré sémiotique correspondent pour l'essentiel aux sphères individuelle, familiale, sociale et mondiale, signe de la cohérence extrême du contenu de l'œuvre.

BROCHU, André (1984), « *La Montagne secrète* : le schème organisateur », *Études littéraires*, vol. 17, nᵒ 3, p. 531-544 (repris dans *La Visée critique. Essais autobiographiques et littéraires*, Montréal, Boréal, 1988, p. 186-203).

À partir d'une analogie entre les activités du chercheur d'or Gédéon et l'activité créatrice du héros Pierre, on peut dégager « le schème diégétique fondamental » (p. 532) du roman, schème qui régit également les autres écrits de l'écrivaine (voir aussi Brochu 1989). Le premier mouvement se caractérise par un travail long et répétitif qui vise à faire jaillir, d'une matière inutile, un objet précieux. Le deuxième mouvement consiste en un moment de doute profond qui ébranle la croyance en Dieu et permet à l'artiste, rival de la divinité, de réaliser son dessein. Enfin, le troisième mouvement correspond à la découverte, réjouissante mais douloureuse, de l'objet de la quête, soit l'or, soit l'œuvre d'art.

BROCHU, André (1986), « *La Détresse et l'Enchantement* ou le roman intérieur », *Revue d'histoire littéraire du Québec et du Canada français*, nᵒ 12 (repris dans *La Visée critique. Essais autobiographiques et littéraires*, Montréal, Boréal, 1988, p. 214-230).

Sommet de l'œuvre, l'autobiographie de Gabrielle Roy contient de nombreuses précisions sur la situation financière de la famille de l'auteure, sur laquelle les textes de fiction nous ont peu renseignés, et sur les sources biographiques de certaines situations romanesques. Mais il s'agit surtout d'une histoire intérieure, celle de l'évolution du moi de l'auteure. Tout en reprenant de nombreux éléments des œuvres antérieures, dont *Bonheur d'occasion*, avec lequel elle entretient de nombreuses parentés, l'autobiographie offre de nouveaux éléments sur le malheur d'être Canadien français au Manitoba, sur les sentiments de l'auteure à l'égard de la religion et sur sa vie amoureuse.

BROCHU, André (1989), « Le schème organisateur chez Gabrielle Roy », *Voix et Images*, vol. 14, nᵒ 3, p. 414-422.

Il s'agit ici de savoir si le schème organisateur mis au jour dans *La Montagne secrète* (voir aussi Brochu 1984) fournit un modèle récurrent. L'analyse est reprise à partir d'« Un vagabond frappe à notre porte » (nouvelle parue dans *Un jardin au bout du monde*) et d'*Alexandre Chenevert*. Le premier temps de ce schéma (la recherche longue et répétitive d'une matière précieuse) correspond aux interminables récits du vagabond et au travail monotone du caissier ; le deuxième (un moment de doute profond à l'égard de soi et de Dieu) a à voir avec le délire au cours duquel le vagabond révèle son imposture et avec la douleur profonde qu'inspire à Alexandre sa vie aliénante ; enfin, le troisième (la découverte de l'œuvre d'art) est lié au moment où l'identité du conteur est reconnue et acceptée par la mère dans « Un vagabond frappe à notre porte » de même qu'à l'illumination et à la fraternité que vit Alexandre au seuil de la mort. On peut également relire le trajet narratif de Florentine Lacasse à la lumière de ce schème : Emmanuel succédant à Jean, c'est le réalisme après l'enfer de la passion, le repos après l'agitation.

BROTHERSON, Lee (1981), « Alexandre Chenevert : An Unhappy Sisyphus », *Essays in French Literature*, n° 18, p. 86-99.

Comme le personnage éponyme du *Mythe de Sisyphe* de Camus, Alexandre Chenevert, symbole de la multitude, aligne sans cesse les gestes répétitifs et futiles, vit dans l'esclavage et l'aliénation au sein d'un monde dont le sens lui échappe, et souffre de sa conscience malheureuse. La réflexion ne le délivre pas, pas plus qu'elle ne lui permet de distinguer le bien du mal, la vérité du mensonge ; au contraire, il s'abîme dans la détresse et devient un étranger pour lui-même. Bien que Gabrielle Roy soit ainsi « un écrivain de l'absurde dans la tradition camusienne » (p. 86), elle n'établit pas, comme le fait l'écrivain français, de lien entre l'absurde et le bonheur : incapable de communiquer ce qu'il a appris au lac Vert, Alexandre s'enfonce dans la solitude et accueille la mort avec soulagement. La vision royenne est donc plus sombre et plus impitoyable que celle de Camus.

BROTHERSON, Lee (1991), « Identity and Milieu in Gabrielle Roy's *Alexandre Chenevert* : From Two- to Three-Dimensionality », *Australian Journal of French Studies*, vol. 28, n° 2, p. 179-189.

Étude de la recherche identitaire du protagoniste de Gabrielle Roy, fortement inspirée de la lecture mythocritique de Paul Socken (1984). Les rapports douloureux qu'entretient Alexandre avec son milieu physique à Montréal font place à une « absence de rapport » (p. 185) avec le lac Vert, lieu du vide et de l'absence. À la fin, Alexandre se voit libéré des menus détails de la vie quotidienne.

CADIEUX, Micheline (1989), « Une question d'écriture », *Études françaises*, vol. 25, n° 1, p. 115-125.

Au-delà de l'anecdote, *La Détresse et l'Enchantement* porte surtout sur l'écriture. Les trente premières années de la vie de l'auteure sont transformées après coup en période d'écriture, puisque la vocation prend ses origines dans la prime jeunesse. Trois temps forts se mélangent alors : un avant, période durant laquelle se vivent les expériences et les émotions, un début, moment de fulgurance, où fait retour un souvenir qu'il faut capter immédiatement sous peine de le perdre, et une durée, celle de l'écriture proprement dite. L'inconscient joue un grand rôle dans la transformation et l'émergence des souvenirs. À partir de l'épisode de « La Mouette » de Tchekhov, on constate les efforts que déployait Gabrielle Roy pour effacer les marques du travail d'écriture ; il y a donc « un trou, un vide, une impossibilité de saisir, un refus de dire, d'écrire l'écriture qui s'effectue tout de même » (p. 120). Frappe aussi le côté dysphorique de l'écriture, lié à la pauvreté, à la dette, au devoir. Enfin, se confrontent, chez Gabrielle Roy, deux interprétations de l'écriture : dans la première, classique, le pouvoir créateur est perçu comme don, aptitude innée ; dans la deuxième, moderne, l'accent est mis sur le travail, même nié, la difficulté et « le questionnement inquiet de l'écrivain qui cherche comment s'y prendre » (p. 123).

CALLOUD, Jean, et Louis PANIER (1983), « Au sujet de l'écriture. Analyse sémiotique de deux nouvelles de Gabrielle Roy », *Protée*, vol. 2, n° 3, p. 58-70.

La nouvelle « La voix des étangs » comprend trois ensembles figuratifs : le chant des grenouilles ou la voix entendue, événement répétitif qui devient un jour ponctuel et déclenche une prise de conscience ; la décision d'écrire, qui fait suite à un questionnement identitaire itératif et provoque une division interne chez l'énonciateur ; enfin, le dialogue avec la mère, qui est à la fois opposante et adjuvante. On peut noter aussi que le sujet est moins actif que passif, que sa transformation obéit à une voix extérieure et que « le non-savoir y tient une grande place » (p. 64). Tous les fils du texte — la voix, le grenier, la parole et le corps — sont donc liés à un seul mot : « écrire ». Si l'on compare cette nouvelle à « Ma coqueluche », on note en contraste une situation initiale dysphorique, une priorité accordée au père et une évolution lente et progressive du sujet. L'étude de l'organisation sémio-narrative (manipulation, qualification, performance) révèle une parenté avec les contes populaires (la princesse dans sa tour, la mère ambivalente, le combat héroïque). Dans « Ma coqueluche », c'est la métonymie (énumération des détails du rêve) qui domine, tandis que « La voix des étangs » est à dominante métaphorique. Enfin, il s'agit de deux textes sur « la lettre » ou « la voix », en quelque sorte sur l'expression en elle-même et pour elle-même : « Quelque chose de ce que l'on imaginait savoir vient se perdre là, mais, dans l'excédent de la "lettre", quelque chose, comme un trésor, peut y être trouvé » (p. 69).

CAMBRON, Micheline (1997), « La ville, la campagne, le monde : univers référentiels et récit », *Études françaises* (« *Le Survenant* et *Bonheur d'occasion* : rencontre de deux mondes »), vol. 33, n° 3, p. 23-35.

On pourrait croire que l'opposition ville-campagne, progrès-tradition fait de *Bonheur d'occasion* et du *Survenant* des romans antithétiques. Cependant, de nombreux traits les réunissent, dont une valorisation de l'instruction et du savoir ainsi qu'une temporalité circulaire, marquée par les saisons et par la durée. Autre parenté, Azarius est un Survenant manqué tandis que la relation Angélina-le Survenant aurait pu entraîner les mêmes conséquences néfastes que dans le cas de Florentine ; tout se passe donc comme si « chacune des romancières [avait] en quelque sorte refusé d'actualiser le programme narratif choisi par l'autre » (p. 26). Un relevé des métaphores et des comparaisons révèle que, dans *Le Survenant,* les comparants renvoient à la nature, si bien que la ville existe à peine ; le seul ailleurs véritable est le « vaste monde » sur lequel ouvrent les cours d'eau ; la venue du cirque ambulant permettra au Survenant de triompher du lutteur étranger, donc symboliquement du monde entier. De façon inversée mais semblable, *Bonheur d'occasion* ne contient d'autres métaphores qu'urbaines — « L'homme envahit toutes choses, y compris la nature » (p. 31). L'image du cirque renvoie cette fois à l'aliénation des habitants de Saint-Henri, tandis que le « vaste monde » est présent en raison de la guerre. Il n'y a donc pas, dans les deux romans, de dialectique ville-campagne ; compte tenu de la figure du « vaste monde », on peut toutefois parler « d'une rencontre de deux mondes paradoxalement rassemblés dans un espace conçu sans discontinuité » (p. 35).

CHADBOURNE, Richard (1978), « The Journey in Gabrielle Roy's Novels », Frans C. AMELINCKX et Joyce N. MEGAY (dir.), *Travel, Quest and Pilgrimmage as a Literary Theme : Studies in Honor of Reino Virtanen,* Lincoln (Nebraska), Society of Spanish and Spanish-American Studies, p. 251-260.

Le déchirement entre l'ancien et le nouveau, le Québec et le Manitoba, imprègne les écrits de Gabrielle Roy. Le voyage renvoie à un monde meilleur, à un renouvellement possible ; il revêt différents sens symboliques liés à l'autonomie grandissante de l'enfant, à l'exil, à l'immigration et au statut minoritaire. Luzina concilie les deux mondes dans la mesure où elle a à la fois une famille aimante et une raison de voyager fréquemment. Alexandre est un réfugié qui rêve du paradis terrestre, tandis que les protagonistes de *La Montagne secrète* et de *La Rivière sans repos* souffrent d'un déracinement et d'une solitude sans précédent.

CHADBOURNE, Richard (1984), « Essai bibliographique : cinq ans d'études sur Gabrielle Roy, 1979-1984 », *Études littéraires,* vol. 17, n° 3, p. 597-609.

Inventaire des textes critiques consacrés à l'œuvre royenne. Par rapport à la période précédente, la récolte est « plutôt modeste » (p. 605). Les approches traditionnelles — approches thématique, biographique, comparatiste, études de la réception ou des symboles — demeurent à l'honneur. Quelques études seulement portent sur les questions formelles et stylistiques, notamment dans *Bonheur d'occasion.* Pourtant, on aurait intérêt à étudier moins la vie de l'auteure et davantage ses textes, y compris l'utilisation qu'elle fait des genres littéraires.

CHADBOURNE, Richard (1989), « La part prophétique dans les premiers romans de Gabrielle Roy », *Voix et Images,* vol. 14, n° 3, p. 399-407.

En plus d'esquisser une « théologie de l'art » et une « théologie de l'écologie » (p. 400), Gabrielle Roy a imaginé avant la lettre les transformations sociales qu'allait entraîner Vatican II, à savoir l'avènement de l'œcuménisme et de l'apostolat du laïc. Ainsi, le paradis terrestre que présente *La Petite Poule d'Eau* annonce une Église renouvelée : amour universel, ouverture d'esprit, humanisation du rôle du prêtre. L'auteure rompt, dans ce roman, avec une Église réelle qui opprimait les femmes et faisait des prêtres une caste privilégiée. Comparé à Gandhi puis à Pie XII, Alexandre Chenevert, plutôt que l'aumônier du roman, incarne la véritable Passion et l'amour du prochain authentique. L'auteure elle-même rappelle les prophètes bibliques qui interrogeaient Dieu et le prenaient à partie tout en montrant à l'humanité la voie à suivre.

CHADBOURNE, Richard (1991), « L'écologie dans l'œuvre de Gabrielle Roy », *Cahiers franco-canadiens de l'Ouest*, vol. 3, n° 1, p. 69-80.

Tout au long de sa carrière, Gabrielle Roy s'est intéressée à la question de l'harmonie entre les êtres humains et la nature. Ses romans mettent souvent en scène un contraste violent entre la beauté de la nature intouchée et les horreurs de la pollution. Elle dénonce la contamination de l'eau et de l'air dans les villes (*Bonheur d'occasion* et *Alexandre Chenevert*), la pollution du fleuve (*Cet été qui chantait*), l'amoncellement des déchets (*Bonheur d'occasion*), la chasse aux bêtes sauvages (*La Petite Poule d'Eau* et *La Montagne secrète*), même la pollution visuelle (*Alexandre Chenevert*). L'interdépendance des êtres humains, des animaux et de la flore montre clairement qu'à détruire la nature, l'humanité court à sa perte. Ainsi, en matière d'écologie, Gabrielle Roy a fait preuve d'avant-gardisme, se révélant comme « une des voix les plus prophétiques de notre époque » (p. 78).

CHADBOURNE, Richard (1996), « Le Saint-Laurent dans *Bonheur d'occasion* », André FAUCHON (dir.), *Colloque international « Gabrielle Roy ». Actes du colloque soulignant le cinquantième anniversaire de* Bonheur d'occasion, *tenu au Collège universitaire de Saint-Boniface du 27 au 30 septembre 1995*, Winnipeg, Presses universitaires de Saint-Boniface, p. 69-80.

Omniprésente dans l'œuvre de Gabrielle Roy, l'eau (lacs, rivières, océan) semble plus effacée dans *Bonheur d'occasion*. Le roman évoque en effet les filatures et les entrepôts qui coupent Saint-Henri du fleuve et renforcent le sentiment d'emprisonnement que ressentent les habitants. Mais l'eau, comme la voie ferrée, appelle aussi Florentine, Azarius et Jean à l'évasion. Pour Florentine, le canal Lachine est associé également à des souvenirs d'enfant heureuse et à la découverte des privilèges dont bénéficient les hommes. Emmanuel, lui, profite de ses moments d'errance près de l'eau pour méditer sur le sort du quartier et du monde. La scène de la « dompe » de la pointe Saint-Charles est une parodie de l'utopie du paradis perdu. La promenade le long du fleuve que font Emmanuel et Florentine évoque un refuge, une invitation à la communication et un avenir incertain. Enfin, le Saint-Laurent des personnages du roman est « un fleuve d'occasion qui correspond mieux qu'aucun autre au caractère occasionnel de leurs petits bonheurs » (p. 78).

CHASSAY, Jean-François (1992), « L'autre ville américaine », Gilles MAR-COTTE et Pierre NEPVEU (dir.), *Montréal imaginaire. Ville et littérature,* Montréal, Fides, p. 279-322 (voir p. 299-303).

Version préliminaire de Chassay 1995.

CHASSAY, Jean-François (1995), « *Alexandre Chenevert* : aliénation et communication », *L'Ambiguïté américaine. Le roman québécois face aux États-Unis,* Montréal, XYZ, coll. « Théorie et littérature », p. 53-63.

Écrit au moment de l'essor des systèmes de communication modernes, *Alexandre Chenevert* traite des effets pervers de ces derniers sur la pensée. Happé par des informations contradictoires, Alexandre s'efforce en vain d'y voir clair, sans parvenir à exercer une réflexion critique qui déboucherait sur une lecture personnelle de l'espace urbain ; il se sent coupable de ne pas être à la hauteur de l'image publicitaire qu'incarne le directeur de sa banque. La difficile structuration de sa pensée se reflète dans la forme même du texte, traversé par les discours les plus divers. Dans ce roman, pour la première fois peut-être, Montréal devient, en raison de l'omniprésence des communications de masse, liées à la consommation et à la publicité, une ville dominée par les signes de la culture américaine.

CHUNG, Ook (1995), « La thématique de l'exil et de la représentation dans l'œuvre de Gabrielle Roy », *Littératures,* n° 13, p. 41-54.

Loin de la caricature et de la projection, Gabrielle Roy abolit la distance entre elle-même et ses personnages étrangers, exilés et déracinés (dont Sam Lee Wong est le prototype), grâce à l'évocation de questions universelles telles que la solitude et la dépossession de soi, qu'elle saisit dans un « discours littéraire » axé sur la vie intérieure du personnage, alors que les particularités ethniques font l'objet d'un « discours sociologique » (p. 42) qui fait ressortir les aspects collectifs du groupe étudié. Tandis que les reportages de Gabrielle Roy adoptaient le point de vue de la société d'accueil, sa fiction présente le plus souvent celui de l'immigrant, vu dans sa singularité ; l'observation vise à combler la distance inévitable entre les cultures. Au fond, si Gabrielle Roy s'intéresse à l'étranger, c'est « dans la mesure où l'étranger cesse de l'être, où nous le devenons à sa place » (p. 50).

CLARKE, Marie-Diane (1996), « La petite fille pas trop "sage" de Gabrielle Roy et de Monique Genuist », André FAUCHON (dir.), *Colloque international « Gabrielle Roy ». Actes du colloque soulignant le cinquantième anniversaire de* Bonheur d'occasion, tenu au Collège universitaire de Saint-Boniface du 27 au 30 septembre 1995, Winnipeg, Presses universitaires de Saint-Boniface, p. 361-378.

Influencée par Gabrielle Roy, Monique Genuist a repris certains traits de son œuvre, dont l'amour des paysages de l'Ouest canadien, l'intérêt pour les déshérités et les exilés, le désir de se remémorer et de raconter son enfance, l'amitié entre les vieillards et les enfants. La structure narrative de *Rue Deschambault* et son mélange de fiction et d'autobiographie ont servi de modèle à *C'était hier, en Lorraine*, œuvre marquée par une vision « provocatrice et activiste » (p. 376) en opposition à celle, pacifique et utopique, de Gabrielle Roy.

CLAXTON, Patricia (1996), « Sur les traces de Gabrielle Roy : recherches et errances liées à la traduction de *La Détresse et l'Enchantement* », André FAUCHON (dir.), *Colloque international « Gabrielle Roy ». Actes du colloque soulignant le cinquantième anniversaire de* Bonheur d'occasion, tenu au Collège universitaire de Saint-Boniface du 27 au 30 septembre 1995, Winnipeg, Presses universitaires de Saint-Boniface, p. 703-716.

Évocation de quelques problèmes soulevés par la traduction de l'œuvre royenne, accompagnée de photos de Londres et de la campagne anglaise.

CLEMENTE, Linda M. (1993), « Gabrielle Roy on Gabrielle Roy : *Ces enfants de ma vie* », *Essays on Canadian Writing*, n° 50, p. 83-107.

La théorie de l'autobiographie au féminin permet de déceler, dans *Ces enfants de ma vie,* le rejet du mouvement linéaire du récit masculin traditionnel, au profit d'une forme non pas circulaire (bien que le dernier texte du recueil incite à relire autrement ceux qui précèdent), mais multiple ; de la structure éclatée (nouvelles plutôt que roman) ressort ainsi le caractère fragmenté de l'identité féminine, saisie après coup seulement. La forme des récits, détachés et liés à la fois, est elle aussi féminine, et correspond à la recherche d'une forme textuelle capable de rendre compte d'une expérience de vie spécifique. Se révèle ainsi une « poétique de la dissidence » (Nancy K. Miller), un texte-palimpseste radical : l'institutrice, de concert parfois avec les mères, cherche à arracher les garçons à un père brutal, autoritaire, pour les gagner à l'éducation, assimilée à des valeurs féminines de création, de compassion et de douceur, toutes qualités que devrait partager aussi un homme « véritablement viril » (p. 98) comme le père de Vincento. (Les quelques hommes doux du recueil relèvent d'un topos du Moyen Âge, la féminisation du Christ.) Ici, la vie d'une femme échappe au cadre stéréotypé du scénario amoureux, évitant ainsi la clôture et l'enfermement ; c'est donc l'évolution personnelle et professionnelle, plutôt que l'amour et le mariage, qui compte avant tout.

CLEMENTE, Linda M. (1996), « Gabrielle Roy : l'évolution d'un style narratif », *Cahiers franco-canadiens de l'Ouest*, vol. 8, n° 2, p. 219-237.

Dans les reportages qu'elle a donnés au *Bulletin des agriculteurs* entre 1941 et 1945, Gabrielle Roy emploie déjà quelques-unes des techniques narratives qui caractériseront les écrits de la maturité. Y apparaissent très tôt, par exemple, l'intérêt pour les paradoxes de la condition humaine, commentés par un narrateur qui s'engage personnellement dans le récit, et les contradictions maintenues en équilibre dynamique au lieu d'être résolues, d'où à la fois richesse et ambiguïté. On peut donc parler d'une « polyphonie du discours diégétique et du schéma narratif qui évite le choix en faveur d'une conjoncture qui rehausse la complexité de la lecture » (p. 230). Tout cela annonce *La Petite Poule d'Eau* et d'autres œuvres à venir, bâties selon une structure lâche, ouverte et multiple où prime moins la chronologie que l'unité thématique, et marquées par un mouvement de va-et-vient entre les premières histoires et les dernières, chacune éclairant les autres par anticipation ou rétroactivement. Les débuts de journaliste furent donc déterminants pour toute l'œuvre à venir.

COLLET, Paulette (1986), « *La Route d'Altamont* et *Who Has Seen the Wind* : deux enfants des prairies face au mystère de la vie et de la mort », Monique GENUIST, Paul GENUIST, Frann HARRIS et Jean-Guy QUENNEVILLE (dir.), *Héritage et Avenir des francophones de l'Ouest*, Actes du 5ᵉ colloque du Centre d'études franco-canadiennes de l'Ouest, tenu à St. Thomas More College les 18 et 19 octobre 1985, Saskatoon, University of Saskatchewan, p. 65-75.

Malgré leurs différences formelles (roman à narrateur omniscient chez Mitchell, recueil de nouvelles écrites à la première personne chez Roy), les deux œuvres à l'étude mettent en scène la dichotomie mort-vie et une tentative de comprendre le mystère de Dieu. Dans les deux cas, la mort est présentée comme un voyage ou un recommencement. Chez Gabrielle Roy, les collines symbolisent en outre l'Absolu et l'œuvre d'art, tandis que le vent est une force hostile, liée à l'ennui et à la sécheresse.

COLLET, Paulette (1992), « Pays de plaines, paysages marins dans l'œuvre de Gabrielle Roy », Melvin GALLANT (dir.), *Mer et Littérature*, Actes du colloque international « La mer dans les littératures d'expression française du XXᵉ siècle », tenu à l'Université de Moncton les 22, 23 et 24 août 1991, Moncton, D'Acadie, p. 257-263.

Comme plusieurs écrivains de l'Ouest, Gabrielle Roy assimile l'image de la plaine à celle de la mer, en appliquant à l'étendue terrestre la terminologie marine. Chez elle, la plaine invite au voyage, au bonheur terrestre et à l'infini, jouant ainsi un rôle analogue à celui de la mer chez Baudelaire ou Valéry. Le lac Winnipeg, sorte de mer intérieure, fait naître un profond questionnement sur la vie et la mort, comme le fait le vent qui traverse le paysage et évoque l'immortalité. La mer, ici, n'est pas un gouffre effrayant, comme elle l'était pour Baudelaire, mais une « infinie plaine liquide » (p. 262). (Voir aussi Harvey 1992.)

COPETA, C., et V. COSTANTINO (1985), « Territorialità-quotidianità, chiave di lettura di un testo letterario : *Bonheur d'occasion*, di Gabrielle Roy », *Annali della Facoltà di Lingue e Letterature Straniere*, Università di Bari, Schena Editore, vol. 6, nº 1, p. 239-272.

Lecture des rapports qu'entretiennent certains protagonistes du roman avec l'espace urbain et avec la vie quotidienne, à la lumière de la « géographie humaniste phénoménologique ». À ce sujet, le roman fournit de nombreuses précisions, si bien qu'on peut remplir, pour chaque personnage, un questionnaire touchant son lieu de résidence, son travail et ses loisirs. On constate alors la haute valeur symbolique des lieux et l'importance variable que revêt le travail, selon qu'il est imposé et dévalorisant comme celui de Florentine, instrument d'une ascension sociale comme celui de Jean ou librement choisi comme celui d'Emmanuel. Les trois protagonistes se révèlent peu enracinés et peu intégrés dans leur milieu : Jean et Florentine ne pourront s'enraciner que grâce aux biens matériels, alors qu'Emmanuel, autrefois ancré dans le quartier, est devenu étranger en raison de son départ pour la guerre et le demeurera jusqu'à la fin du roman.

COSTANTINO, Vincenza (1996), « Gabrielle Roy : ses racines et son imaginaire », André FAUCHON (dir.), *Colloque international « Gabrielle Roy ». Actes du colloque soulignant le cinquantième anniversaire de* Bonheur d'occasion, *tenu au Collège universitaire de Saint-Boniface du 27 au 30 septembre 1995*, Winnipeg, Presses universitaires de Saint-Boniface, p. 381-394.

En interrogeant le paysage « comme méditation symbolique qui structure le rapport de l'individu au réel » (p. 382), on se rend compte que, dans *La Détresse et l'Enchantement*, Roy se montre fascinée autant par les lieux sauvages que par la ville. Ses paysages sont vivants, ils se transforment constamment et s'adressent aux cinq sens, les dimensions visuelles, sonores et olfactives étant particulièrement à l'honneur. Presque tous sont fortement investis d'émotivité. L'étude de la territorialité (la correspondance entre la romancière, le système culturel et le monde où elle vit) montre que, dès le départ, elle se considère comme une étrangère dans son pays, malgré son appartenance à Saint-Boniface. Le mouvement de ses déplacements, notamment celui de son long séjour en Europe suivi de son retour au Canada, correspond à un processus « territorialisation-déterritorialisation-reterritorialisation » (p. 390). Montréal lui apparaîtra comme la synthèse de Saint-Boniface et de Winnipeg, « où ses racines françaises et ses aspirations anglaises pourront vivre sans se heurter » (p. 391), mais « c'est dans ces paysages manitobains qu'elle s'est le mieux enracinée » (p. 392). (Voir aussi Blodgett 1980, May 1981, Harvey 1982 et 1993, Essar 1985.)

COUILLARD, Marie (1981), « La femme-écrivain canadienne-française et québécoise face aux idéologies de son temps », *Études ethniques au Canada/Canadian Ethnic Studies,* vol. 13, n° 1, p. 43-51.

Lecture de trois œuvres (*Angéline de Montbrun* de Laure Conan, *Bonheur d'occasion, Les Nuits de l'Underground* de Marie-Claire Blais) du point de vue du discours sur la femme qui y apparaît. Le roman de Gabrielle Roy démolit le mythe du pourvoyeur fort en présentant Azarius, être faible et irresponsable ; il montre la souffrance de Rose-Anna et la réduction de Florentine en corps, en femme-objet. Malgré son apparent respect des valeurs ambiantes, le roman est donc le premier à contester les stéréotypes masculins et féminins hérités du XIXe siècle et encore largement admis à l'époque.

COURCHENE, Marguerite (1989-1990), « L'univers féminin/féministe de *Ces enfants de ma vie* de Gabrielle Roy », *Revue Frontenac,* n°s 6-7, p. 61-84.

L'institutrice de *Ces enfants de ma vie* se caractérise par son autonomie et sa volonté ; sa salle de classe est « le microcosme d'une collectivité où la Loi du Père ne peut s'enraciner » (p. 63), lieu d'où les hommes sortent transformés (sans qu'il y ait jeu de pouvoir ou survalorisation de la Femme). C'est son attitude libre et subtilement contestataire qui permet la déconstruction de la structure hiérarchique de la société et la subversion de l'autorité (là où le directeur de l'école n'a pas su freiner la violence du père Demetrioff, l'institutrice le désarmera sans mal). Mais l'institutrice ne vise jamais la domination ; elle prise plutôt les relations égalitaires, ouvertes, comme en témoigne son rapport avec Médéric. Le portrait négatif de certains pères traditionnels (ou leur absence) constitue une critique explicite des valeurs patriarcales. Si le texte valorise les qualités considérées comme féminines, il n'en fait pas l'apanage des femmes, car plusieurs garçons, ainsi qu'un père, les possèdent. Il en résulte une critique de la virilité traditionnelle, une déconstruction de l'opposition masculin-féminin et, grâce à la solidarité institutrice-mères, une revalorisation de la maternité, qui « peut devenir le lieu privilégié du dépassement des limites imposées par la pensée patriarcale » (p. 81).

CROCHET, Monique (1990-1991), « Perspectives narratologiques sur *Rue Deschambault* de Gabrielle Roy », *Québec Studies,* n° 11, p. 93-102.

À partir de la théorie genettienne, se pose la question du dédoublement du « je », à la fois narratrice et protagoniste. La narratrice correspond pour l'essentiel à Christine à l'âge adulte, qui en sait plus long sur la vie que Christine-protagoniste, dont elle reconstitue l'identité en émergence, sans toujours comprendre celle qu'elle fut. Malgré sa naïveté, la jeune Christine inspire à la narratrice de l'affection ou de l'estime plutôt qu'un sentiment de supériorité. Le discours des deux instances se juxtapose dans les textes, grâce à de multiples glissements de focalisation qui instaurent un « va-et-vient psychique, un échange constant » (p. 98), sauf dans la dernière nouvelle du recueil, « Gagner ma vie », où les deux Christine ne font qu'une. Très présente dans l'ensemble du recueil, la narratrice cherche à établir entre elle et le narrataire des relations de confiance et d'intimité. La structure en spirale du recueil serait liée, selon Gabrielle Roy elle-même, à la notion de progrès vers un monde meilleur. (Voir aussi Harvey 1985.)

CROCHET, Monique (1992), « "Le gardien de l'horizon" : A Satirical Parable », *American Review of Canadian Studies*, vol. 22, n° 4, p. 533-546.

Malgré son extrême brièveté, un texte jusque-là ignoré de Gabrielle Roy, publié dans la revue *Liberté* en 1983, se distingue par sa complexité et ses qualités littéraires. On peut y distinguer trois niveaux de sens : une satire de la civilisation canadienne, obsédée par les apparences, la puissance et la technologie ; une parabole sur les conséquences tragiques de l'absence de solidarité entre les êtres ; enfin un paradigme, à la manière de Teilhard de Chardin, où l'on voit l'importance de l'énergie tangentielle qui, seule, peut faire en sorte que le progrès technique s'humanise. Gabrielle Roy nous livre donc, dans ce conte, « la quintessence de sa sagesse » (p. 545). (À noter que « Le gardien de l'horizon » est en réalité un pastiche qu'a signé François Ricard [voir Ricard 1994].)

CROCHET, Monique (1993), « Du Moi au Soi, le voyage psychique de Sam Lee Wong : interprétation jungienne du symbole de l'horizon dans "Où iras-tu Sam Lee Wong ?" de Gabrielle Roy », *Cahiers franco-canadiens de l'Ouest*, vol. 5, n° 1, p. 55-66.

Le symbole de l'horizon, qui parcourt toute l'œuvre de Gabrielle Roy, est particulièrement significatif dans « Où iras-tu Sam Lee Wong ? », comme le révèle la théorie des archétypes de Jung. L'horizon renvoie au cercle, symbole du processus d'individuation, ou du passage du Moi au Soi, que réussit Sam Lee Wong au cours de sa vie. Ambigu, ce symbole réunit aussi bien les collines, rassurantes, que la plaine, hostile, voire destructrice (« l'ombre » de la terminologie jungienne). Les collines, symboles de l'origine maternelle, renvoient aussi à l'inconscient collectif. Au terme de son évolution physique, Sam intègre sa part féminine (« anima ») grâce à la contemplation des collines. Il atteint ainsi à la totalité psychique.

DANSEREAU, Estelle (1990a), « Convergence/Éclatement. L'immigrant au risque de la perte de soi dans la nouvelle "Où iras-tu Sam Lee Wong ?" de Gabrielle Roy », *Canadian Literature*, n° 127, p. 94-109.

Au-delà de l'intrigue de surface, les épreuves vécues par les immigrants, la nouvelle « Où iras-tu Sam Lee Wong ? » est d'une grande complexité, car elle met en scène, sous une forme exacerbée, l'aliénation de tout sujet. À la lumière de la théorie linguistique, sont examinées les stratégies discursives ambivalentes qui servent tantôt à rapprocher le narrateur du personnage, tantôt à établir entre eux une distance qui souligne l'étrangeté de Sam. Ainsi, les questions d'identité, d'appartenance et de non-appartenance occupent le premier plan du récit, ce que souligne également le jeu des pronoms, notamment le « on » d'inclusion ou d'exclusion. Par ailleurs, la théorie lacanienne révèle toute l'ampleur de la marginalisation de Sam, attribuable à sa méconnaissance de la langue d'usage de son pays d'adoption ; c'est peut-être là la plus grande épreuve des immigrants, puisque le sujet n'accède au monde que par le biais du langage. Lorsqu'on persiste à s'adresser à lui en utilisant un langage des plus primitifs, Sam se voit obligé de répondre de la même manière ; le langage même le maintient dans l'altérité et empêche la reconnaissance de son humanité.

DANSEREAU, Estelle (1990b), « Le mutisme ethnique ou l'enjeu de la parole dans *Un jardin au bout du monde* de Gabrielle Roy », André FAUCHON (dir.), *Langue et Communication*, Actes du 9e colloque du Centre d'études franco-canadiennes de l'Ouest, tenu au Collège universitaire de Saint-Boniface les 12, 13 et 14 octobre 1989, Saint-Boniface, Centre d'études franco-canadiennes de l'Ouest, p. 89-102.

« Un jardin au bout du monde » et « Où iras-tu Sam Lee Wong ? » font ressortir le triste sort des immigrants. Puisque le Moi se constitue grâce au langage, l'identité des personnages maîtrisant imparfaitement la langue de leur pays d'adoption est problématique. Si Gabrielle Roy a toujours souhaité que règne, entre les peuples de la terre, une entente harmonieuse, elle présente des personnages qui demeurent solitaires et dépaysés. Par ailleurs, c'est par le biais de la parole ou de l'écriture que l'identité de ces personnages est reconnue, après une vie de silence. Dans le cas de Sam Lee Wong, le contraste entre les termes de dénigrement ou d'effacement de son identité (« Charlie », « Chink ») et l'emploi emphatique de son nom met en lumière les questions identitaires et celles liées à l'altérité et à l'appartenance. Sur le plan formel, les diverses formes de narration, qui mêlent les discours direct et indirect, font ressortir l'opposition entre mutisme et communication, amplifient les réflexions des personnages et créent une intimité plus grande entre narratrice et personnage. En dernière analyse, les nouvelles semblent dire que, quel que soit le contenu des énoncés, ce qui compte, « c'est de s'étaler en sujet motivé par le désir de la parole » (p. 100).

DANSEREAU, Estelle (1992), « Des écrits journalistiques d'imagination aux nouvelles littéraires de Gabrielle Roy », *Francophonies d'Amérique*, no 2, p. 115-127.

Lecture comparée de deux nouvelles du recueil *Un jardin du bout du monde* (1975) et de leur première version publiée trente ans plus tôt. Si la reprise d'« Un vagabond frappe à notre porte » conserve le lyrisme et la naïveté du texte original, les nombreuses modifications syntaxiques et lexicales améliorent le rythme des phrases et accroissent la tension dramatique ainsi que la résonance poétique du texte, donnant lieu à des effets de style et créant un discours plus rigoureux et plus évocateur, « à la fois précis et débordant de non-dits » (p. 119). À l'étape de la révision, Gabrielle Roy préfère le resserrement à l'amplification ; elle simplifie les gestes, supprime des éléments descriptifs et améliore la logique de ses phrases. En revanche, les dialogues, évoluant vers un français plus standard, y perdent en couleur locale et en vraisemblance. La chaleur et la profondeur psychologique qu'on associe à l'auteure apparaissent à la dernière étape de la rédaction. « La vallée Houdou », qui fut à l'origine un reportage, devient une méditation poétique très dense sur l'exil, marquée par l'ellipse, la métaphore et l'évocation ; le discours indirect libre permet des passages fluides entre la conscience de la narratrice et celle des personnages. Dans les deux cas, la révision introduit « un réseau de signification beaucoup plus ample, beaucoup plus dense » (p. 125) que dans les versions primitives. On voit ainsi que l'écriture en apparence coulante, facile, « naturelle » de Gabrielle Roy nécessite en réalité un travail minutieux.

DANSEREAU, Estelle (1995), « Formations discursives pour l'hétérogène dans *La Rivière sans repos* et *Un jardin au bout du monde* », Claude ROMNEY et Estelle DANSEREAU (dir.), *Portes de communications. Études discursives et stylistiques de l'œuvre de Gabrielle Roy,* Sainte-Foy, Presses de l'Université Laval, p. 119-136.

Afin de traduire la diversité culturelle, Gabrielle Roy a cherché une forme discursive éclatée, qui échappe à la voix totalisante du narrateur. Divers procédés, dont la présence de différents niveaux d'énonciation, la modification du rapport entre locuteur et allocutaire, les déictiques spatiaux et temporels qui introduisent une rupture dans l'énonciation, le mélange de perspectives et de voix, les glissements dans la perception, dédoublent, sur le plan du discours, la thématique de l'altérité, la rencontre de positions divergentes. Construits selon des paradigmes oppositionnels, les récits royens ne déprécient jamais un terme par rapport à l'autre ; les oppositions servent plutôt à « rehausser la complexité de l'expérience humaine et la puissance du désir » (p. 120). L'expérience dite marginale se trouve au centre des récits, alors que l'idéologie dominante est refoulée dans les marges. Se trouve ainsi soulignée la présence de « l'hétérogène dans le discours » (p. 135).

DANSEREAU, Estelle (1996), « Narrer l'autre : la représentation des marginaux dans *La Rivière sans repos* et *Un jardin au bout du monde* », André FAUCHON (dir.), *Colloque international « Gabrielle Roy ». Actes du colloque soulignant le cinquantième anniversaire de* Bonheur d'occasion, tenu au Collège universitaire de Saint-Boniface du 27 au 30 septembre 1995, Winnipeg, Presses universitaires de Saint-Boniface, p. 459-474.

Certains textes royens mettant en scène des immigrants soulèvent la question de la représentation des êtres marginaux « quand on parle soi-même d'un lieu non hégémonique » (p. 460). La représentation du territoire est liée à celle de la problématique identitaire : Elsa, dans *La Rivière sans repos,* ne se sent à l'aise ni dans le village des Blancs ni dans celui des Inuit ; l'isolement de la maison de Martha, dans « Un jardin au bout du monde », souligne son altérité et sa marginalité. Si Gabrielle Roy illustre les différences culturelles, son discours n'est jamais marqué par l'hostilité ou le mépris. Attirés par les inventions des Blancs, les Inuit deviennent « autres dans leur propre pays » (p. 467) ; en revanche, dans « Où iras-tu Sam Lee Wong ? », Roy « réussit à subvertir l'ethnicité fétiche et à la remplacer par une affirmation de la présence de la différence » (p. 468), message que ne réussit toutefois pas à déchiffrer le protagoniste. Sur le plan narratif, le jeu des déictiques spatiaux, temporels et pronominaux permet l'inscription dans le récit de la voix des personnages marginalisés, affaiblissant la hiérarchie narratrice-personnage et ouvrant le texte à l'altérité.

DAVIAU, Pierrette (1987), « À la manière de la parabole : le portrait », Jean DELORME (dir.), *Parole-Figure-Parabole. Recherches autour du discours parabolique*, Lyon, Presses universitaires de Lyon, p. 231-255.

Description du portrait des couples chez Gabrielle Roy. Sont soulignés la grande intégration du portrait au narratif (contrairement à ce qu'on observe chez Balzac, par exemple), son caractère diachronique, sa valeur prédictive. Loin d'être neutre, le portrait est « un lieu de la subjectivité de l'énonciateur » (p. 249) ; il se prononce à tout moment sur le récit dans lequel il s'insère. S'y ajoute une analyse des liens entre la fonction sémiotique de la parabole et celle du portrait. (Voir aussi l'ouvrage de 1993, qui reprend certains éléments de cette analyse.)

DAVIDSON, Arnold E. (1979), « Gabrielle Roy's *Where Nests the Water Hen* : An Island Beyond the Waste Land », *North Dakota Quarterly*, vol. 47, n° 4, p. 4-10.

La Petite Poule d'Eau présente un lieu désert, lointain, emblématique de la solitude existentielle de l'époque moderne ; pourtant, malgré la dévastation et les épreuves, les Tousignant sont actifs et heureux. Du reste, les voyages de Luzina et le départ des enfants abolissent la séparation entre l'île et le monde extérieur. Autant Luzina que le capucin insistent sur la communion des êtres plutôt que sur l'aliénation ; ils font triompher l'amour et la foi. De plus, Luzina offre à ses enfants la clé d'une existence plus facile que la sienne. Gabrielle Roy n'a pas oublié le Mal ; elle a cherché à montrer les moyens de le transcender. Loin de l'existentialisme profane d'un Sartre, la romancière présente donc de profondes affinités avec les existentialistes chrétiens (Dostoïevski, Mauriac).

DELSON-KARAN, Myrna (1987), « Les symboles dans *La Petite Poule d'Eau* de Gabrielle Roy », *Revue canadienne des langues vivantes/Canadian Modern Language Review*, vol. 43, n° 2, p. 357-363.

L'abondance des symboles dans le deuxième roman de Gabrielle Roy favorise la compréhension et fait naître l'émotion chez le lecteur. La poule d'eau symbolise l'ennui et la tranquillité ; le bison, la destruction de la nature dans la foulée du progrès technologique ; le courrier, la marche du progrès ; le train, la liberté. La carte géographique, elle, représente à la fois la lumière de la connaissance et l'éparpillement des enfants dans le vaste monde, devenant ainsi d'abord l'amie, ensuite l'ennemie de

Luzina. Enfin, la danse d'accouplement des poules d'eau comme la danse des Métis qui clôt le livre évoquent la vie et l'amour universel. Il s'agit donc d'un des romans les plus poétiques de Roy, marqué également par l'ironie de plusieurs symboles.

DELSON-KARAN, Myrna (1988a), « *Ces enfants de ma vie* : le testament littéraire de Gabrielle Roy », *Revue francophone de Louisiane*, vol. 3, n° 2, p. 66-77.

Il s'agit de démontrer que c'est « le dernier roman de Roy, et non *Bonheur d'occasion,* qui est son meilleur ouvrage » (p. 67). La chaleur humaine qui se dégage du texte, ainsi que son parfait accord avec les saisons, ses effets cinématographiques et sa parenté avec le poème en prose, tout cela en fait le couronnement de l'œuvre royenne. Il faut signaler également la richesse de ses symboles, dont les truites, liées à la nature libre et sauvage, le bouquet de Médéric, qui évoque la fragilité de l'enfance, et l'école, emblème de la fraternité universelle.

DELSON-KARAN, Myrna (1988b), « L'esthétique de Gabrielle Roy : "Le vieillard et l'enfant" », *Francographies. Bulletin de la Société des professeurs français et francophones d'Amérique*, p. 209-218.

Les principaux thèmes de la nouvelle « Le vieillard et l'enfant » sont l'amour et la mort. Christine, qui s'y dédouble en actrice et en observatrice, acquiert, grâce à la fréquentation de plusieurs personnes âgées, une grande maturité. La présence de nombreux symboles — le voyage au lac qui renvoie aux cycles de la vie, les échasses qui concrétisent le conflit entre esprit d'aventure et désir de sécurité, l'eau qui évoque la source de la vie — confère à l'œuvre une grande richesse.

DELSON-KARAN, Myrna (1993), « La visualisation lyrique du décor chez Gabrielle Roy », *Francographies. Bulletin de la Société des professeurs français et francophones d'Amérique*, p. 283-290.

L'étude des descriptions du paysage dans *La Montagne secrète* révèle que les décors sont des métaphores d'une « vision poétique de la réalité » (p. 285). Elles ont pour but de donner à voir le paysage comme le ferait un peintre. Les jeux de lumière, la « visualisation du son » (p. 285), l'anthropomorphisme et la parole accordée aux éléments naturels (arbres, montagne) sont autant de techniques utilisées pour humaniser le décor, qui devient ainsi une partie essentielle du roman, voire l'élément le plus important.

DELSON-KARAN, Myrna (1995), « Symboles et imagerie dans *Bonheur d'occasion* de Gabrielle Roy », *Francographies. Bulletin de la Société des professeurs français et francophones d'Amérique*, p. 105-113.

On a peu souligné la dimension poétique de *Bonheur d'occasion*, pourtant très prononcée grâce aux images visuelles, auditives et olfactives qui parcourent le roman. Les images de la danse et du vent traduisent la turbulence intérieure ; l'arbre et les murs évoquent l'étouffement urbain ; les fleurs et les fruits artificiels font ressortir la déshumanisation galopante ; enfin, l'église cachée par la fumée du train révèle l'aliénation spirituelle des personnages. Les images royennes sont le plus souvent ouvertes, inachevées, comme celle des nuages qui clôt le roman.

DELSON-KARAN, Myrna (1996), « Gabrielle Roy et Selma Lagerlöf : une rencontre spirituelle », André FAUCHON (dir.), *Colloque international « Gabrielle Roy ». Actes du colloque soulignant le cinquantième anniversaire de* Bonheur d'occasion, *tenu au Collège universitaire de Saint-Boniface du 27 au 30 septembre 1995*, Winnipeg, Presses universitaires de Saint-Boniface, p. 617-627.

Gabrielle Roy a reconnu avoir été profondément influencée par la grande romancière suédoise Selma Lagerlöf, avec laquelle elle a du reste de nombreuses affinités : mêmes origines nordiques, même intérêt pour les voyages, même enfance marquée par la maladie et l'observation intense du milieu, mêmes débuts dans l'enseignement, même fascination pour Proust et pour Gogol. Leur situation familiale était similaire aussi, car toutes deux ont grandi en compagnie de conteuses exceptionnelles et d'un père impressionnant mais despotique. Les deux étaient féministes et ont décrit par le menu l'oppression des femmes. Toutes deux ont rejeté la forme linéaire traditionnelle et écrit des œuvres composées de chapitres à la fois autonomes et liés entre eux. Le monde naturel les fascine surtout dans la mesure où il rappelle l'idéal du paradis perdu, d'où, dans leurs écrits, un mélange de réalisme et de merveilleux.

DES RIVIÈRES, Marie-José (1978), « Une analyse idéologique de *Bonheur d'occasion* », *Littérature et idéologies : la dynamique des fictions*, Sainte-Foy, Université Laval (*Cahiers de l'Institut supérieur de sciences humaines*), p. 72-88.

Les thèmes principaux de *Bonheur d'occasion* sont la souffrance et l'enfermement, auxquels les personnages n'échappent presque jamais, sinon au prix d'une fuite dans le passé ou dans la religion. Les deux personnages les plus valorisés du roman, Rose-Anna et Emmanuel, sont liés à la nostalgie, au passé et au sentimentalisme, donc à ce que Marcel Rioux a appelé l'idéologie de conservation ; tout autant qu'Azarius ou Eugène, Emmanuel croit naïvement au « salut par la guerre ». Le changement, la nouvelle idéologie de contestation et de rattrapage qu'incarnent Jean, Florentine et Azarius, bien qu'apparemment inévitable, est frappé d'opprobre. Il s'agit donc d'un roman « à caractère traditionnel et catholique, plutôt que moderne, urbain et matérialiste » (p. 83).

DOLBEC, Nathalie (1992), « L'espace sonore dans *Bonheur d'occasion* de Gabrielle Roy », Henriette GEZUNDHAJT et Paul BESSLER (dir.), *La Frontière du dit, à l'intérieur et autour du texte*, Toronto, Département de français, Université de Toronto, p. 45-56.

Une analyse narratologique et sociologique de l'espace sonore de *Bonheur d'occasion* révèle sa polyvalence. Par le biais du discours, la narratrice recrée l'espace sonore de Saint-Henri, où les bruits sont trois fois plus présents que la musique. Généralement, la perception des bruits passe par l'intermédiaire d'un personnage ; la redondance sonore signale la permanence des bruits, le plus souvent irritants ou porteurs de tristesse. Les sons représentés possèdent une valeur documentaire, car ils nous renseignent sur l'industrialisation du quartier, sur la présence de la guerre, sur la misère économique et sur la disparité sociale (le calme de Westmount contre la cacophonie de Saint-Henri). Enfin, la « topophonie » du roman révèle « toute l'acuité de la condition humaine » (p. 54).

DORSINVILLE, Max (1984), « L'influence d'Aimé Césaire au Québec », Jacqueline LEINER (dir.), *Soleil éclaté : mélanges offerts à Aimé Césaire à l'occasion de son soixante-dixième anniversaire par une équipe internationale d'artistes et de chercheurs*, Tübingen, Günter Narr Verlag, coll. « Études littéraires », n° 30, p. 115-123.

Bonheur d'occasion et *Alexandre Chenevert* permettent d'étudier le contexte littéraire qui a ouvert la voie à l'influence d'Aimé Césaire sur les écrivains québécois des années 1960 et 1970. Ces deux romans illustrent les valeurs nouvelles qui transforment le Québec en voie d'urbanisation : rejet de la foi et de la soumission, montée de l'individualisme, adoption d'un mode de vie « américain » axé sur le confort matériel. L'image de Gandhi, omniprésente dans *Alexandre Chenevert*, est la première ouverture sur le tiers monde proposée par un écrivain québécois. Cette quête de nouvelles valeurs, d'ordre uniquement spirituel chez Roy, fera place, par la suite, à des revendications nationalistes où le tiers monde sert de modèle de la décolonisation.

DRUMMOND, Dennis (1986), « Identité d'occasion dans *Bonheur d'occasion* », Cécile CLOUTIER-WOJCIECHOWSKA et Réjean ROBIDOUX (dir.), *Solitude rompue. Textes réunis en hommage à David M. Hayne*, Ottawa, Presses de l'Université d'Ottawa, p. 85-102.

Comme le révèle une étude du couple Jean-Florentine, *Bonheur d'occasion* obéit à la philosophie existentialiste. Les amoureux souffrent tous deux d'une « identité d'occasion » et dépendent de l'approbation d'autrui pour se sentir exister. Florentine joue le rôle de la serveuse ou de la femme fatale pour rehausser sa valeur marchande. Jusqu'à un certain point, elle se transforme par la suite et échappe au regard aliénant de Jean pour se constituer en sujet authentique. Orphelin privé de tendresse, Jean songe sans cesse à l'impression qu'il fait et souffre d'un profond conflit entre l'être et le paraître, qui aboutit à une « névrose existentielle » (p. 94). Sa dureté n'est que le revers d'une vulnérabilité extrême, car il a besoin de rabaisser autrui pour se sentir important ; son autonomie apparente masque une peur de se connaître et d'être connu. Il n'est donc pas libre comme il le croit, car il est « incapable de toute forme d'engagement » (p. 100).

DRUMMOND, Dennis (1988), « The "I Am" Experience in *Bonheur d'occasion* », *Canadian Issues/Thèmes canadiens*, vol. 10, n° 5, p. 97-112.

Reprise abrégée de Drummond 1986, à laquelle s'ajoute une lecture d'Azarius et d'Emmanuel dans la même perspective existentialiste. Comme Jean, Azarius a besoin d'un public complice pour se mettre en valeur. Il refuse la responsabilité de ses actes, s'invente un passé prestigieux et finit par choisir la fuite. En revanche, Emmanuel, être vrai qui ne cherche nullement à épater, assume sa liberté, aime la vie et les gens ; il se réinvente sans cesse par ses actes. Sa décision de devenir soldat rappelle le concept de l'engagement camusien, à savoir la lutte fraternelle contre la misère humaine. Le destin de tous ces personnages montre que seul l'être authentique connaîtra la joie.

DRUMMOND, Dennis (1989), « Florentine Lacasse, Rachel Cameron, and Existential Anguish », *American Review of Canadian Studies*, vol. 19, n° 4, p. 397-406.

Version abrégée de la partie de Drummond 1986 consacrée à Florentine, à laquelle s'ajoute une lecture du personnage de Rachel Cameron, protagoniste de *A Jest of God*, de Margaret Laurence.

DRUMMOND, Dennis (1990), « *Alexandre Chenevert* and The Book of Job », *Essays in French Literature*, n° 27, p. 46-63.

Relire *Alexandre Chenevert* à la lumière du Livre de Job permet de mieux comprendre la signification du roman. À plusieurs reprises, l'auteure reprend presque textuellement les mots qui dépeignent la souffrance du personnage biblique. Comme Job, Alexandre a tout perdu et souffre d'une solitude immense ; il souhaite mourir tout en déplorant la rapidité avec laquelle fuit le temps ; il recherche la sagesse, seule capable de donner un sens à l'existence ; après avoir pris Dieu à partie, il vit une rencontre avec le divin qui le transforme. Ni le Livre de Job ni le roman de Gabrielle Roy n'éclairent l'énigme de la souffrance humaine ; toutefois, le parallèle avec le texte biblique révèle que, bien que la vie ne soit pas absurde, il faut accepter l'impossibilité d'en saisir le sens au moyen de la raison, car la dignité humaine naît du rapport avec Dieu.

DRUMMOND, Dennis (1991), « The Problem of the Other in *Alexandre Chenevert* », *Australian Journal of French Studies*, vol. 28, n° 2, p. 190-195.

Une étude existentialiste d'*Alexandre Chenevert* éclaire l'un des grands sujets du roman, les relations entre les êtres. En termes sartriens, le « regard d'autrui » réduit en objet l'individu qu'il contemple et l'incite à manifester sa « mauvaise foi ». Dans le cas d'Alexandre, il s'agit surtout d'un homme jamais nommé qui le fixe du regard à la banque et à qui il tente en vain de plaire, se plongeant ainsi dans l'aliénation. On comprend mieux l'évolution d'Alexandre en faisant référence à l'existentialisme de Jacques Maritain, pour qui l'homme ne peut être connu que de Dieu, qui n'a nullement besoin de le transformer en objet. Au lac Vert, le regard de Dieu libère justement Alexandre de la tyrannie de l'Autre. Le visiteur anonyme qui se présente à la chambre d'hôpital d'Alexandre est le prototype des êtres avec qui celui-ci est désormais en mesure de communiquer.

DUBÉ, Paul (1989), « Le discours du destin. Prolégomènes à une étude de l'autobiographie de Gabrielle Roy », Gratien ALLAIRE, Gilles CADRIN et Paul DUBÉ (dir.), *Écriture et Politique*, Actes du 7e colloque du Centre d'études franco-canadiennes de l'Ouest, tenu à la Faculté Saint-Jean les 16 et 17 octobre 1987, Edmonton, Institut de recherche de la Faculté Saint-Jean, University of Alberta, p. 9-21.

L'autobiographie de Gabrielle Roy soulève d'emblée la question épineuse des rapports entre passé et présent, vérité et reconstruction, « je » narrant et « je » narré, vie et texte. La force de *La Détresse et l'Enchantement* vient paradoxalement de l'apparente banalité de la vie de l'auteure, dont les éléments anodins conduisent à l'émergence d'un « destin unique d'écriture » (p. 13). Comme le Roquentin de Sartre, Gabrielle Roy recherche son salut dans l'art, seul capable de donner un sens à sa vie. Au lieu de la proximité avec les autres, elle a choisi l'écriture ou, plutôt, l'écriture l'a choisie, ce qui la « délivre en quelque sorte de son mal ou, tout au moins, la justifie, tout en conjurant la puissante culpabilité d'avoir abandonné les êtres aimés de sa vie » (p. 21).

DUBÉ, Paul (1995), « Énoncé et énonciation : la rencontre du "moi/je" dans *La Détresse et l'Enchantement* », Claude ROMNEY et Estelle DANSEREAU (dir.), *Portes de communications. Études discursives et stylistiques de l'œuvre de Gabrielle Roy*, Sainte-Foy, Presses de l'Université Laval, p. 9-26.

À partir d'une démonstration faite dans une étude antérieure (Dubé 1989), à savoir que les ruptures dans la vie de l'auteure visaient à faire un vide nécessaire mais étaient source d'une culpabilité tenace qui devient le moteur de l'écriture, on comprend qu'à cette impasse *La Détresse et l'Enchantement* propose une certaine issue en mettant en texte un processus de compréhension et de connaissance de soi, traduit sur le plan discursif par la présence d'un grand nombre de modalisateurs et d'interrogations. Au cours du processus énonciatif, le « je » de l'énonciation se transforme et transforme le sujet de l'énoncé, si bien que c'est en écrivant que l'auteure prend conscience de la vérité de sa propre vie, par exemple « l'ineffable du rapport avec son père » (p. 23), qu'elle n'a jamais su aimer. Ainsi, le texte « est davantage une texture d'où doit surgir l'être qu'une "narration mémorielle" » (p. 19). Gabrielle Roy gagne en partie son pari de saisir l'insaisissable, mais découvre des vérités amères sans jamais parvenir à exorciser sa culpabilité, l'œuvre représentant « un maigre palliatif à son malheur d'être » (p. 25).

DUCHAINE, Richard (1992), « De quelques occasions de bonheur sur le Plateau Mont-Royal », *Voix et Images*, vol. 18, n° 1, p. 39-51.

À l'encontre de la plupart des écrivains masculins, Michel Tremblay, dans ses *Chroniques du Plateau Mont-Royal*, se réclame d'une source d'inspiration féminine, en l'occurrence *Bonheur d'occasion*. La lecture du roman de Gabrielle Roy est à la source de la venue à l'écriture du fils de la grosse femme, figure textuelle de Tremblay lui-même. Si les romans de Tremblay sont marqués par le réalisme, assimilé un peu trop vite à l'écriture masculine, le traitement que fait l'auteur des thèmes de la sexualité et de la maternité relève d'une écriture féminine. Tremblay se livre donc à une relecture de *Bonheur d'occasion* et de l'entreprise scripturale de Gabrielle Roy (l'émergence d'un destin d'écrivain), encore que son écriture se révèle plus complexe que celle de la romancière, et ses personnages féminins, plus affirmés. Se trouvent ainsi brouillés les rapports entre genre biologique et genre littéraire.

DUCROCQ-POIRIER, Madeleine (1991), « L'art de la nouvelle chez Gabrielle Roy dans *Rue Deschambault* », Marie-Lyne PICCIONE (dir.), *Un pays, une voix, Gabrielle Roy*, Actes du colloque du Centre d'études canadiennes de l'Université de Bordeaux, tenu les 13 et 14 mai 1987, Bordeaux-Talence, La Maison des sciences de l'homme d'Aquitaine, p. 21-26.

Malgré les apparences, le choix de la nouvelle est lié chez Gabrielle Roy à un refus de parler de soi. L'enfance que décrivent les recueils dits autobiographiques, idéalisée, embellie, proche de la « dérive fabulatrice » (p. 25), se trouve aux antipodes de l'enfance véritable de l'auteure, marquée par des malheurs qui l'ont plongée dans un « exil intérieur » (p. 22). Le cadre restreint de la nouvelle permet à l'auteure de surveiller étroitement ses personnages, dont elle n'approfondit jamais la psychologie. Il s'en dégage une vision assez pessimiste de la condition humaine, proche de celle de Kafka.

DUFAULT, Roseanna (1987), « Personal and Political Childhood in Quebec : Analogies for Identity », Eunice MYERS et Ginette ADAMSON (dir.), *Continental, Latin-American and Francophone Women Writers*, Lanham, University Press of America, p. 63-69.

En partant du principe voulant qu'il existe une analogie entre la quête identitaire de l'enfance et l'évolution politico-sociale du Québec, on note que la protagoniste de *Rue Deschambault*, Christine, qui rejette la surprotection et cherche l'autonomie, devient l'incarnation du Québec d'après la Deuxième Guerre mondiale, obsédé par le besoin de rattraper son retard par rapport aux autres nations. Gabrielle Roy annonce donc à la fois la Révolution tranquille et l'autonomie grandissante des femmes.

DUFAULT, Roseanna Lewis (1991), « A Comparison of Childhood in Selected English-Canadian and Québécois Novels », *Metaphors of Identity : The Treatment of Childhood in Selected Québécois Novels,* Toronto, Associated University Presses, p. 66-77.

D'importantes similitudes rapprochent *Rue Deschambault* de *Lives of Girls and Women* d'Alice Munro : pères absents, mères fortes et non conformistes insatisfaites de leur vie mais qui encouragent l'autonomie de la génération suivante, filles décidées à se démarquer du modèle maternel en devenant créatrices. Ce modèle est répandu dans le roman canadien-anglais, tandis que les mères du roman québécois sont en général plus résignées ; Gabrielle Roy est donc atypique à cet égard. Par contre, sa vision de l'amitié entre les enfants, fondée sur une solidarité linguistique plutôt que de classe, rappelle celle d'autres écrivains québécois.

DUNN-LARDEAU, Brenda (1996a), « Éthique médiévale et esthétique renaissante dans deux récits de *Rue Deschambault* de Gabrielle Roy », André FAUCHON (dir.), *Colloque international « Gabrielle Roy ». Actes du colloque soulignant le cinquantième anniversaire de* Bonheur d'occasion, tenu au Collège universitaire de Saint-Boniface du 27 au 30 septembre 1995, Winnipeg, Presses universitaires de Saint-Boniface, p. 497-509.

On retrouve, dans *Rue Deschambault,* quelques références à la Renaissance élisabéthaine, qui témoignent à la fois de l'éducation de type britannique qu'a reçue Christine et d'une ouverture au rêve et au plaisir des sons. Jamais nommé, le Moyen Âge est beaucoup plus présent dans le texte, notamment dans la nouvelle « Les bijoux », où s'impose une version laïcisée de la figure médiévale et renaissante de la pécheresse qui se transforme en pénitente. Comme chez Marguerite de Navarre, le miroir déclenche chez Christine une réflexion sur elle-même qui la pousse à rejeter la vanité du monde. C'est donc un « récit de conversion », mais l'instrument de la transformation chez Gabrielle Roy est le discours maternel plutôt qu'une figure religieuse. Comme Christine cherche à devenir elle-même plutôt qu'à obtenir le pardon divin, nous avons affaire non pas à une victoire de l'âme sur le péché, mais à une quête de soi qui privilégie l'être par rapport au paraître. Le conflit, dans le discours maternel, entre un féminisme moderne et des clichés sur l'infériorité naturelle des femmes, montre que « la mère et la fille sont encore les héritières du lourd substrat du christianisme médiéval qui s'est perpétué dans la mentalité traditionnelle de la culture canadienne-française d'alors » (p. 504).

DUNN-LARDEAU, Brenda (1996b), « *Rue Deschambault* (1955) de G. Roy : examen des corrections et des variantes d'auteur des avant-textes aux rééditions », Neide DE FARIA (dir.), *Language and Literature Today,* Actes du XIXᵉ Congrès de la Fédération internationale des langues et littératures modernes (Brasília, 22-30 août 1993), Brasília, Université de Brasília, vol. 2, p. 721-734.

L'examen des divers avant-textes et rééditions d'une nouvelle de *Rue Deschambault,* « Les bijoux », permet de noter que les modifications, d'une version à l'autre, concernent beaucoup moins la matière du texte que la langue et le style. Au fil des révisions, Gabrielle Roy élimine les répétitions maladroites, travaille les sonorités et les rythmes ainsi que la richesse lexicale et la précision des images, déplace les adverbes pour attirer l'attention du lecteur et, surtout, rehausse le niveau de langue en faisant disparaître la plupart des marques de l'oralité. Ce travail de révision, très important, vise à « transformer un talent de conteuse [...] en art d'écrire » (p. 725). La prétendue simplicité du style royen est un leurre : en effet, il faut « parler d'effet de naturel plutôt que de naturel » (p. 725). Le maintien de certains verbes au passé composé dans un récit au passé simple témoigne toutefois d'une certaine tension entre « le temps de l'oralité et celui de la norme écrite » (p. 729) et laisse croire ou « à un procédé judicieux pour faire croire à la fiction autobiographique » (p. 730), ou au caractère toujours vivant de certains souvenirs réels.

ELDER, Jo-Anne (1995), « Écrire le regard : analyse du discours optique dans *Bonheur d'occasion* », Claude ROMNEY et Estelle DANSEREAU (dir.), *Portes de communications. Études discursives et stylistiques de l'œuvre de Gabrielle Roy*, Sainte-Foy, Presses de l'Université Laval, p. 137-155.

Dans la foulée des analyses féministes de *Bonheur d'occasion* (Bourbonnais, Smart), l'étude du discours optique révèle que le regard du narrateur du roman réaliste est empreint de masculinité. Le système du regard est « construit sur l'objectification de Florentine » (p. 143), vue de l'extérieur par Jean, par le narrateur et par elle-même dans le miroir. La structure des regards entre Jean et Florentine dévoile la violence des relations homme-femme traditionnelles : fragmentation aliénante du corps féminin, regard terrorisant de l'homme qui transforme la femme en victime. Emmanuel, lui, recherche un regard réciproque, reconnaissant et tendre, et veut soustraire Florentine au jeu de la séduction optique, car il l'aime comme elle est (le visuel est d'ailleurs nettement moins présent dans les chapitres qui représentent la relation Florentine-Emmanuel). Dès lors, Florentine n'a plus à se chercher dans le regard d'autrui, car elle s'est assumée.

ESSAR, Dennis (1985), « Gabrielle Roy et la création littéraire : de l'espace et du temps dans *La Route d'Altamont* », Annette SAINT-PIERRE et Liliane RODRIGUEZ (dir.), *La Langue, la Culture et la Société des francophones de l'Ouest*, Actes du 4e colloque du Centre d'études franco-canadiennes de l'Ouest, tenu au Collège universitaire de Saint-Boniface les 23 et 24 novembre 1984, Saint-Boniface, Centre d'études franco-canadiennes de l'Ouest, p. 47-66.

Recueil dominé, comme l'ensemble de l'œuvre royenne, par les oppositions binaires, *La Route d'Altamont* brosse un portrait du fonctionnement de l'esprit créateur. Ainsi, dans chacun des quatre textes, un voyage horizontal, qui englobe également un mouvement vertical, bannit l'ennui et l'ordre quotidien au profit d'un ordre temporel différent, qui fait surgir la créativité. Le voyage est lié à la fois à un élargissement de l'expérience personnelle (axe horizontal) et à une dimension contraire, un retour sélectif sur le passé, qui comprend un changement d'altitude et d'attitude (axe vertical) et une meilleure connaissance de soi, révélation qui conduit, à son tour, à l'écriture. Si la mère retombe continuellement dans le quotidien, la fille, elle, s'en libérera grâce à la création, dont elle a eu la première révélation lorsque sa grand-mère a fabriqué une poupée identique à Christine elle-même.

ESSAR, Dennis (1991), « Gabrielle Roy : figurations spatiales d'une quête spirituelle », Marie-Lyne PICCIONE (dir.), *Un pays, une voix, Gabrielle Roy,* Actes du colloque du Centre d'études canadiennes de l'Université de Bordeaux, tenu les 13 et 14 mai 1987, Bordeaux-Talence, La Maison des sciences de l'homme d'Aquitaine, p. 27-35.

Paysages, déplacements et quête spirituelle s'entremêlent chez Gabrielle Roy. Marquée par son éducation catholique, l'auteure met en scène à de nombreuses reprises le mythe du paradis perdu : expulsés d'un espace originel bienheureux, les personnages cherchent ensuite à retrouver l'innocence, le jardin. Les lieux naturels (milieux aquatiques ou verdoyants, hauteurs) sont propices au déclenchement de l'impulsion créatrice. Mais la représentation de l'œuvre d'art, qui permet de saisir l'étape ultime de la quête, demeure problématique : Alexandre et Pierre n'arrivent pas à donner forme à leur vision, le jardin de Martha est promis à la mort. L'espace clos du jardin, comme celui de la toile ou de la page, « est le signe de l'échec » (p. 34).

EWING, Ronald (1985), « *Two Solitudes* and *Bonheur d'occasion* : Mirror Images of Quebec », *Journal of Canadian Culture,* vol. 2, n° 1, p. 87-98.

Publiés la même année, *Two Solitudes* et *Bonheur d'occasion* ont grandement contribué à l'émergence d'une mythologie canadienne qui englobe les deux peuples fondateurs. Alors que le roman de MacLennan dépeint le choc des générations dans la culture canadienne-anglaise, celui de Roy met en scène l'urbanisation du Québec et dénonce implicitement la domination anglaise. Rose-Anna symbolise alors le Québec rural, et Florentine, le rejet de ce monde ; Azarius incarne la grandeur de la France ; Jean Lévesque est proche de l'*establishment* anglais, du capitalisme et de l'égoïsme. Dans sa recherche de valeurs humanitaires, Emmanuel est le symbole d'un Québec éclairé. Les deux romans sont en quelque sorte des images inversées l'un de l'autre, décrivant tantôt la société anglaise dominante de Montréal, tantôt la majorité francophone dominée.

FAUCHON, André (1996b), « Excursion géo-littéraire dans les régions de La Petite Poule d'Eau et d'Altamont », André FAUCHON (dir.), *Colloque international « Gabrielle Roy ». Actes du colloque soulignant le cinquantième anniversaire de* Bonheur d'occasion, tenu au Collège universitaire de Saint-Boniface du 27 au 30 septembre 1995, Winnipeg, Presses universitaires de Saint-Boniface, p. 731-756.

Description de la visite de quelques lieux décrits par Gabrielle Roy dans ses œuvres manitobaines, accompagnée de photographies.

FIAND, Barbara (1979), « Gabrielle Roy's *The Hidden Mountain* : A Poetic Expression of Existential Thought », *Malahat Review*, n° 52, p. 77-85.

La Montagne secrète est une « odyssée existentialiste » (p. 78) axée sur la soif de transcendance et le rejet de l'esprit technocratique. À la manière du poète et du penseur heideggeriens, Pierre se révolte contre l'absurdité de la nature et du destin ; c'est un Sisyphe canadien, un type plutôt qu'un individu. Cherchant à conférer à l'univers une signification, Pierre tient à demeurer authentique, se bat contre la mort, refuse le temps. Comme Heidegger, Gabrielle Roy montre que ce n'est qu'après avoir assumé leur propre mortalité que les êtres humains peuvent être en harmonie avec eux-mêmes : « L'homme, défini par la mort et ayant reconnu le temps comme un moment fini de vérité et de beauté, découvre l'extase » (p. 84).

FIGUEIREDO, Eurídice (1995), « Autobiografia et ficção em Gabrielle Roy », Euridice FIGUEIREDO (dir.), *A escrita feminina e a tradição literária*, Niterói (Brésil), EDUFF/ABECAN (Editora da Universidade Federal Fluminense/Associação Brasileira de Estudos Canadenses), p. 29-37.

Mieux que les notions de « pacte autobiographique » ou de « pacte romanesque », celle de l'« espace autobiographique » (Philippe Lejeune), permet de rendre compte de l'œuvre de Gabrielle Roy, qui insiste sur le caractère ténu de la frontière entre fiction et autobiographie et sur la part d'invention que renferme cette dernière, si bien qu'on en arrive à une inversion des valeurs habituelles selon lesquelles « l'autobiographie relève du vrai et la fiction du vraisemblable » (p. 32). Les écrits royens sont doublement spéculaires, en raison à la fois de la ressemblance entre le trajet de ses personnages et le sien propre et de leur caractère métafictionnel, caractère dont le personnage de Pierre Cadorai faisant son autoportrait devant le miroir est l'emblème. Par ailleurs, Gabrielle Roy a critiqué le personnage de Madame Bovary, trop masculine, selon elle, pour posséder une quelconque vraisemblance, simple reflet donc de son créateur. Pourtant, elle-même a créé Pierre, curieux personnage androgyne doté d'attributs virils (chasseur, aventurier, il se mesure sans crainte aux rudesses du Grand Nord), mais qui ressemble autant à sa créatrice que Madame Bovary à Flaubert : même quête artistique, même renoncement à la vie au profit de l'œuvre, même solitude. Peut-être est-ce en raison de son goût de la parure, de la séduction et de la passion que l'héroïne de Flaubert inspire à Gabrielle Roy, avec son fort penchant pour la sublimation, « de l'incompréhension, voire un certain malaise » (p. 36), ce qui la pousse en quelque sorte à déclarer : « Madame Bovary, ce n'est pas moi. »

FITZPATRICK, Marjorie A. (1984), « Teaching French-Canadian Civilization Through the Literature : Hémon, Roy, and Blais », *Québec Studies*, n° 2, p. 82-93.

À partir de quatre thèmes formant les quatre piliers d'un grand code social — l'Église, la famille, la nature, la mort —, l'attitude de trois écrivains est examinée. Louis Hémon idéalise ce code ; Marie-Claire Blais le rejette. Entre les deux, Gabrielle Roy l'examine et le trouve déficient : la religion n'offre plus de soutien, la famille s'est désagrégée, on a perdu le contact avec la nature et la mort n'a plus de sens, car elle frappe surtout les êtres jeunes et vulnérables comme le petit Daniel. La tentative de se plier à ce code dépassé, qui crée la tension dramatique du roman, engendre une grande souffrance. Le destin des personnages fait ainsi écho aux bouleversements sociaux (urbanisation, industrialisation) des années 1930 et 1940.

FRANCŒUR, Louis (1996), « Esquisse d'un art poétique sur une lettre inédite de Gabrielle Roy », André FAUCHON (dir.), *Colloque international « Gabrielle Roy ». Actes du colloque soulignant le cinquantième anniversaire de* Bonheur d'occasion, *tenu au Collège universitaire de Saint-Boniface du 27 au 30 septembre 1995*, Winnipeg, Presses universitaires de Saint-Boniface, p. 221-244.

Sans être poéticienne, Gabrielle Roy a longuement réfléchi sur la création artistique. Son art de la lecture comprend trois étapes : l'interprétation sensible, émotive ; l'interprétation accompagnée d'un jugement ; l'interprétation pragmatique, qui fait appel au goût personnel. Son art poétique se trouve exprimé dans la quête de Pierre Cadorai et dans d'autres réflexions sur la recherche de sa voix d'écrivain et sur le travail qui lie forme et fond en un tout indissociable. Elle a aussi élaboré une vision personnelle de la littérature, insistant sur le caractère inconscient de son travail, sur l'importance de l'inspiration, sur la capacité de l'artiste de puiser dans un fond collectif millénaire d'images et de mythes et sur les étapes du processus de création.

FRANCŒUR, Louis, et Marie FRANCŒUR (1993), « Le roman : la quête de *La Montagne secrète* », *Grimoire de l'art, grammaire de l'être*, Sainte-Foy/Paris, Presses de l'Université Laval/Klincksieck, p. 259-299.

Étude de *La Montagne secrète* en fonction de la présentation du Moi artiste. Le roman renferme deux réseaux mythologiques enchevêtrés : l'un exotopique et conventionnel, fondé sur des références puisées dans le patrimoine culturel mondial et québécois, l'autre endotopique, surgi de la trame même du roman, avec ses figures anthropomorphes ou animales, ainsi que du regard du personnage principal sur lui-même. Divers archétypes (le héros comme Messie), motifs (la quête alchimique, la lutte avec l'ange), mythes (de l'artiste, du coureur des bois, de la montée vers le Haut Pays) et métaphores (peuplier-tremble et divers animaux auxquels s'identifie Pierre) font ressortir une vision de la création dans laquelle l'acte créateur, l'œuvre et l'être de l'artiste se confondent à la fin.

FRANCŒUR, Marie (1984), « Portrait de l'artiste en pédagogue dans *Ces enfants de ma vie* », *Études littéraires*, vol. 17, n° 3, p. 545-562.

Une étude sémiotique de *Ces enfants de ma vie* révèle, au-delà de l'anecdote, la valeur artistique de l'œuvre. Tout au long du recueil, le niveau fictionnel est subordonné au niveau poétique, qui s'exprime ici par le choix de la nouvelle comme genre littéraire. L'écriture descriptive est le fondement du livre ; l'écriture narrative, elle, n'acquiert jamais son autonomie. En effet, le recueil est formé d'une série de « portraits en action » (p. 549) et d'un autoportrait ; la tension dramatique naît davantage de ces portraits contrastés que de la trame narrative. Liés de près aux descriptions, les nombreux jugements que porte la narratrice sur les êtres et les événements font ressortir sa délicatesse et sa sensibilité. *Ces enfants de ma vie* n'est donc pas un livre de confidences, mais une « occasion de découvrir l'artiste qui décrit davantage son art qu'elle-même » (p. 560).

FRANCŒUR, Marie (1996), « *La Détresse et l'Enchantement* : autobiographie et biographie d'artiste », André FAUCHON (dir.), *Colloque international « Gabrielle Roy ». Actes du colloque soulignant le cinquantième anniversaire de* Bonheur d'occasion, tenu au Collège universitaire de Saint-Boniface du 27 au 30 septembre 1995, Winnipeg, Presses universitaires de Saint-Boniface, p. 151-168.

La question qui ouvre l'autobiographie de Gabrielle Roy n'annonce ni une dénonciation ni un plaidoyer en faveur des siens, mais plutôt un dialogue « entre les phases successives d'un *moi* qui se constitue sous nos yeux dans son acte même d'écriture autobiographique » (p. 155). Le « je » lecteur, la destinataire de Gabrielle Roy, c'est Roy jeune femme, qui se fait ainsi raconter sa propre vie. Écrire devient dès lors l'occasion d'« une naissance à soi » (p. 156). Le récit que fait la mère de l'histoire familiale tragique est l'occasion d'une autre naissance, celle du sentiment d'appartenance à la collectivité. Il reste au Moi, par la suite, à rejouer et à interpréter le conflit entre le passé et l'avenir, pour enfin le dépasser : Gabrielle Roy le fait en partant pour l'Europe, occasion de la naissance de sa vocation d'écrivain. Issue de générations d'apatrides, elle a fait de l'écriture sa seule patrie véritable.

FRANZEN, Petra (1996), « Margaret Laurence et Gabrielle Roy : un pays, deux mondes ? », *Cahiers franco-canadiens de l'Ouest*, vol. 8, nº 2, p. 239-270.

Gabrielle Roy et Margaret Laurence, toutes deux romancières manitobaines, ont connu un exil volontaire au début de leur vie d'adulte ; leur œuvre se partage entre les textes décrivant une autre partie du monde (Afrique, Québec) et ceux dont l'action se déroule au Manitoba et dont le sujet principal est la quête des origines. Réels ou non, les lieux décrits sont aussi des espaces imaginaires et symboliques liés à la psychologie des personnages et à leur quête identitaire (voir aussi Blodgett 1980, May 1981, Harvey 1982 et 1993), au passage du temps et au jeu de la mémoire. Bien que fortement ancrée dans l'expérience personnelle, la réalité dépeinte ainsi atteint à l'universel. Mais, chez Gabrielle Roy, la prairie ouverte appelle au départ, tandis que, chez Laurence, elle est liée aux origines, aux fondements, au retour. (Voir aussi Hughes 1983.)

FRATTA, Carla (1993), « *Bonheur d'occasion* di Gabrielle Roy, romanzo urbano », *Appunti sulla narrativa del Canada francofono,* Rome, Bulzoni, coll. « I quattro continenti », n° 13, p. 15-25.

Rappel de plusieurs des thèmes du roman. La valeur de l'œuvre réside dans sa problématique sociale, qui pousse le lecteur vers les réflexions universelles, plutôt que dans son esthétique, somme toute traditionnelle. Le véritable protagoniste du roman est alors « le sentiment de misère » (p. 18), le quartier de Saint-Henri. Azarius et Rose-Anna incarnent respectivement la force dionysiaque (masculine) et la force apollinienne (féminine) qui se partagent la société et la littérature canadiennes-françaises. La vision de l'auteure est profondément pessimiste, comme en témoigne la fin du roman ; en outre, chaque moment de bonheur se paie d'un événement négatif qui a pour effet de l'anéantir.

FRÉDÉRIC, Madeleine (1988), « *Keetje* de Neel Doff et *Bonheur d'occasion* de Gabrielle Roy : romans de crise et stratégie romanesque », *Cultures du Canada français,* vol. 5, p. 155-162.

Comparaison de *Bonheur d'occasion* et de *Keetje,* de l'écrivaine belge Neel Doff, romans de la crise économique et de ses effets sur le prolétariat urbain. Tous deux racontent l'ascension sociale d'une jeune fille du peuple, attribuable à une rencontre fortuite avec un homme plus aisé qui, lui, rejette, au nom de ses idéaux, le confort bourgeois auquel aspire sa future compagne. Quelques chronotopes (Bakhtine) reviennent dans les deux romans, dont les chronotopes mouvants, les deux familles étant contraintes à de fréquents déménagements, et celui du roman-idylle. L'une des différences principales tient à la forme romanesque, *Keetje* étant un récit autobiographique rédigé à la première personne, tandis que Gabrielle Roy décrit davantage le destin collectif de la classe ouvrière que le parcours individuel de chacun de ses protagonistes.

FRÉDÉRIC, Madeleine (1989), « Il romanzo quebecchese e la seconda guerra mondiale : Saint-Henri nella tormenta », Luigi LIBERATI (dir.), *Il Canada e la guerra dei trent'anni : l'esperienza bellica di un populo multietnico,* Milan, Guerini, p. 301-312.

Application de la théorie bakhtinienne du chronotope (corrélation des rapports spatio-temporels) à *Bonheur d'occasion.* Trois séries de chronotopes s'y trouvent : les sites géographiques (Westmount, Saint-Henri, la « dompe »), les établissements (le Quinze-Cents, les Deux Records, le débit de la mère Philibert) et le chemin de fer ainsi que la gare. S'il existe, entre les termes des deux premières séries, une hiérarchisation sociale, la troisième gomme cette hiérarchie en réunissant les personnages dans la scène finale. Saint-Henri est le véritable protagoniste du roman, axé sur la classe ouvrière et, plus particulièrement, sur l'instabilité socioéconomique qui conduit à la Crise, puis à la guerre.

FRÉDÉRIC, Madeleine (1992), « Montréal dans la crise des années 30 : *Bonheur d'occasion* ou la stratégie des chronotopes », Madeleine FRÉDÉRIC (dir.), *Montréal, mégapole littéraire*, Actes du séminaire de Bruxelles, septembre-décembre 1991, Bruxelles, Université libre de Bruxelles, Centre d'études canadiennes, p. 75-82.

Version française légèrement plus développée de Frédéric 1989.

FRÉDÉRIC, Madeleine (1995), « *Bonheur d'occasion* et *Alexandre Chenevert* : une narration sous haute surveillance », Claude ROMNEY et Estelle DANSEREAU (dir.), *Portes de communications. Études discursives et stylistiques de l'œuvre de Gabrielle Roy*, Sainte-Foy, Presses de l'Université Laval, p. 69-82.

Décrite comme objective, transparente, la narration des romans à caractère hétérodiégétique de l'auteure porte au contraire de nombreuses marques de subjectivité : dans cet univers, « tout est plié à une démonstration savamment — et plus ou moins discrètement — orientée » (p. 70). Les modalisateurs sont rares, si bien que l'omniscience du narrateur s'affiche ouvertement et ne connaît presque pas de limites ; le narrateur d'*Alexandre Chenevert* s'adresse même au lecteur au début du roman. Les descriptions recèlent des jugements portés sur l'apparence et le caractère des personnages, et le discours du narrateur se confond souvent avec celui des protagonistes. Comme le montre un bref rappel de Frédéric 1989, plusieurs personnages sont des types plutôt que des individus, surtout Rose-Anna ; les personnages sont souvent opposés les uns aux autres par paires (Jean à Emmanuel, Rose-Anna à Florentine) ; même l'espace et le temps romanesques sont assujettis à la démonstration en cours (guerre, industrialisation…). On peut donc parler d'une véritable stratégie romanesque présentée sous couvert d'objectivité. Par la suite, les récits homodiégétiques permettront à l'auteure d'afficher franchement sa subjectivité, tout en renouvelant la facture de ses écrits.

GABOURY-DIALLO, Lise (1996), « Inspiration et création : le mythe de la Muse chez Gabrielle Roy », André FAUCHON (dir.), *Colloque international « Gabrielle Roy »*. *Actes du colloque soulignant le cinquantième anniversaire de* Bonheur d'occasion, tenu au Collège universitaire de Saint-Boniface du 27 au 30 septembre 1995, Winnipeg, Presses universitaires de Saint-Boniface, p. 207-219.

Des traces des trois muses mythiques, Meletê (la Pratique), Aoidê (le Chant) et Mnêmê (la Mémoire), se retrouvent dans différents textes royens. Là où Pierre se détruit en visant la perfection, les femmes créatrices de l'œuvre, dont Christine et Gabrielle Roy elle-même telle qu'elle se dépeint dans son autobiographie, n'ont pas ces obsessions destructrices et restent « lucides et vraies envers elles-mêmes jusqu'à la fin » (p. 216). Le symbolisme « masculin » de *La Montagne secrète* (p. 216) fait place aux métaphores du textile et de la tapisserie dans *La Route d'Altamont* et dans l'autobiographie ; en somme, il s'agit d'une Muse maternelle, mère de l'humanité et liée à la nature. Ainsi, Gabrielle Roy offre, dans ses dernières œuvres, une vision au féminin de la création artistique. (Voir aussi Saint-Martin 1989 et 1990.)

GALLAYS, François (1980), « À propos de quelques recensions des *Enfants de ma vie* », *Incidences*, vol. 4, nᵒˢ 2-3, p. 7-47.

L'analyse de cinq comptes rendus de *Ces enfants de ma vie* révèle un même enthousiasme face à l'œuvre étudiée, mais une grande diversité d'approches critiques. Malgré certaines naïvetés, les textes d'André Brochu et de Réjean Robidoux se révèlent les plus efficaces en raison de leur couverture de plusieurs aspects du livre (contenu, expression, comparaisons avec d'autres œuvres, évocation de facteurs extratextuels) ; celui de François Hébert, axé trop exclusivement sur le contenu du texte et sur la réaction qu'il produit sur lui, porte en revanche les marques d'un travail textuel qui lui confère une certaine autonomie. Gabrielle Poulin privilégie à l'excès le résumé du contenu, qu'elle gauchit par ailleurs en assimilant trop vite la narratrice à Gabrielle Roy et « De la truite dans l'eau glacée » à un roman d'amour traditionnel. André Renaud, à l'inverse, délaisse le contenu pour traiter presque uniquement de l'expression ; le texte de Roy devient surtout prétexte à un exercice d'écriture. Enfin, tous les critiques se laissent en quelque sorte duper par « l'illusion de réel que produit le texte » (p. 36), en croyant à la vérité là où il s'agit d'une mise en fiction. Au terme de l'exercice, s'impose donc la nécessité d'interroger plutôt la manière dont le texte produit une si forte impression de réalité.

GALLAYS, François (1996), « Gabrielle Roy et ses deux "sœurs" : Marie-Claire Blais et Anne Hébert », André FAUCHON (dir.), *Colloque international « Gabrielle Roy »*. Actes du colloque soulignant le cinquantième anniversaire de Bonheur d'occasion, tenu au Collège universitaire de Saint-Boniface du 27 au 30 septembre 1995, Winnipeg, Presses universitaires de Saint-Boniface, p. 565-574.

Trois romans, *Bonheur d'occasion* (1945), *Une saison dans la vie d'Emmanuel* (1965) de Marie-Claire Blais et *Les Enfants du sabbat* (1975) d'Anne Hébert, traitent de l'impact de la Deuxième Guerre mondiale sur deux générations de femmes. Dans *Bonheur d'occasion* s'opère un clivage entre Rose-Anna, vue avec sympathie par la narratrice, et Florentine, constamment tournée en dérision. *Une saison dans la vie d'Emmanuel* présente le même type de famille nombreuse ; encore une fois, on observe des contrastes marqués entre les personnages féminins, la grand-mère indomptable et la mère soumise. Florentine et Héloïse incarnent une vie de servitude, Florentine en tant qu'épouse dépendante, Héloïse comme prostituée. Contrairement à ces deux personnages féminins de la jeune génération, la Julie d'Anne Hébert est vue avec une profonde sympathie et provoque l'attachement du lecteur ; de plus, Julie exercera un pouvoir qui annonce la transformation proche des structures sociales patriarcales. Anne Hébert est donc la plus optimiste des trois romancières, peut-être parce qu'elle écrit à une époque plus tardive.

GANN, Andrew (1995), « Géographie urbaine et "géographie émotionnelle" dans *Bonheur d'occasion* », Claude ROMNEY et Estelle DANSEREAU (dir.), *Portes de communications. Études discursives et stylistiques de l'œuvre de Gabrielle Roy*, Sainte-Foy, Presses de l'Université Laval, p. 157-173.

L'étude des sentiments et des réflexions des personnages en rapport avec l'espace (gestes, mouvements, position) révèle de très fréquentes oppositions entre désir profond et gestes extérieurs, ainsi qu'entre désir de rapprochement et désir de fuite. Le couple Jean-Florentine est marqué par une absence de communication liée à la nature antithétique des désirs, alors que l'harmonie du début de la visite de Rose-Anna au Quinze-Cents disparaît au profit de l'ambivalence. La relation Florentine-Emmanuel obéit à un mouvement vertical : la descente vers le Saint-Laurent puis la remontée vers la ville correspondent à une tentative d'obtenir la demande en mariage et à la décision de s'unir. S'y ajoute un mouvement horizontal, fait d'une alternance de gestes d'approche et d'éloignement, le tout se soldant par l'harmonie. L'influence du cinéma — mise en abyme des géographies urbaine et affective — sur les dialogues amoureux rappelle que l'aspect intimiste du roman dépasse les limites du roman social.

GAUVIN, Lise (1986), « Réception et roman. *Bonheur d'occasion* et *Alexandre Chenevert* de Gabrielle Roy », Giovanni DOTOLI et Sergio ZOPPI (dir.), *Canada ieri e oggi. Atti del 6ᵉ convegno internazionale di studi canadesi, Selva di Fasano, 27-31 marzo 1985*, vol. 1, Sezione francofona, Fasano, Schena, p. 229-244.

L'étude de la critique journalistique de *Bonheur d'occasion* et d'*Alexandre Chenevert* permet de reconstituer, suivant Jauss, « l'horizon d'attente d'une époque » (p. 230). Lorsque parut *Bonheur d'occasion*, toutes les lectures posaient la question de la conformité ou de la non-conformité à la réalité, si bien que la dimension proprement littéraire du roman a été occultée. À propos d'*Alexandre Chenevert*, la critique s'attarde davantage à la facture du roman, qui déplaît dans la mesure où il déroge à l'esthétique réaliste, trahissant en cela l'attente créée par *Bonheur d'occasion*. Dans le cas de *Ces enfants de ma vie*, double inversé du roman de 1954, la critique loue la brièveté des textes et la présence d'une subjectivité explicite, en somme l'inverse de ce qu'elle avait condamné dans *Alexandre Chenevert*, signe de l'évolution de l'horizon d'attente.

GENUIST, Monique (1990), « Une Canadienne française de l'Ouest à la recherche de son identité », Pierre-Yves MOCQUAIS (dir.), *L'Ouest canadien et l'Amérique française*, Actes du 8ᵉ colloque du Centre d'études franco-canadiennes de l'Ouest, tenu au Centre d'études bilingues les 21 et 22 octobre 1988, Regina, Centre d'études bilingues, University of Regina, p. 225-234.

L'épisode du bal chez le gouverneur (*La Détresse et l'Enchantement*) illustre l'exclusion sociale dont étaient frappés les francophones de l'Ouest canadien. La quête identitaire de Gabrielle Roy sera donc marquée par le désir de sortir de la pauvreté, associée pour elle à la langue française ; toutefois, même en France, elle demeurera marginalisée du point de vue linguistique. De retour dans son pays, elle ne revendiquera jamais de droits pour les francophones, mais se fera l'apôtre du multiculturalisme et le chantre de l'Ouest canadien.

GENUIST, Monique (1991a), « L'Ouest réel et mythique dans *Un jardin au bout du monde* », Marie-Lyne PICCIONE (dir.), *Un pays, une voix, Gabrielle Roy*, Actes du colloque du Centre d'études canadiennes de l'Université de Bordeaux, tenu les 13 et 14 mai 1987, Bordeaux-Talence, La Maison des sciences de l'homme d'Aquitaine, p. 107-114.

Les personnages immigrants d'*Un jardin au bout du monde* fuient la misère ou les persécutions et recherchent les grands espaces de l'Ouest, symbole de liberté et d'épanouissement. Mais ils déchantent rapidement, car l'espace est trop vaste et ils se morfondent dans la solitude et l'ennui. Le jardin d'Éden espéré s'est transformé en « Babel de l'Ouest » (p. 111). Déçus, ils se mettent à idéaliser le passé perdu, qui prend à son tour une dimension mythique. Grâce à ce passé réinventé, les nouvelles du recueil sont relativement optimistes, malgré les déceptions, et le mythe de l'Ouest demeure vivant.

GENUIST, Monique (1991b), « Les voix du vent chez Gabrielle Roy », Jean-Guy QUENNEVILLE (dir.), *À la mesure du pays*, Actes du 10e colloque du Centre d'études franco-canadiennes de l'Ouest, tenu à St. Thomas More College les 12 et 13 octobre 1990, Saskatoon, Unité de recherche pour les études canadiennes-françaises (St. Thomas More College), University of Saskatchewan, p. 157-164.

Dans la nouvelle « Un jardin au bout du monde », le vent traduit la dualité de l'auteure, car il est lié tantôt à la détresse, tantôt à l'enchantement. Cependant, il est surtout positif : il réconforte Martha, la tire de son ennui profond et, lui rappelant une musique entendue dans sa jeunesse, en Pologne, la console de vivre en étrangère dans un pays dont elle ignore la langue. Plus généralement, le vent, chez Roy, est le signifiant de l'âme et du cœur ; à l'écouter, Martha s'interroge sur la vie et la mort (sa quête d'un paradis perdu la rattache d'ailleurs à plusieurs personnages de Gabrielle Roy, dont Christine). L'écriture de Gabrielle Roy n'est pas moderne, mais contemporaine, en ce sens qu'elle invite à respecter la nature et à vivre en harmonie avec elle.

GENUIST, Paul (1990), « Gabrielle Roy, personnage et personne », André FAUCHON (dir.), *Langue et Communication*, Actes du 9ᵉ colloque du Centre d'études franco-canadiennes de l'Ouest, tenu au Collège universitaire de Saint-Boniface les 12, 13 et 14 octobre 1989, Saint-Boniface, Centre d'études franco-canadiennes de l'Ouest, p. 117-125.

La correspondance publiée dans *Ma chère petite sœur. Lettres à Bernadette 1943-1970* nous renseigne sur les traits de l'auteure : compassion, spiritualité, amour de la nature. Les lettres de Bernadette ont sans doute inspiré à sa sœur quelques-unes de ses belles descriptions du monde naturel. Par ailleurs, le caractère intime de ces écrits, qui n'étaient pas destinés à la publication, fait apparaître, chez l'épistolière, de grands contrastes : elle s'y montre par moments mesquine, ou encore effrayée à l'idée que l'autobiographie d'une de ses sœurs la montre sous un jour défavorable. Les chercheurs doivent tâcher d'en arriver à une lecture globale de la personnalité d'un auteur, en tenant compte également des témoignages négatifs.

GILBERT LEWIS, Paula (1979), « *Street of Riches* and *The Road Past Altamont*: The Feminine World of Gabrielle Roy », *Journal of Women's Studies in Literature*, vol. 1, n° 2, p. 133-141.

Gabrielle Roy s'est intéressée de près à tous les âges de la vie des femmes, mettant en scène la jeune fille qui reçoit de sa mère le goût de l'aventure, la mère et son rôle dans l'émergence de la vocation littéraire de sa fille, la grand-mère jadis toute-puissante dont l'état se détériore peu à peu. Entre la mère et la fille, s'observent des liens d'amour et de connivence, mais aussi des sentiments de jalousie et de tristesse.

GILBERT LEWIS, Paula (1980), « The Incessant Call of the Open Road : Gabrielle Roy's Incorrigible Nomads », *The French Review*, vol. 53, n° 6, p. 816-825.

Le désir de voyager réunit presque tous les personnages royens. Les personnages masculins ont plus de mobilité, alors que les mères de famille demeurent le plus souvent à la maison ; de la même façon, la ligne droite est généralement libératrice, contrairement aux routes circulaires (mouvement en tourbillon de Florentine, retour vers les origines pour Rose-Anna ou pour Elsa), qui mènent le plus souvent à l'échec. Le déplacement est lié à un idéal de progrès et de recommencement, mais les personnages cherchent aussi la protection d'un foyer aimant. Dans les œuvres plus tardives, le voyage est plus angoissant et moins enthousiasmant qu'au début.

GILBERT LEWIS, Paula (1981a), « Gabrielle Roy and Émile Zola : French Naturalism in Québec », *Modern Language Studies*, vol. 11, n° 3, p. 44-50.

Sans avoir subi l'influence directe de Zola, Gabrielle Roy partage dans une certaine mesure son intérêt pour l'hérédité (elle étudie souvent le caractère des enfants comme le reflet de celui des parents) et son déterminisme. Elle s'intéresse aux cycles des générations et imagine un recommencement perpétuel ; en cela, elle est plus optimiste que Zola. En ce qui concerne les personnages féminins, toutefois, elle se montre plus fataliste : le destin biologique féminin, la forme de déterminisme la plus marquée chez elle, fait de presque toutes les femmes les prisonnières de leur corps trop fécond. En même temps, elle montre le caractère social de leur oppression et rend l'Église responsable de leurs malheurs.

GILBERT LEWIS, Paula (1981b), « The Resignation of Old Age, Sickness, and Death in the Fiction of Gabrielle Roy », *American Review of Canadian Studies,* vol. 11, n° 2, p. 49-66.

La vieillesse, chez Gabrielle Roy, est liée à la faiblesse, à la solitude, à la honte et à l'amertume ; en même temps, les vieux incarnent la tradition, l'expérience et la sagesse, tout en étant fiers de leur autonomie. Si les personnes âgées se portent en général relativement bien, en revanche les malades abondent dans l'œuvre ; on en dénombre plus de vingt, dont quatre sont hospitalisés. Les images de la mort évoquent soit le cycle de la nature (îles, images aquatiques), soit le voyage, qui indique aussi un mouvement circulaire avec retour sur le passé. La mort perd son caractère tragique du fait qu'elle est liée aux cycles infiniment répétés du temps et de la vie.

GILBERT LEWIS, Paula (1982), « Unsuccessful Couples, Shameful Sex, and Infrequent Love in the Fictional World of Gabrielle Roy », *Antigonish Review,* n° 48, p. 49-55.

Malgré le désir d'amour qui habite les personnages royens et la tendresse profonde qu'inspirent à la romancière ses personnages, il n'existe presque pas, chez elle, de couples heureux. Si, dans les premières nouvelles, elle en dépeint quelques-uns, les couples des romans connaissent au mieux l'admiration et le respect réciproques, au pire la routine, la solitude, l'absence de communication, voire l'hostilité ouverte. Le seul couple véritablement amoureux est celui, voué à la séparation, que forment l'institutrice et Médéric dans *Ces enfants de ma vie.* La sexualité est dépeinte de façon négative, liée à l'inceste et au viol, à la culpabilité, à la honte et à l'absence de plaisir. Si l'amour existe dans cet univers, il se manifeste surtout entre les parents et les enfants (principalement entre mères et filles) ou entre une institutrice et ses élèves.

GILBERT LEWIS, Paula (1983), « Tragic and Humanistic Visions of the Future : The Fictional World of Gabrielle Roy », *Québec Studies,* vol. 1, n° 1, p. 234-245.

Gabrielle Roy oscille sans cesse entre un « réalisme tragique » et un « idéalisme humaniste », mouvement qui colore son attitude envers Dieu, l'humanité et le progrès. La plupart de ses personnages sont des insatisfaits, mais cette insatisfaction même conduit l'humanité vers le progrès, qui, à son tour, entraîne de nouvelles insatisfactions en éloignant les êtres de la simplicité et de la bonté naturelles. Les objectifs premiers de Gabrielle Roy sont la connaissance de soi, la solidarité locale et la fraternité universelle, idéal d'avenir qui renvoie à une innocence, un paradis perdus. Bien qu'elle ait été influencée par l'existentialisme camusien, sa foi en l'harmonie possible l'apparente plutôt au romantisme français.

GILBERT LEWIS, Paula (1985a), « Female Spirals and Male Cages : The Urban Sphere in the Novels of Gabrielle Roy », Paula GILBERT LEWIS (dir.), *Traditionalism, Nationalism and Feminism : Women Writers of Quebec*, Westport, Greenwood Press, p. 71-81.

Reprise, pour l'essentiel, du chapitre 5 du livre *The Literary Vision of Gabrielle Roy* (1984). Féminins ou masculins, les personnages de Roy sont enfermés dans la ville, décrite comme une prison ou une cage. Pourtant, dans les premiers romans, les hommes arrivent à quitter provisoirement l'espace urbain, même s'ils le regagnent avant de mourir (Alexandre Chenevert, Pierre Cadorai), tandis que les femmes y sont confinées et continuent d'y chercher le bonheur. Dans les œuvres plus tardives, certains personnages féminins vivent essentiellement la même expérience que Chenevert : échappée vers la campagne, puis retour à la ville pour y mourir.

GILBERT LEWIS, Paula (1985b), « Feminism and Traditionalism in the Early Short Stories of Gabrielle Roy », Paula GILBERT LEWIS (dir.), *Traditionalism, Nationalism and Feminism : Women Writers of Quebec*, Westport, Greenwood Press, p. 27-35.

Extraits du chapitre 3 de *The Literary Vision of Gabrielle Roy* (1984). Féministe dans ses premières nouvelles, qui privilégient les personnages féminins, Gabrielle Roy a évolué, par la suite, vers un « humanisme féminin » (p. 29). Les protagonistes de ces nouvelles oscillent entre le désir du mariage et la recherche de l'autonomie ; leur hésitation entre valeurs traditionnelles et valeurs féministes est souvent traitée de manière ironique.

GILBERT LEWIS, Paula (1985c), « Trois générations de femmes : le reflet mère-fille dans quelques nouvelles de Gabrielle Roy », *Voix et Images*, vol. 10, n° 3, p. 165-176.

À la lumière des théories féministes du rapport mère-fille (Chodorow, Gilligan, Dinnerstein), on constate que, dans *Bonheur d'occasion*, Rose-Anna et Florentine sont incapables d'échanger le regard qui les constituerait toutes deux en sujets solidaires. Les nouvelles de l'auteure présentent un portrait « plus optimiste, quoique superficiel » (p. 168) de la relation mère-fille. La mère et la grand-mère se transforment en « miroirs » où la jeune femme voit une image positive de son identité de femme créatrice. Par la suite, dans ses écrits, Christine leur donnera une voix et les remettra au monde. Par ailleurs, la nécessaire séparation est source d'une tension douloureuse.

GILBERT, Paula Ruth [Paula Gilbert Lewis] (1993), « All Roads Pass Through Jubilee : Gabrielle Roy's *La Route d'Altamont* and Alice Munro's *Lives of Girls and Women* », *Colby Quarterly,* vol. 29, n° 2, p. 136-148.

Lecture en parallèle des deux œuvres, dans lesquelles une femme adulte se rappelle sa jeunesse. Les jeux temporels complexes, l'imbrication de plusieurs niveaux narratifs, l'indétermination interprétative, les nombreuses références à la production de l'œuvre d'art, l'importance du rapport mère-fille dans la production textuelle ainsi que le caractère non linéaire, instable et multiple des deux récits, sont autant de traits qui rappellent la littérature postcoloniale, postmoderne et féministe.

GRACE, Sherrill E. (1984), « Quest for the Peaceable Kingdom : Urban/Rural Codes in Roy, Laurence, and Atwood », Susan Merrill SQUIER (dir.), *Women Writers and the City : Essays in Feminist Literary Criticism*, Knoxville, University of Tennessee Press, p. 193-209.

Chez Gabrielle Roy comme dans d'autres textes féministes plus radicaux, le monde naturel, assimilé au féminin, sert d'antidote à la civilisation patriarcale. Dans *Bonheur d'occasion,* la question du bonheur est posée par le conflit entre le code rural et le code urbain : Florentine se sent perdue dans la ville, car, pour s'y affirmer, il faut nier son humanité et ses liens avec la nature, ce que Jean arrive à faire, tandis que Florentine demeure « prisonnière de l'espace sauvage de la ville » (p. 197) et se détruit en acceptant un mariage sans amour.

GREEN, Mary Jean (1979), « Gabrielle Roy and Germaine Guèvremont : Québec's Daughters Face a Changing World », *Journal of Women's Studies in Literature*, vol. 1, n° 3, p. 243-257.

Le roman québécois au féminin des années 1940, témoin de la disparition de la culture rurale et des valeurs traditionnelles, introduit des personnages féminins d'un nouveau genre : en effet, Florentine et Alphonsine aspirent à une vie différente de celle des personnages maternels. La « mauvaise mère » (Mme Laplante, Blanche Varieur) côtoie la bonne mère traditionnelle (Rose-Anna, Marie-Amanda) et remet en cause l'idéal maternel, qui tue l'amour mère-enfant qu'il est censé favoriser. Les femmes des deux romans sont enfermées et réduites au silence ; la maison est une prison, et le corps, un piège. Alphonsine et Florentine, dont la minceur traduit une volonté de rupture avec le modèle maternel, tentent de s'en sortir, se révoltant contre le fatalisme des femmes plus âgées : Florentine y réussit dans la mesure où elle arrive à se libérer des miroirs et à se détourner de Jean à la fin du roman, tandis qu'Alphonsine sombre dans la folie. Les conflits qui déchirent ces personnages sont ceux de toutes leurs contemporaines dans un monde en mutation rapide. À défaut de proposer des solutions, Roy et Guèvremont étudient avec une grande lucidité la société de leur époque.

GREEN, Mary Jean, Paula GILBERT LEWIS et Karen GOULD (1985), « Inscriptions of the Feminine : A Century of Women's Writing in Quebec », *American Review of Canadian Studies*, vol. 15, n° 4, p. 363-388.

« Sans minimiser les aspects sociologiques, urbains et masculins de *Bonheur d'occasion*, on peut y reconnaître le premier roman québécois à accorder la place centrale aux femmes et à traiter de leur condition sans les transformer en archétypes glorieux ou en mythes. On pourrait également arguer que ce roman, écrit par une femme et dédié à sa mère, met principalement en lumière la femme en quête d'elle-même, du couple mère-fille, des autres femmes et de sa propre réalité sociale et linguistique, souvent masquée par la domination masculine et le conditionnement qu'elle-même a subi » (p. 370).

GUÉRARD, Marie-Gabrielle (1987), « Faire de sa vie un livre : l'autobiographie de Gabrielle Roy », *Esprit*, vol. 11, n° 3, p. 93-100.

Commentaires sur l'écriture de Gabrielle Roy, à partir de *La Détresse et l'Enchantement*. « Écrivain vraiment nord-américain » (p. 94) en raison de son amour des nouveaux territoires, « écrivain autodidacte » (p. 95) n'ayant subi aucune influence littéraire, Gabrielle Roy n'éprouve pas le sentiment d'appartenir à un peuple ; seule la famille, le clan, constitue à ses yeux un groupe humain cohérent, et tous ses personnages « appartiennent au même univers culturel et social que l'auteur » (p. 96). Sa conception du temps comme « la distance qui nous sépare de nous-mêmes » (p. 97), distance qu'il faut abolir au moyen de ponts jetés entre passé et présent, découle peut-être de son statut de benjamine de la famille.

GUILLEMETTE, Lucie (1993), « Un dire féminin : l'Amérique dans *De quoi t'ennuies-tu, Éveline ?* de Gabrielle Roy. Simone de Beauvoir revisitée », *Simone de Beauvoir Studies*, vol. 10, p. 121-126.

Version préliminaire de Guillemette 1995, à laquelle s'ajoute une brève comparaison avec Anne Dubreuilh, protagoniste des *Mandarins* de Simone de Beauvoir.

GUILLEMETTE, Lucie (1995), « L'espace narratif de *De quoi t'ennuies-tu, Éveline ?* : l'avènement d'un dire libérateur », Claude ROMNEY et Estelle DANSEREAU (dir.), *Portes de communications. Études discursives et stylistiques de l'œuvre de Gabrielle Roy*, Sainte-Foy, Presses de l'Université Laval, p. 103-117.

Structuré par l'opposition spatiale entre l'ici et l'ailleurs, *De quoi t'ennuies-tu, Éveline ?* est représentatif de l'ensemble de l'œuvre. Si l'enchantement l'y emporte sur la détresse (contre toute attente puisque le texte met en scène la mort du frère), c'est que le signifiant premier du voyage d'Éveline se voit déconstruit par l'émergence d'un espace-temps lié à Majorique et au passé. Les souvenirs évoqués font ressortir une opposition sédentarisme-nomadisme qui débouche sur une opposition rêve-réalité, Majorique réalisant ses rêves de départ et Éveline s'ennuyant de ce qu'elle n'a pas vu. Entre les lieux parcourus et l'émergence de la parole d'Éveline, liée à sa libération de l'immobilisme passé, il y a une étroite correspondance, si bien que le voyage se transforme en quête identitaire et débouche sur l'émergence d'un discours au féminin. Puisque l'activité énonciatrice d'Éveline fait ressortir la plénitude du personnage de l'exilé, le « grand départ » de Majorique entraîne non pas la tristesse mais le rapprochement dans la joie de la grande famille humaine.

HAHN, Cynthia T. (1987), « In Search of a "Common Shore" : Deciphering Water Imagery in the Works of Gabrielle Roy », *Revue francophone de Louisiane*, vol. 2, n° 1, p. 27-32.

L'omniprésence des images aquatiques chez Gabrielle Roy s'explique par le fait que l'eau évoque, pour elle, la pureté, l'infini, le renouvellement perpétuel, la création maternelle, le mouvement cyclique et la parole. L'eau lie le passé et le présent, la vie et la mort, la vieillesse et la jeunesse, la création et la dissolution ; traverser une rivière ou un lac correspond à une renaissance ou à une métamorphose, parfois à une mort. La « petite phrase » que chuchote le lac Winnipeg, en favorisant la fusion du bruit et de son interprétation chez l'auditeur, correspond au lien entre « la forme et l'imagination, entre le texte narratif et son interprétation par le lecteur » (p. 30).

HAHN, Cynthia T. (1995), « À la recherche d'une voix : les premiers récits de Gabrielle Roy », Claude ROMNEY et Estelle DANSEREAU (dir.), *Portes de communications. Études discursives et stylistiques de l'œuvre de Gabrielle Roy*, Sainte-Foy, Presses de l'Université Laval, p. 47-68.

Sont retenus ici les textes écrits à la première personne entre 1937 et 1945, les plus significatifs pour la formation littéraire de l'auteure. Les reportages de cette période, dont plusieurs sont marqués par la dualité, mettent en scène un court récit fictif et une narratrice engagée dans le récit, dont la compréhension de la situation évolue grâce au contact avec autrui. Apparaissent déjà l'optimisme et le désir de rapprochement de tous les peuples qui marqueront l'ensemble de l'œuvre. Les textes anecdotiques sont construits sur une dualité de perspectives (passage du « je » au « tu » ou au « vous ») qui aboutit à des rapports textuels entre narratrice et narrataire. Enfin, les nouvelles homodiégétiques, peu nombreuses, mettent également en scène des perspectives doubles ou multiples. Dans l'ensemble des écrits de cette période, l'auteure cherche donc une voix narrative capable de traduire la dualité intérieure, les multiples liens avec autrui et l'intégration de l'expérience particulière à l'expérience commune à tous les êtres humains.

HAHN, Cynthia T. (1996), « Gabrielle Roy : portraits d'une voix en forma-tion », André FAUCHON (dir.), *Colloque international « Gabrielle Roy »*. *Actes du colloque soulignant le cinquantième anniversaire de* Bonheur d'oc-casion, *tenu au Collège universitaire de Saint-Boniface du 27 au 30 sep-tembre 1995*, Winnipeg, Presses universitaires de Saint-Boniface, p. 29-39.

L'étude de quelques reportages de 1942 à 1944 sur les « Peuples du Canada » révèle l'étroite parenté entre ces textes d'apprentissage et l'œuvre à venir. Construits autour du portrait de quelques individus, parfois fictifs, et de leur communauté, ces textes annoncent bien des traits des écrits de la maturité : ton personnel, quasi-identité de l'auteure et de la narratrice-personnage, tendresse et compassion pour les êtres décrits, alternance d'actions racontées au passé et de réflexions rapportées au présent, point de vue qui passe du particulier à l'universel, tentative de concilier des éléments opposés, construction circulaire, fin ouverte.

HARVEY, Carol J. (1982), « Les collines et la plaine : l'héritage manitobain de Gabrielle Roy », *Bulletin du Centre d'études franco-canadiennes de l'Ouest*, p. 22-27.

La nature n'est pas qu'un simple décor chez Gabrielle Roy ; elle est la source même de son imagination et de ses thèmes essentiels. L'évocation du paysage manitobain qui a marqué son enfance conduit Gabrielle Roy à s'interroger sur le sens de l'exis-tence ; ainsi, cet espace est autant un paysage intérieur qu'un cadre géographique réel (voir aussi Blodgett 1980). La plaine représente l'avenir pour Christine, le passé pour sa mère ; l'opposition plaine-collines fait également ressortir l'opposition vieil-lesse-jeunesse, passé-avenir. Enfin, les collines sont le lieu de la rencontre mère-fille, puis celui où elles prennent conscience de leurs différences et de leur séparation imminente. L'« héritage des collines » (p. 26) est une philosophie de l'existence qui vient de la mère.

HARVEY, Carol J. (1985), « Structure et techniques narratives dans *La Route d'Altamont* », Annette SAINT-PIERRE et Liliane RODRIGUEZ (dir.), *La Langue, la Culture et la Société des francophones de l'Ouest*, Actes du 4e col-loque du Centre d'études franco-canadiennes de l'Ouest, tenu au Collège universitaire de Saint-Boniface les 23 et 24 novembre 1984, Saint-Boniface, Centre d'études franco-canadiennes de l'Ouest, p. 97-107.

Les nouvelles de *La Route d'Altamont* allient la candeur à la maturité, grâce au dédou-blement de Christine en enfant et en adulte, qui fait que les événements semblent être vus à la fois au moment où ils surviennent et après coup. Sont étudiées alors les différentes modalités des deux voix et de l'écart qui les sépare : par exemple, plus la réflexion est grande, plus la distance narrative entre les deux voix s'amenuise, le registre devenant alors moins enfantin. Ainsi, ressort le thème essentiel de la com-munication, y compris avec soi-même à différents âges. Ce recueil fait aussi ressortir la complexité de certains symboles royens, notamment les collines, qui signifient pour Éveline la jeunesse perdue, pour Christine les voyages à venir. Loin de chercher à retrouver dans de tels récits le temps perdu, Gabrielle Roy n'a jamais oublié son enfance, ne l'a jamais quittée.

HARVEY, Carol J. (1990a), « La relation mère-fille dans *La Route d'Alta-mont* », *Revue canadienne des langues vivantes/Canadian Modern Language Review*, vol. 46, n° 2, p. 304-311 (paru aussi dans Marie-Lyne PICCIONE (dir.), *Un pays, une voix, Gabrielle Roy*, Actes du colloque du Centre d'études canadiennes de l'Université de Bordeaux, tenu les 13 et 14 mai 1987, Bordeaux-Talence, La Maison des sciences de l'homme d'Aquitaine, 1991, p. 47-53).

La relation mère-fille de *La Route d'Altamont* relève du paradoxe, car l'identité de la fille transite à la fois par l'attachement à la mère et par la rupture d'avec elle. Si Éveline et la grand-mère ont été asservies à leur famille, elles ont conservé une résistance, un amour du voyage et un désir d'affirmation qu'elles transmettront à Christine, si bien que, « sous un angle féministe, il semblerait que la solidarité féminine porte en elle-même la séparation en germe » (p. 310). En effet, Christine choisira la « montagne secrète » de la création artistique au détriment de la « montagne de barda » qui a occupé la grand-mère toute sa vie et l'a empêchée de devenir créatrice. Dans la dernière nouvelle du recueil, le caractère ambivalent de la relation mère-fille se révèle pleinement : autant les filles de l'œuvre (Éveline et Christine) ont intériorisé la figure maternelle, autant le versant social, conformiste du rôle maternel met en péril l'identification mère-fille. Les oppositions binaires qui marquent toute l'œuvre viennent peut-être d'une opposition entre la mère et le père, « le jour et la nuit ».

HARVEY, Carol J. (1990b), « Symbolisme et communication dans l'œuvre manitobaine de Gabrielle Roy », André FAUCHON (dir.), *Langue et Communication*, Actes du 9e colloque du Centre d'études franco-canadiennes de l'Ouest, tenu au Collège universitaire de Saint-Boniface les 12, 13 et 14 octobre 1989, Saint-Boniface, Centre d'études franco-canadiennes de l'Ouest, p. 127-133.

Sont étudiés ici quelques symboles du cycle manitobain de Gabrielle Roy : la plaine comparée à une mer tantôt calme, tantôt déchaînée ; l'eau qui évoque les mystères, le rapprochement, la séparation, la mort ; l'arbre qui symbolise la vie humaine ; l'oiseau, lié au caractère éphémère de l'existence, à la liberté, à l'enfance. Frappent chez l'auteure la complexité et la diversité des images, ainsi que leurs connotations à la fois universelles et personnelles. On voit ainsi la grande signification que revêt la période manitobaine, qui « constitue non seulement un point de départ réel mais aussi un point de retour littéraire sur lequel elle ne cesse de revenir » (p. 127).

HARVEY, Carol J. (1991), « Gabrielle Roy, institutrice : reportage et texte narratif », *Cahiers franco-canadiens de l'Ouest*, vol. 3, n° 1, p. 31-41.

Comparaison d'un reportage de 1942, « Pitié pour les institutrices ! » et de *Ces enfants de ma vie*. Sous les traits d'un personnage d'institutrice mémorable, Mlle Estelle, évoquée dans le reportage, se cache peut-être l'auteure elle-même ; l'épisode en question, l'échange de cadeaux de Noël entre maîtresse et élèves, semble avoir été repris et développé dans un des récits de *Ces enfants de ma vie*. Tandis que le reportage dénonce les conditions de vie difficiles des institutrices, les textes de fiction les passent presque sous silence au profit de l'éloge du métier. En revanche, apparaît dans *Ces enfants de ma vie* une critique implicite de la condition féminine et particulièrement de l'asservissement des femmes au rôle maternel. Les préoccupations sociales sont donc présentes dans cet ouvrage tardif, tout comme elles l'étaient dans les reportages et dans *Bonheur d'occasion*.

HARVEY, Carol J. (1992), « La plaine-mer de Gabrielle Roy », Melvin GALLANT (dir.), *Mer et Littérature*, Actes du colloque international « La mer dans les littératures d'expression française du XXe siècle », tenu à l'Université de Moncton les 22, 23 et 24 août 1991, Moncton, D'Acadie, p. 247-255.

Reprise partielle de C. Harvey 1993. Dans plusieurs textes de Gabrielle Roy, la plaine est décrite au moyen de la terminologie maritime, ce qui bouleverse la typologie des éléments (Bachelard) et fait ressortir l'importance de l'élément liquide. La comparaison souligne l'immensité de la plaine, qui évoque le « voyage de la vie » (p. 249). Mais la plaine possède également un versant démoniaque ; elle devient alors symbole de chaos et de mort, surtout à l'occasion des tempêtes. Ainsi, l'espace réel est également hautement métaphorique, la *mimésis* faisant place à la *poésis*. (Voir aussi Collet 1992.)

HARVEY, Carol J. (1994a), « Écriture et récupération dans l'œuvre manitobaine de Gabrielle Roy », André FAUCHON (dir.), *La Production culturelle en milieu minoritaire*, Actes du 13e colloque du Centre d'études francocanadiennes de l'Ouest, tenu au Collège universitaire de Saint-Boniface les 14, 15 et 16 octobre 1993, Winnipeg, Presses universitaires de Saint-Boniface, p. 311-319.

Gabrielle Roy a publié, au début de sa carrière, un grand nombre de nouvelles rédigées en anglais. Le choix du français comme langue d'écriture met fin à cette forme d'aliénation culturelle. Une autre forme d'oppression, celle de la femme par l'homme, se voit contrée par une vie non conventionnelle et par la revalorisation, dans l'œuvre, des capacités créatrices de la mère et de la grand-mère. Dans *Ces enfants de ma vie*, toutefois, un abîme sépare l'institutrice, libre, autonome, instruite, des mères de famille pauvres et aliénées. C'est ce portrait de l'auteure telle qu'elle aurait voulu être qui la venge de l'oppression subie. (Voir aussi Harvey 1993.)

HARVEY, Carol J. (1994b), « Gabrielle Roy et l'espace éclaté », *Cahiers franco-canadiens de l'Ouest*, vol. 6, n° 2, p. 201-214.

Reprise partielle de C. Harvey 1993. Y est rappelée l'importance que revêt le Manitoba chez Gabrielle Roy. Si l'espace manitobain est représenté avec une grande fidélité, il n'en devient pas moins un espace métaphorique, chargé de sentiments et d'émotions, notamment grâce à l'anthropomorphisme. Les symboles sont complexes, la plaine, par exemple, connotant aussi bien la liberté que la fragilité humaine. Le caractère multiethnique de la province donne lieu à un commentaire social sur les préjugés d'« une étonnante modernité » (p. 210). De façon fragmentée, y perce aussi une conscience féministe. (Voir aussi Harvey 1991 et 1993.)

HARVEY, Carol J. (1994c), « Georges Bugnet et Gabrielle Roy : paysages littéraires de l'Ouest canadien », *LittéRéalité*, vol. 6, n° 1, p. 53-67.

Les remarques sur les paysages de Gabrielle Roy reprennent pour l'essentiel les publications de 1992 et de 1993. Les deux auteurs évoqués se trouvent aux antipodes l'un de l'autre, car Bugnet prétend livrer une peinture objective des paysages, tandis que Gabrielle Roy investit les siens d'une haute valeur affective et métaphorique. Sa vision est donc romantique, axée sur la vérité intérieure.

HARVEY, Carol J. (1994d), « Un discours double sur l'autre : *Ces enfants de ma vie* et *La Détresse et l'Enchantement* », Jacques PAQUIN et Pierre-Yves MOCQUAIS (dir.), *Les Discours de l'altérité*, Actes du 12ᵉ colloque du Centre d'études franco-canadiennes de l'Ouest, tenu à l'Institut de formation linguistique les 23 et 24 octobre 1992, Regina, Institut de formation linguistique, University of Regina, p. 115-123.

Dans l'autobiographie de Gabrielle Roy, l'altérité est négative, liée à l'infériorité linguistique, à la pauvreté et à l'histoire malheureuse de l'Acadie, d'où est issue la famille maternelle de l'auteure. Dans *Ces enfants de ma vie,* la détresse psychologique qu'a ressentie Gabrielle Roy est en quelque sorte vengée par le prestige accordé à l'institutrice. Celle-ci dénonce la marginalité des immigrants, exploités économiquement et isolés linguistiquement, et prend parti pour l'« autre » (femme, enfant, immigrant) perçu comme victime. La solution pour les garçons du livre est la fréquentation de l'école, qui favorisera leur intégration sociale ; pour Gabrielle Roy, il s'agit plutôt de refuser la place de « l'autre » dans sa province natale en choisissant de vivre au loin.

HARVEY, Carol J. (1996a), « Gabrielle Roy : l'exil et le retour », Georges CESBRON (dir.), *L'Ouest français et la Francophonie nord-américaine,* Actes du Colloque international de la francophonie, tenu à Angers du 26 au 29 mai 1994, Angers, Presses de l'Université d'Angers, p. 181-186.

En tant que francophone en milieu minoritaire, Gabrielle Roy souffre de troubles identitaires et hésite, au début, entre l'anglais et le français comme langue littéraire.

Même si son œuvre manitobaine est traversée par l'expérience douloureuse de l'exil, elle a su, en choisissant de vivre et d'écrire en français, « effacer les effets aliénants d'une double appartenance » (p. 184) et servir de modèle en « [osant] affirmer son identité française » (p. 185) ; du reste, elle rend hommage, à plusieurs reprises, à la lutte courageuse des Franco-Manitobains pour conserver leur langue. (Voir aussi M. Genuist 1990.)

HARVEY, Carol J. (1996b), « Gabrielle Roy : reporter et romancière », André FAUCHON (dir.), *Colloque international « Gabrielle Roy »*. *Actes du colloque soulignant le cinquantième anniversaire de* Bonheur d'occasion, tenu au Collège universitaire de Saint-Boniface du 27 au 30 septembre 1995, Winnipeg, Presses universitaires de Saint-Boniface, p. 41-52.

Étude de la genèse d'« Un jardin au bout du monde ». La protagoniste de cette nouvelle, Martha, apparaît pour la première fois en 1942, dans un reportage sur les Doukhobors. Il existe trois versions inachevées d'une nouvelle inspirée du même personnage, « Le printemps revient à Volhyn », rédigées au milieu des années 1940. On y lit le récit des derniers mois de la vie de Martha, durant lesquels elle rend visite à sa fille Irina, se lie d'amitié avec d'autres patients, etc. ; à la fin, Martha morte, Irina s'établit dans son village comme maîtresse d'école. La version publiée du texte, qui comporte beaucoup moins de péripéties, insiste davantage sur la dimension spirituelle de la quête de beauté et d'éternité de Martha ; le personnage du mari, de sympathique qu'il était dans les premières versions, se transforme peu à peu en brute. Le prologue de la nouvelle, qui met en scène une réflexion à la première personne sur l'écriture, brouille la distinction entre reportage et fiction. L'espace joue un rôle actif dans ce texte : le jardin est l'adjuvant de Martha, et le vent, son ennemi ; les fleurs du jardin, personnifiées, deviennent un personnage de la nouvelle.

HAYWARD, Annette (1993), « Le roman québécois au féminin avant 1960. "Mère plutôt que femme" », COLLECTIF, *Mises en scène d'écrivains*, Sainte-Foy, Le Griffon d'argile, coll. « Trait d'Union », p. 149-160 (voir p. 154-155).

Brève étude de Rose-Anna et de Florentine. Le terrible affrontement entre les deux femmes, lorsque Rose-Anna se rend compte que sa fille est enceinte, montre que « le lien avec la mère est peut-être pour l'enfant le lien le plus merveilleux et le plus terrifiant/violent » (p. 155). Rose-Anna, en bonne catholique, ne supporte pas l'idée que sa fille célibataire ait eu des relations sexuelles ; comme les protagonistes de la plupart des romans québécois au féminin d'avant 1960, elle « est devenue elle aussi "mère plutôt que femme" » (p. 155). Quant à Florentine, elle commence, à la fin du roman, à s'assumer comme sujet autonome.

HEIDENREICH, Rosmarin (1996), « Le "je" spéculaire : *Rue Deschambault* comme *Bildungsroman* », André FAUCHON (dir.), *Colloque international « Gabrielle Roy ». Actes du colloque soulignant le cinquantième anniversaire de* Bonheur d'occasion, tenu au Collège universitaire de Saint-Boniface du 27 au 30 septembre 1995, Winnipeg, Presses universitaires de Saint-Boniface, p. 477-486.

Texte inclassable mais proche à bien des égards du genre romanesque, *Rue Deschambault* appartient à la tradition du *Bildungsroman,* ou roman d'apprentissage. En effet, le roman ne vise pas à présenter une « tranche de vie » ; ce sont moins les événements qui retiennent l'attention que la marque qu'ils laissent sur la narratrice, ainsi que l'écart entre « je » narrant et « je » narré ; scènes d'action et plongées dans la vie intérieure alternent. Souvent, au lieu de rencontrer l'autre au cours de ses déplacements, Christine prend conscience d'éléments hétérogènes dans son entourage immédiat, comme le logeur noir ou la folie de sa sœur Alicia. Les différences entre le *Bildungsroman* classique et *Rue Deschambault,* surtout l'absence d'une fin totalisante qui explique le sens de toutes les rencontres et de tous les événements vécus, la rareté des voyages ou l'absence d'un conflit entre l'héroïne et les normes sociales, s'expliquent par le fait qu'il s'agit de la réalité d'un sujet féminin. On a donc affaire à un roman d'apprentissage au féminin, qui s'inscrit dans un sous-genre tout en le transgressant pour l'adapter à la réalité des femmes ; à la fin, Christine a une « chambre à soi » et gagne sa vie.

HESSE, Martha Gudrun (1984b), « "There Are No More Strangers" : Gabrielle Roy's Immigrants », *Canadian Children's Literature,* n°s 35-36, p. 27-37.

Les expériences vécues dans l'enfance ont élargi les perspectives de Gabrielle Roy, l'éveillant tôt à la fraternité universelle. D'observatrice qu'elle était dans « Les deux nègres » et « L'Italienne », Christine, narratrice de *Rue Deschambault,* devient protagoniste dans « Wilhelm » ; malgré l'ambivalence de certains membres de son entourage, elle apprend à respecter et à aimer la diversité culturelle. Tous les textes de l'auteure soulignent la vulnérabilité des immigrants, semblable à celle des enfants.

HUFFMAN, Shawn (1997), « L'enfermement et le bref chez Gabrielle Roy, Anne Hébert et Adrienne Choquette », Michel LORD et André CARPENTIER (dir.), *La Nouvelle québécoise au XXe siècle, de la tradition à l'innovation,* Québec, Nuit blanche, p. 73-90.

Le bref, dans la nouvelle, semble produire une atmosphère fermée. Dans « La voix des étangs », nouvelle de *Rue Deschambault,* on peut parler d'un enfermement scripturaire. Les espaces intérieur (le grenier) et extérieur (le marais des grenouilles) s'opposent et amènent la narratrice à échapper à l'enfermement sans pour autant quitter l'espace de la mémoire (celui du grenier). Ensuite, survient un « absorbement », un regard intérieur qui révèle à la narratrice sa double subjectivité d'actrice et d'observatrice et, du coup, sa vocation d'écrivain. Se produit enfin un « desserrement » qui permet à la jeune écrivaine de se diriger vers l'avenir tandis que la narratrice plus âgée part à la recherche de son passé. « Ainsi, l'espace clos du grenier équivaut au "site primitif" de l'écriture et à un dispositif scripturaire des plus dynamiques » (p. 86).

JAKABFI, Anna (1988), « Social and Cultural Issues in Two Canadian Postwar Novels : Gabrielle Roy's *Where Nests the Waterhen* (1950) and Hugh MacLennan's *Each Man's Son* (1951) », Jurak MIRKO (dir), *Cross-Cultural Studies : American, Canadian and European Literatures (1945-1985)*, Ljubljana, Département d'anglais, Filozofska Fakulteta, p. 235-243.

Sont lus ici, en parallèle, *La Petite Poule d'Eau* et *Each Man's Son*, romans dominés par une forte conscience nationale canadienne, mais néanmoins de portée universelle. Gabrielle Roy souligne l'importance des études, même si elles conduisent les enfants à délaisser leurs parents, et idéalise le bonheur de la mère traditionnelle. Luzina est l'incarnation de l'auteure, la Canadienne « pour qui toutes formes de connaissance, d'expérience sont bénéfiques » (p. 240). Roy montre les relations harmonieuses qui s'établissent entre les gens d'ethnies diverses du Nord manitobain. La religion catholique, marquée ici par la tendresse et le sentiment d'appartenance, est une valeur positive. Le style « transparent » (p. 242) de Gabrielle Roy sert bien son propos.

JOACHIM, Sébastien (1980), *Le Nègre dans le roman blanc. Lecture sémiotique et idéologique de romans français et canadiens 1945-1977*, Montréal, Presses de l'Université de Montréal, p. 216-219.

Gabrielle Roy a le mérite de mettre en scène des personnages noirs dans la nouvelle « Les deux nègres », après avoir déploré au passage l'influence du Ku Klux Klan dans *Alexandre Chenevert* ; le point de vue de la narratrice est du reste celui de la fraternité interraciale, que ne recherchent pas nécessairement les personnages du récit. Malgré une certaine fidélité à la réalité historique (emploi de porteur pour le Canadien Pacifique) et une tentative de sortir des idées reçues (ces Noirs affectionnent autant la musique classique que le jazz), on n'en verse pas moins dans les stéréotypes du Noir rieur, amusant, gentil, qui sait rester à sa place. Son passage dans la famille blanche la change peu au fond, si ce n'est que la mère s'inquiète légèrement de l'assiduité du logeur auprès de sa fille.

JONES, Grahame C. (1982), « *Alexandre Chenevert* et *Kamouraska* : une lecture australienne », *Voix et Images*, vol. 7, n° 2, p. 329-341.

Bien qu'ils soient issus de milieux très différents, Alexandre Chenevert et Élisabeth Rolland souffrent de maux très semblables, dont l'insomnie et une profonde solitude, et recherchent désespérément leur identité et le sens de la vie. Tous deux voient une porte de sortie dans l'Amour : la passion remémorée pour Élisabeth, la fraternité humaine pour Alexandre. Tous deux sont, au fond, les créateurs du monde fictif qu'ils habitent : Alexandre par ses méditations philosophiques, que rapporte fidèlement le texte, Élisabeth par sa remémoration du passé. La fin d'*Alexandre Chenevert* semble plus optimiste que celle de *Kamouraska*, à moins que le bonheur dernier d'Alexandre ne soit attribuable aux puissants médicaments qu'on lui administre. Étant donné toutes ces ressemblances entre deux univers par ailleurs si dissemblables, on peut se demander s'il ne s'agit pas d'éléments essentiels de l'imaginaire québécois.

JOUBERT, Ingrid (1996), « Gabrielle Roy : une mythisation de "l'état originaire" ? », André FAUCHON (dir.), *Colloque international « Gabrielle Roy ». Actes du colloque soulignant le cinquantième anniversaire de* Bonheur d'occasion, tenu au Collège universitaire de Saint-Boniface du 27 au 30 septembre 1995, Winnipeg, Presses universitaires de Saint-Boniface, p. 245-256.

Dans l'œuvre royenne, l'eau joue un grand rôle. Comme dans les mythes modernes, et grâce à la créativité féminine de Luzina, *La Petite Poule d'Eau* célèbre le quotidien « à la fois profane et sacré » (p. 247) et le retour au paradis perdu, à la Matrice de la Terre ; Luzina est une Ève bénéfique, qui fait manger à ses enfants les fruits de l'arbre de la connaissance. Dans *La Montagne secrète*, les eaux vives « correspondent à une dynamique de la naissance, où l'initiation mâle passe par le défi cosmique d'un départ vers l'inconnu » (p. 251). L'eau renvoie dans ce contexte au défi, au danger, à la liberté et à l'inspiration artistique. Dans les deux romans à l'étude, Gabrielle Roy transforme les mythes pour tenter de concilier les antinomies originelles.

JUERY, René (1981), « Interprétation de quelques formes des discours de Gabrielle Roy », *Voix et Images*, vol. 6, n° 2, p. 293-317.

On peut parler de « sens indirect » « dès que le rapport entre deux unités linguistiques paraît incongru au lecteur, lequel utilise alors sa compétence linguistique pour modifier le sens premier (direct) en rendant ainsi à la chaîne syntagmatique toute sa pertinence » (p. 293). Cette opération est particulièrement nécessaire pour la lecture de *Cet été qui chantait*, car cette œuvre nous met en présence de petits événements insolites du monde naturel, laissant entendre qu'il y a perméabilité entre l'univers du réel et celui de l'imaginaire. En effet, nous sommes souvent placés devant des comportements animaux que le narrateur-témoin essaie d'interpréter, le plus souvent en les assimilant à des réactions humaines ; en même temps, les nombreuses marques d'hésitation font partager au lecteur l'incertitude du narrateur et l'associent au travail d'interprétation et d'ordonnancement de l'univers. En définitive, l'entreprise de connaissance dont il s'agit est l'exploration de soi ; le narrateur cherche à s'imposer comme un interprète hors pair des signes que lui envoie la réalité, mais craint de se tromper ou de ne pas être cru. On peut donc parler d'« un été qui a plutôt mal chanté » (p. 317).

JUKPOR, Ben (1989), « *La Route d'Altamont* de Gabrielle Roy : la recherche de soi », Gratien ALLAIRE, Gilles CADRIN et Paul DUBÉ (dir.), *Écriture et Politique*, Actes du 7ᵉ colloque du Centre d'études franco-canadiennes de l'Ouest, tenu à la Faculté Saint-Jean les 16 et 17 octobre 1987, Edmonton, Institut de recherche de la Faculté Saint-Jean, University of Alberta, p. 23-34.

La quête identitaire de Gabrielle Roy (et de Christine, son double fictif) naît du sentiment d'isolement qu'elle a éprouvé toute jeune en tant qu'enfant non désirée, sentiment qui l'a conduite à rechercher un endroit où elle serait enfin chez elle. Dans *La Route d'Altamont*, cette recherche de soi prend une double forme physique et psychique. La première se traduit par un sentiment de hâte par rapport au temps qui fuit ; la deuxième est liée à la prise de conscience du sens de la vie et de la mort et à la recherche de l'unité du monde, du temps et des êtres. Cependant, les deux recherches sont étroitement liées, et « le passé et l'avenir se rejoignent au présent dans l'aboutissement de la recherche de soi que constitue l'œuvre écrite » (p. 34).

KAHANE, Henry, et Renée KAHANE (1994), « The Autobiography as Linguistic Historiography : Gabrielle Roy's Self-Portrait of a French-Canadian », Richard BAUM *et al.* (dir.), *Lingua et Tradition. Geschichte der Sprachwissenschaft und der neueren Philologien*, Tübingen, Günter Narr Verlag, p. 883-887.

Le thème qui domine l'autobiographie de Gabrielle Roy est celui de la survie de la langue française en milieu minoritaire. Ce contexte linguistique a fortement marqué les vues politiques de l'auteure. Ainsi, *La Détresse et l'Enchantement* raconte surtout l'histoire d'une rencontre avec la langue française. Le livre constitue, pour cette raison, un précieux document sociolinguistique.

KAPETANOVICH, Myo (1982), « Gabrielle Roy : *Ces enfants de ma vie* », *L'État de la recherche et de la vie française dans l'Ouest canadien*, Actes du 1ᵉʳ colloque du Centre d'études franco-canadiennes de l'Ouest, tenu au Collège universitaire de Saint-Boniface, les 20 et 21 novembre 1981, Saint-Boniface, Centre d'études franco-canadiennes de l'Ouest, p. 39-46.

Gabrielle Roy n'a écrit toute sa vie qu'un seul et même roman, une autobiographie élitiste aux allures de conte de fées, œuvre asexuée, profondément enfoncée dans le rêve, dans un romantisme suranné et dans un refus de l'âge mûr et de l'engagement. En même temps, elle se complaît dans « l'étalage du répugnant et du convulsif » (p. 43). Dans *Ces enfants de ma vie*, les enfants, plutôt amorphes, sont autant de prétextes à faire valoir la narratrice, sorte d'idole dont ils tombent fatalement amoureux, « comme s'il y avait derrière cet acharnement à dompter le mâle tout un attirail de chauvinisme féministe » (p. 44).

KAPETANOVICH, Myo (1990), « *Alexandre Chenevert* de Gabrielle Roy et les contradictions de son humanisme », Pierre-Yves MOCQUAIS (dir.), *L'Ouest canadien et l'Amérique française*, Actes du 8ᵉ colloque du Centre d'études franco-canadiennes de l'Ouest, tenu au Centre d'études bilingues les 21 et 22 octobre 1988, Regina, Centre d'études bilingues, University of Regina, p. 251-258.

Sous l'influence de l'existentialisme, Gabrielle Roy présente des personnages « sans promesse, sans boussole et sans aucune volonté de vivre d'une manière authentique » (p. 251). Alexandre se complaît dans le malheur, le sien comme celui du monde entier, a des tendances suicidaires prononcées, vit la douleur de manière morbide et s'est fait de la religion catholique une image sadomasochiste ; bref, il est le reflet de la « marginalité intellectuelle » (p. 253) dans laquelle se complaît l'auteure, dont la réputation d'humaniste est largement surfaite. Comme tous les Franco-Canadiens, voire tous les Nord-Américains, de son époque, elle est incapable de se libérer du jansénisme qui la pousse à exprimer « son refus littéraire de vivre » (p. 258).

KAPETANOVICH, Myo (1991a), « L'appel et le défi des grands espaces dans *La Montagne secrète* de Gabrielle Roy », Jean-Guy QUENNEVILLE (dir.), *À la mesure du pays*, Actes du 10ᵉ colloque du Centre d'études franco-canadiennes de l'Ouest, tenu à St. Thomas More College les 12 et 13 octobre 1990, Saskatoon, Unité de recherche pour les études canadiennes-françaises (St. Thomas More College), University of Saskatchewan, p. 165-179.

Comme l'ensemble de l'œuvre royenne, *La Montagne secrète* participe d'une conscience de l'absurde camusien. Pierre est un Sisyphe malheureux sans mission sociale ni sentiment de solidarité humaine. L'ampleur des privations que consent Pierre, le caractère sacrificiel de sa quête artistique ainsi que sa hantise de la culpabilité lient l'œuvre royenne au « dieu caché » janséniste. Ainsi, « le chemin vers la montagne secrète est un calvaire paradoxal » (p. 168), car plus l'art est sacralisé, plus le créateur est voué à l'échec : l'œuvre n'est belle qu'à l'instant où elle se perd à tout jamais. Dans son « ambition sans mesure » (p. 170), dans son rejet des liens humains, Pierre est sans doute un avatar de l'auteure, mais aussi son « bouc émissaire » (p. 174).

KAPETANOVICH, Myo (1991b), « *Bonheur d'occasion*, faute d'évasion », *Cahiers franco-canadiens de l'Ouest*, vol. 3, nᵒ 1, p. 97-122.

Sous des dehors de roman social, *Bonheur d'occasion* est une œuvre essentiellement autobiographique qui, loin de renfermer une dénonciation socio-politique, étale un discours de misère. Personne ne trouve d'issue, hormis la narratrice, qui éprouve, à enfoncer ses personnages dans un malheur auquel elle seule parvient à échapper, une gratification narcissique intense. Écrasés par l'instance narrative, aussi arrogante que le Dieu janséniste dont l'ombre plane sur le texte, les personnages ne sont que des pantins ou des fragments de la personnalité de l'auteure, Rose-Anna symbolisant par exemple son « attitude dictatoriale » (p. 103), Florentine incarnant son ambition effrénée. À travers les figures d'Azarius et de Jean Lévesque, l'auteure se livre « à une condamnation du mâle en général » (p. 99) ; ce qu'on a cru être son féminisme n'est qu'une autre facette de son discours misérabiliste. Faisant régner la confession et la démission plutôt que la contestation, le roman est le reflet d'« une appartenance frustrante à une minorité canadienne-française qui se complaît dans sa marginalité » (p. 122).

KAPETANOVICH, Myo (1992), « *La Rivière sans repos* de Gabrielle Roy », Gratien ALLAIRE, Paul DUBÉ, Gamila MORCOS (dir.), *Après dix ans… bilan et prospective*, Actes du 11ᵉ colloque du Centre d'études francocanadiennes de l'Ouest, tenu à la Faculté Saint-Jean les 17, 18 et 19 octobre 1991, Edmonton, Institut de recherche de la Faculté Saint-Jean, University of Alberta, p. 63-76.

Comme les autres romans de Gabrielle Roy, *La Rivière sans repos* est un texte apolitique, empreint du jansénisme de l'auteure, qui enfonce toujours plus loin dans la misère et la solitude ses personnages, victimes passives qui vont de déchéance en abjection, dans une « version esquimaude de l'enfer » (p. 67). La sexualité et la maternité sont ici condamnées sans appel, tout comme la relation mère-fille, qui baigne dans le sadomasochisme. La culpabilité de l'auteure envers sa mère abandonnée trouve son reflet exacerbé dans le départ de Jimmy, le fils d'Elsa.

KASPER, Louise Renée (1996), « Le voyage au bout de la mémoire : la tapisserie textuelle de *La Route d'Altamont* », André FAUCHON (dir.), *Colloque international « Gabrielle Roy ». Actes du colloque soulignant le cinquantième anniversaire de* Bonheur d'occasion, tenu au Collège universitaire de Saint-Boniface du 27 au 30 septembre 1995, Winnipeg, Presses universitaires de Saint-Boniface, p. 257-270.

La Route d'Altamont est « une tapisserie textuelle à travers laquelle le souvenir tisse la trame du deuil et du désir » (p. 257). Ce sont justement le deuil et le désir, plutôt que la volonté, qui font affluer les souvenirs et transforment le regard qu'on porte sur les choses. Plus précisément, le livre est marqué de bout en bout par le travail du deuil, qui permet à l'auteure de « libérer en elle les puissances créatrices de son désir » (p. 263). Comme la mère et la grand-mère sont d'authentiques créatrices, la fille s'inscrit tout naturellement dans une lignée de femmes artistes. (Voir aussi Saint-Martin 1990.) On rejoint les êtres perdus, non pas dans le temps, mais dans l'espace de la création ; la mémoire, en revalorisant l'héritage féminin, nourrit l'activité artistique. (Voir aussi Harvey 1993.)

KNOWLER, Diane (1996), « Deux voyageuses dans l'espace manitobain », André FAUCHON (dir.), *Colloque international « Gabrielle Roy ». Actes du colloque soulignant le cinquantième anniversaire de* Bonheur d'occasion, tenu au Collège universitaire de Saint-Boniface du 27 au 30 septembre 1995, Winnipeg, Presses universitaires de Saint-Boniface, p. 299-311.

Christine, dans *La Route d'Altamont*, et Luzina, dans *La Petite Poule d'Eau*, sont toutes deux assoiffées de voyages. À la lumière d'Essar 1985, qui note que les mouvements horizontaux ou verticaux font avancer l'action romanesque, on peut analyser chacun des déplacements de Christine. Luzina, elle, fait des voyages où fusionnent l'horizontal et le vertical ; s'observent les différentes étapes notées par Essar (ennui et chaleur, départ, montée, vertige, transformation), mais dans un ordre différent, alors que le trajet de sa fille, Joséphine, obéit davantage au schéma.

KWATERKO, Józef, « La problématique interculturelle dans *Alexandre Chenevert* de Gabrielle Roy », *University of Toronto Quarterly,* vol. 63, n° 4, p. 566-574.

Alexandre Chenevert est l'un des rares romans québécois des années 1950 où émerge une problématique interculturelle. Victime des discours médiatiques, Alexandre ne peut intégrer l'altérité qu'en se rabattant sur des stéréotypes (dont celui du « bon » et du « mauvais » Juif). La différence culturelle est donc perçue, dans un premier temps, de manière simpliste ou faussement exotique. Il y a un décalage entre les intentions d'Alexandre, qu'habite un désir de solidarité universelle, et ses actions face aux étrangers, marquées par l'attirance, mais aussi par la méfiance et l'absence de sympathie. En revanche, l'auteure échappe à l'ethnocentrisme ; le séjour au lac Vert s'accompagne d'une parodie du discours nationaliste traditionnel. À la fin du roman, Alexandre est convaincu des vertus du cosmopolitisme, mais le brouillage des signes culturels en milieu urbain fait de lui un être aliéné. Dans ce contexte, le Canadien français devient un parfait minoritaire, non pas face au Canadien anglais, mais parce qu'il se définit lui-même comme immigrant dans son lieu d'origine. L'étranger est donc signe à la fois d'une présence réelle, mais refusée, et d'une absence, d'un rêve utopique. Par sa dénonciation de la domination de l'anglais, par son portrait de l'aliénation urbaine, Gabrielle Roy annonce ici Gaston Miron et Paul Chamberland.

LABONTÉ, René (1982), « Gabrielle Roy, journaliste, au fil de ses reportages (1939-1945) », *Studies in Canadian Literature,* vol. 7, n° 1, p. 90-108.

La production journalistique de Gabrielle Roy est d'une qualité exceptionnelle et annonce la plupart des traits thématiques et stylistiques de l'œuvre. Parmi les thèmes précoces, se trouvent le progrès, la rêverie, la dualité, l'arbre solitaire, le déchirement entre mobilité et enracinement, le désir de fraternité. Du point de vue stylistique, les reportages se démarquent par la richesse de leur vocabulaire, par le recours fréquent aux images et aux métaphores ainsi qu'à la personnification, par les inversions grammaticales de même que par l'humour et l'ironie. Les reportages ressemblent déjà à des textes de fiction par l'importance accordée aux émotions et aux ambiances ainsi qu'aux personnages : on peut parler en fait d'un genre particulier, le « reportage-empathie » (p. 107). Plusieurs personnages de l'œuvre (Mlle Côté, Martha) se trouvent déjà esquissés dans ces textes. Bref, les reportages révèlent déjà l'écrivain.

LACOMBE, Michèle (1981), « The Origins of *The Hidden Mountain* », *Canadian Literature*, n° 88, p. 164-166.

On pourra mieux comprendre *La Montagne secrète* si on y voit une transposition des événements de la vie du peintre René Richard, à un détail près : le dénouement de l'histoire. Le tempérament de Pierre Cadorai ressemble davantage à celui de Gabrielle Roy qu'à celui de René Richard, ce qui explique le pessimisme et le ton souvent tragique du roman ainsi que l'échec final de Pierre, là où René Richard a connu la réussite et la célébrité. À la différence de Pierre, René Richard est rentré d'exil, passant de la solitude et de la privation à une vie « de communauté et de communication » (p. 165).

LAFONTAINE, Cécile (1986), « L'Étrangère. Gabrielle Roy's Search for Home », *Canadian Forum*, vol. 66, n° 759, p. 16-22.

Bien que de nombreux francophones de l'Ouest canadien l'aient considérée en quelque sorte comme leur « représentante officielle », Gabrielle Roy a malheureusement refusé de servir de championne ou de porte-parole de cette collectivité. Toute sa vie, elle a souffert de vivre en étrangère, tenue à distance aussi bien par les anglophones canadiens que par les Québécois, qui ont « trahi » (p. 22) les francophones hors Québec. L'intérêt manifesté envers les immigrants traduit aussi bien une réticence à évoquer le sort des Canadiens français que l'émergence d'une certaine solidarité entre les groupes marginalisés au sein de la culture dominante. La disparition progressive des personnages canadiens-français au profit de protagonistes immigrants est le fidèle reflet de l'histoire des francophones de l'Ouest canadien.

LAFONTAINE, Thérèse (1986), « Le vocabulaire de l'embarras d'argent dans *La Détresse et l'Enchantement* », Monique GENUIST, Paul GENUIST, Frann HARRIS et Jean-Guy QUENNEVILLE (dir.), *Héritage et Avenir des francophones de l'Ouest*, Actes du 5e colloque du Centre d'études franco-canadiennes de l'Ouest, tenu à St. Thomas More College les 18 et 19 octobre 1985, Saskatoon, University of Saskatchewan, p. 53-63.

Le thème de la pauvreté, lié aux mères royennes, puisque c'est la mère qui vit au quotidien les problèmes d'argent, marque l'œuvre du début à la fin. Le langage de Rose-Anna, fait de lamentations et de rabâchages, est celui même de Mélina Roy. La pauvreté est ici une forme d'emprisonnement, qui enferme le personnage dans un cercle clos ; perce quand même, dans le langage qui l'évoque, l'espoir de s'en sortir grâce à de patients efforts. Même si elle pêche parfois par excès de mièvrerie, Gabrielle Roy a trouvé, pour parler de la pauvreté, le ton juste. L'écriture devient d'ailleurs le moyen ultime de se venger de la misère.

LAMARRE, Sylvie (1996), « Le secret de *La Montagne secrète* : une quête de la mère », *Cahiers franco-canadiens de l'Ouest*, vol. 8, nº 2, p. 181-199.

Au niveau manifeste de *La Montagne secrète*, Gabrielle Roy adhère à l'équivalence symbolique homme-création et femme-procréation, omniprésente dans notre culture, et présente l'art comme étant l'apanage des hommes ; à la différence de ce qui se passe dans ses autres livres, les personnages féminins sont pour l'essentiel absents. Mais sous cette intrigue de surface, se cache le même roman familial au féminin que dans les autres écrits de Gabrielle Roy, doublé d'une vision au féminin de la société et de la création. La maternité et le mariage, qui sont un piège cruel, font l'objet d'une vive dénonciation ; le personnage de Nina incarne la femme dépouillée de son pouvoir créateur par la culture patriarcale. En revanche, la quête artistique se double d'une quête de la mère préœdipienne, autrement dit de la mère puissante, non aliénée par la culture, que symbolise la Montagne. Créer, c'est donc renouer avec cette mère préœdipienne pour récupérer le pouvoir perdu avec l'entrée dans la culture. Toute cette réflexion, ainsi que la présence latente de ce roman familial au féminin lié à la quête de la mère préœdipienne, annonce la quête de la Déesse-mère des écrits féministes des années 1970 et 1980 et permet de rétablir les liens entre *La Montagne secrète* et le reste de l'œuvre du point de vue de la critique au féminin.

LAMARRE, Sylvie (1997), « Être ou ne pas être femme. Là est la question de la femme qui crée dans *La Montagne secrète* de Gabrielle Roy », *Francophonies d'Amérique*, nº 7, p. 31-42.

Les représentations culturelles dominantes lient les hommes à la transcendance et à la création, tandis que les femmes se voient confinées dans la contingence et dans la procréation. Au niveau manifeste de *La Montagne secrète*, Gabrielle Roy semble adhérer à cette vision : elle met en scène un homme, Pierre Cadorai, dès qu'il s'agit de représenter l'artiste à l'œuvre. Pourtant, une intrigue submergée révèle les conflits intérieurs qui déchirent la créatrice. Par l'intermédiaire des figures jumelées de Nina (double de Mélina Roy) et du vison, Gabrielle Roy montre que le mariage et la maternité sont, pour la femme, un piège qui l'éloigne définitivement de la liberté et de la création. Pour devenir artiste, une femme doit alors renoncer non pas seulement à sa mère mais aussi à la femme en elle-même, à la sexualité et à la maternité, puisque « être artiste, c'est ne pas être femme, et être femme, c'est ne pas être artiste » (p. 39). La créatrice devient dès lors un être isolé ; elle se voit coupée des autres femmes, qui lui inspirent pourtant compassion et solidarité, sans s'intégrer pour autant au groupe des hommes. Ce fait expliquerait la curieuse asexualité de Pierre, résultat logique du refus de s'identifier à Nina, symbole au fond du sort féminin négatif à rejeter. Le « paradis terrestre » dont rêve Pierre pourrait bien être cette terre nouvelle où les hommes et les femmes vivraient en égaux, archétype persistant de l'écriture des femmes. Le féminisme de Gabrielle Roy ressort donc clairement de cette œuvre nettement plus engagée et plus combative qu'on ne l'a laissé entendre jusque-là.

LAROUCHE, Irma (1984), « Présentation du Fonds Gabrielle-Roy, 1909-1983 », *Études littéraires,* vol. 17, n° 3, p. 589-593.

Inventaire sommaire des documents inédits conservés à la Bibliothèque nationale du Canada.

LAVOREL, Guy (1996), « Conversion et pluralité : le parcours initiatique de *La Petite Poule d'Eau* », André FAUCHON (dir.), *Colloque international « Gabrielle Roy ». Actes du colloque soulignant le cinquantième anniversaire de* Bonheur d'occasion, tenu au Collège universitaire de Saint-Boniface du 27 au 30 septembre 1995, Winnipeg, Presses universitaires de Saint-Boniface, p. 83-93.

Chacun, dans *La Petite Poule d'Eau,* vit un parcours initiatique en trois temps. D'abord, on découvre la pluralité : pluralité des espèces et des lieux naturels, pluralité des attraits urbains, pluralité des enseignants se succédant dans l'île, pluralité ethnique enfin. Ensuite, on fait l'expérience de la « conversion obligée » (p. 87) : modernisation technique, instruction, départ des enfants. Ici, l'auteure montre un certain « pessimisme fataliste » (p. 90) en notant l'effet uniformisant du progrès et la nostalgie du passé. Enfin, on acquiert la connaissance livresque et humaine par le biais de la transmission ; bien que l'apprentissage des enfants les conduise à abandonner leur mère, celle-ci ne perd rien de ses qualités morales.

LECOMTE, Guy (1996), « *La Petite Poule d'Eau* : élection et exclusion, l'innocence problématique », André FAUCHON (dir.), *Colloque international « Gabrielle Roy ». Actes du colloque soulignant le cinquantième anniversaire de* Bonheur d'occasion, tenu au Collège universitaire de Saint-Boniface du 27 au 30 septembre 1995, Winnipeg, Presses universitaires de Saint-Boniface, p. 95-106.

Tout au long de *La Petite Poule d'Eau* se déploient des forces centrifuges, qui font de l'île le centre du monde, et des forces centripètes, qui conduisent les enfants à abandonner l'île. Luzina, qui passe « de l'élection à l'exclusion » (p. 104), se trouve privée d'avenir. L'île est un refuge, mais le « paradis terrestre » de Gabrielle Roy diffère des utopies de Platon et de More en ce que Roy n'abandonne pas le réalisme géographique et psychologique ; des éléments de discorde troublent la paix et l'innocence de l'île.

LENNOX, John (1988), « "Metaphors of Self" : *La Détresse et l'Enchantement* », K. P. STICH (dir.), *Reflections : Autobiography and Canadian Literature,* Ottawa, University of Ottawa Press, coll. « Reappraisals : Canadian Writers », n° 4, p. 69-78.

À partir de l'idée que l'autobiographie est un réseau de « métaphores du moi » (James Olney), sont étudiés les titres des deux parties de *La Détresse et l'Enchantement.* Le premier, « Le bal chez le gouverneur », renvoie au sentiment d'exclusion qu'ont éprouvé les Franco-Manitobains et suggère le motif de privation et de triomphe associé à Cendrillon. Le deuxième titre, « Un oiseau tombé sur le seuil », rappelle une métaphore récurrente dans l'écriture des femmes (Ellen Moers). Par ailleurs, le paysage manitobain, la notion de patrie et d'exil, évoqués dans la première partie du livre, sont fortement féminisés, alors que la deuxième partie se caractérise par la présence de figures masculines marquantes. Même alors, Gabrielle Roy continue de trouver refuge auprès des femmes (Esther, Ruby) dans des paysages féminisés. Les deux métaphores sont liées à un monde fantasmatique enfantin, marqué par un sentiment de désir et de vulnérabilité. L'autobiographie décrit donc une longue dépendance et un mûrissement tardif qui aboutit enfin à la naissance de la vocation artistique.

LEVASSEUR, Jean (1991), « La quête des racines par l'exil : étude comparée de *De quoi t'ennuies-tu, Éveline?* (196…) de Gabrielle Roy et de *Volkswagen Blues* (1984) de Jacques Poulin », Marie-Lyne PICCIONE (dir.), *Un pays, une voix, Gabrielle Roy*, Actes du colloque du Centre d'études canadiennes de l'Université de Bordeaux, tenu les 13 et 14 mai 1987, Bordeaux-Talence, La Maison des sciences de l'homme d'Aquitaine, p. 37-46.

Les deux récits étudiés se ressemblent dans la mesure où ils mettent en scène un personnage qui se rend en Californie, à la recherche d'un frère disparu depuis longtemps, mais aussi en quête de sa propre identité. Chez Gabrielle Roy, le voyage permet de laisser défiler les souvenirs et d'établir une communauté universelle, tandis que, chez Jacques Poulin, il s'accompagne d'une perte de toute illusion quant aux héros de la jeunesse ; ainsi, à mesure que le récit se déroule, la figure du frère prend des dimensions mythiques chez Gabrielle Roy et perd son prestige chez Jacques Poulin. Si Éveline se réalise grâce au voyage, Jack et Pitsémine, eux, ont à réinventer leur identité après la destruction des héros. Les différences entre les deux récits s'expliquent par le contexte sociohistorique de l'époque de leur rédaction.

L'HÉRAULT, Pierre (1989), « Le récit maternel acadien, principe organisateur du temps et de l'espace ou *Bonheur d'occasion* lu à la lumière de *La Détresse et l'Enchantement* », Maïr VERTHUY (dir.), *L'Espace-temps dans la littérature, Les Cahiers de l'Association des professeurs de français des universités et collèges canadiens (APFUCC)*, série 3, n° 2, p. 53-75.

Grâce à son appartenance, par le biais de la filiation maternelle, à la tradition de l'errance acadienne, « où la patrie n'est jamais ce qu'elle est imaginée » (p. 56), Gabrielle Roy a renouvelé la vision que le Québec s'est donnée de lui dans sa littérature. Présent de manière explicite dans *La Détresse et l'Enchantement*, le récit acadien joue aussi son rôle dans *Bonheur d'occasion*, dans lequel Jean Lévesque, comme plus tard Gabrielle Roy, se jure de quitter le « lieu de son infériorité » pour l'espace de l'errance. La rupture d'avec la mère qui survient ensuite n'est que temporaire, puisque l'auteure renoue avec le récit maternel acadien, rompant par le fait même avec le récit paternel et patriarcal, celui de l'exil. La marginalité acadienne, véhiculée par la mère et la grand-mère, coïncide dès lors avec une perspective féministe et avec une résistance. L'errance n'est pas uniquement une dépossession ; elle est aussi une ouverture vitale, car l'auteure s'invente une identité multiple, éclatée, transgressive. On ne peut donc admettre, comme le fait François Ricard, que l'errance correspond à l'enfer, et l'appartenance, au paradis. De façon rétroactive, on voit ainsi, dès *Bonheur d'occasion*, un « acte de transgression qui vient secouer la vision territoriale et patriarcale traditionnelle ».

L'HÉRAULT, Pierre (1991), « Pour une cartographie de l'hétérogène : dérives identitaires des années 1980 », Sherry SIMON *et al.* (dir.), *Fictions de l'identitaire au Québec*, Montréal, XYZ, p. 55-114 (voir p. 99-102).

Version abrégée de L'Hérault 1989 en ce qui concerne Gabrielle Roy.

L'HÉRAULT, Pierre (1994), « Figurations spatiales de l'altérité chez Antonio D'Alfonso, Gabrielle Roy et Jacques Ferron », *Protée*, vol. 22, n° 1, p. 45-52.

Chez les trois auteurs étudiés, l'espace est perçu comme « un lieu d'échanges de mémoires plurielles et fracturées » (p. 46) où l'on voit apparaître de façon insistante l'altérité et l'étrangeté. En ce qui concerne Gabrielle Roy, l'errance problématise la question identitaire, car il a fallu à l'auteure un double déplacement physique et linguistique (départ du Manitoba, séjour en Angleterre) pour découvrir sa vocation ; son parcours d'artiste s'inscrit donc sous le signe de l'errance. Gabrielle Roy crée un espace pluriel, lieu de coexistence de mémoires et d'identités multiples. *Bonheur d'occasion* fait échapper l'espace urbain « à la clôture du même » (p. 48) et annonce l'écriture migrante. Quant à l'autobiographie, « peu de textes de la littérature québécoise canonique intériorisent à ce point la figure de l'autre, jusqu'à se laisser glisser en elle » (p. 48).

LIVESAY, Dorothy (1983), « Two Women Writers : Anglophone and Francophone », Satendra NANDAN (dir.), *Language and Literature in Multicultural Contexts*, The Association for Commonwealth Language and Literature Studies Fifth Triennial Conference Proceedings, Suva (Fiji), The University of South Pacific and ACLALS, p. 234-239.

Ce qui réunit surtout Gabrielle Roy et Margaret Laurence, deux femmes du Manitoba, c'est leur intérêt pour les autres ethnies et leur croyance en une fraternité universelle ; cependant, la première paraît plus résignée et plus poétique et la seconde, plus révoltée et plus réaliste.

LORD, Marie-Linda (1994), « Dans *La Détresse et l'Enchantement* de Gabrielle Roy, la chambre est un espace d'intégration psychique », *Francophonies d'Amérique*, n° 4, p. 97-105.

L'autobiographie présente en tout 17 chambres, qui constituent autant d'étapes d'une quête spirituelle. Du point de vue de l'auteure, ces chambres permettent de reconstituer le cheminement initiatique de la jeune femme qu'elle fut ; de celui de la narratrice, elles servent à montrer l'influence qu'exercent l'un sur l'autre le milieu et la vie intérieure ; de celui du personnage, elles dévoilent le sens caché du texte, à savoir les rapports à la chambre comme métonymie du rapport à la mère, à la fois rassurant et étouffant. Ainsi, « à l'instar du livre, la chambre est autobiographique » (p. 105) en ce sens qu'elle est un espace psychique autant que physique.

MacDONELL, Alan (1994), « La métaphore du paysage chez Gabrielle Roy », André FAUCHON (dir.), *La Production culturelle en milieu minoritaire*, Actes du 13e colloque du Centre d'études franco-canadiennes de l'Ouest, tenu au Collège universitaire de Saint-Boniface les 14, 15 et 16 octobre 1993, Winnipeg, Presses universitaires de Saint-Boniface, p. 321-329.

En règle générale, le paysage manitobain chez Gabrielle Roy est métaphorique, la valeur symbolique des lieux prenant souvent le pas sur l'effet de réel (voir aussi Blodgett 1980, May 1991, Harvey 1982 et 1993) ; par exemple, les collines symbolisent le bonheur du foyer ou les origines perdues, mais évoquent aussi une sécurité excessive, étouffante. Les collines et les montagnes sont idéalisées « au point où on les distingue à peine des paysages européens » (p. 326). D'ailleurs, ces lieux disparaissent tôt, au profit d'un monde de valeurs universelles. Enfin, la métaphore du paysage montre que Gabrielle Roy a échappé à sa condition de minoritaire par le choix courageux de l'écriture, qui a entraîné à l'égard des siens un abandon, « une trahison féconde » (p. 329).

MacDONELL, Alan (1996), « La métaphore narrative : "L'alouette" de Gabrielle Roy », André FAUCHON (dir.), *Colloque international « Gabrielle Roy ». Actes du colloque soulignant le cinquantième anniversaire de* Bonheur d'occasion, tenu au Collège universitaire de Saint-Boniface du 27 au 30 septembre 1995, Winnipeg, Presses universitaires de Saint-Boniface, p. 487-495.

Gabrielle Roy utilise souvent des métaphores réitérées, en les modifiant progressivement pour en tirer de multiples effets de sens. Dans la nouvelle « L'alouette », l'image initiale, celle de l'oiseau lié au chant et à la liberté, s'altère quelque peu lorsqu'il devient apparent que la narratrice redoute la découverte du talent de Nil ; bientôt, apparaît dans le texte une métaphore opposée, celle de la prison. La confrontation de ces deux métaphores nous incite à lire le texte « non comme le récit d'un garçon qui chante à merveille, mais comme une dialectique entre la liberté et le destin » (p. 489), et laisse entendre que la narratrice exploite le don de Nil à ses propres fins. Le bonheur final, le double chant de Nil et de sa mère, « ne peut survivre que dans le domaine du virtuel, qui est précisément le domaine de la métaphore royenne » (p. 495).

MAINDRON, André (1991), « "Quand donc ai-je pris conscience ?"… », Marie-Lyne PICCIONE (dir.), *Un pays, une voix, Gabrielle Roy,* Actes du colloque du Centre d'études canadiennes de l'Université de Bordeaux, tenu les 13 et 14 mai 1987, Bordeaux-Talence, La Maison des sciences de l'homme d'Aquitaine, p. 11-19.

L'étude des premières pages de l'autobiographie de Gabrielle Roy met en lumière un jeu temporel complexe : de multiples passages fluides entre le passé simple pour les actions achevées, l'imparfait itératif, le passé composé pour les faits ayant encore une incidence sur la narratrice, et un présent qui est à la fois celui de l'écriture et celui de l'être dans sa permanence. À la différence des Beauvoir, Sarraute, Leduc, Gabrielle Roy n'ancre pas son récit dans une époque précise. Son indignation de Canadienne française brimée dans sa langue et sa culture la place dans la lignée des autobiographes romantiques tout en la rapprochant d'Antonine Maillet qui, elle aussi, s'intéresse au sort de la collectivité francophone en Amérique ; le bonheur que lui donne la nature rappelle Rousseau. Enfin, c'est la détresse de sa mère qui inspire à Gabrielle Roy le désir d'écrire, ce qui lui évite de sombrer dans le nombrilisme de ceux qui se bornent à chanter leur Moi.

MAINDRON, André (1996), « Père et fille », André FAUCHON (dir.), *Colloque international « Gabrielle Roy ». Actes du colloque soulignant le cinquantième anniversaire de* Bonheur d'occasion, tenu au Collège universitaire de Saint-Boniface du 27 au 30 septembre 1995, Winnipeg, Presses universitaires de Saint-Boniface, p. 641-652.

Comme Marguerite Yourcenar dans *Les Mémoires d'Hadrien,* Gabrielle Roy, dans *La Détresse et l'Enchantement,* adopte le point de vue de l'être qui, parvenu à la fin de sa vie, tente d'en saisir la totalité. Dans cette reconstitution apparaît la figure d'un père solitaire, élevé dans la misère et en proie à de cruelles déceptions à l'âge mûr. Mais en imaginant son père avide, comme elle-même, d'affection et prenant pour le cacher un air sévère, Roy récrit le passé et se rapproche de son père en manipulant quelque peu les faits. Certaines figures masculines de l'œuvre, comme le capucin de Toutes-Aides et M. Saint-Hilaire, traduisent une volonté de rendre hommage à celui que, jeune, on n'a pas su comprendre ; en revanche, en brossant le portrait de Father Perfect dans son jardin d'Éden, Gabrielle Roy a condamné sans appel son propre père, « ce damné de la terre » (p. 649).

MARAZZA, Camillo (1992), « De la détresse à l'enchantement : notes sur l'autobiographie de Gabrielle Roy », *Francofonia. Studi e ricerche sulle letterature di lingua francese,* n° 22, p. 121-129.

Lecture commentée de l'autobiographie, qui accorde une attention particulière à la situation linguistique de la Franco-Manitobaine plongée en milieu anglais, ainsi qu'à son séjour en Europe, qui lui a permis de rester fidèle à ses origines tout en s'ouvrant à des questions d'une portée universelle. Si la détresse vient surtout de la pauvreté, l'enchantement naît avant tout, comme chez Proust, de la capacité de recréer la vie grâce à l'écriture.

MARCOTTE, Gilles (1989), « *Bonheur d'occasion* et le "grand réalisme" », *Voix et Images*, vol. 14, n° 3, p. 408-413.

Selon le concept de « grand réalisme » élaboré par Georg Lukács, le romancier authentique éclaire les grandes questions de son époque, auxquelles il confère une dimension épique. Le grand réalisme ne peut surgir qu'à la faveur de bouleversements mettant en place des forces antagonistes, ici Jean Lévesque, incarnation du monde industriel dominé par l'ambition, et Rose-Anna, symbole des valeurs familiales traditionnelles. De tous les personnages, seule Florentine se rapproche du « type » au sens de Lukács, personnage qui incarne le mouvement historique dans la mesure où il porte en lui à la fois l'ancien et le nouveau. Mais, la société québécoise de son époque étant fondée sur des valeurs dépourvues de grandeur, elle n'a pas l'envergure du personnage balzacien, par exemple. Comme il est inhabituel de faire porter ainsi à un personnage féminin, frêle de surcroît, le poids de la transformation sociale, on peut s'interroger sur les raisons de ce choix.

MARCOTTE, Gilles (1997), « "Restons traditionnels et progressifs", disait Onésime Gagnon », *Études françaises* (« *Le Survenant* et *Bonheur d'occasion* : rencontre de deux mondes »), vol. 33, n° 3, p. 5-13.

À la différence d'autres bons romans parus en 1945 et qui n'ont pas eu le même retentissement, *Bonheur d'occasion* et *Le Survenant* ont en commun de ne pas porter les marques textuelles de la modernité littéraire ; ils donnent plutôt l'impression réconfortante d'être en prise directe sur la réalité et de la donner à voir sans voile ni transformation. Toutefois, les deux romans critiquent la réalité sociale : *Le Survenant* est à la fois un hommage au monde paysan et un jugement porté sur ce monde, tandis que, dans *Bonheur d'occasion,* on nous présente en même temps l'endroit et l'envers du progrès. Les deux romans sont donc aussi bien « traditionnels » que « progressifs », comme nous le sommes peut-être encore cinquante ans plus tard.

MARCOTTE, Sophie (1997), « "Mon cher grand fou…" Dialogue et/ou monologue amoureux dans les lettres de Gabrielle Roy à Marcel Carbotte (1947-1950) », *Études françaises* (« *Le Survenant* et *Bonheur d'occasion* : rencontre de deux mondes »), vol. 33, n° 3, p. 93-102.

Les lettres qu'ont échangées Gabrielle Roy et Marcel Carbotte durant les premières années de leur mariage révèlent dans un premier temps une femme amoureuse qui exprime son désir et sa soif d'échanges en instaurant un dialogue avec son bien-aimé (comme en témoignent la fréquence des pronoms « tu » et « nous » et les formules de réciprocité telles que « l'un et l'autre »). Graduellement, devant le peu d'empressement de Marcel à lui répondre, Gabrielle Roy change d'attitude ; à partir de l'automne 1949, elle semble déjà écrire plus pour elle-même que pour lui. À l'échange avec l'autre, au désir de rapprochement, se substituent peu à peu la création et l'examen de la vie intérieure. Si l'écriture épistolaire demeure indispensable, c'est qu'elle permet justement ce rapprochement avec la création : au destinataire réel se substitue une vision idéalisée de l'amour, si bien qu'on récrit la relation et soi-même. Le dialogue cède le pas au monologue, et les lettres deviennent une manifestation du besoin de créer plutôt que de celui d'aimer et d'être aimé.

MARMIER, Jean (1982), « Trois étapes d'une découverte : *Bonheur d'occasion*, Marie-Claire Blais et Réjean Ducharme, Antonine Maillet », Jean-Cléo GODIN (dir.), *Lectures européennes de la littérature québécoise*, Actes du colloque international, tenu à Montréal en avril 1981, Montréal, Leméac, p. 108-133.

Étude de la réception française des œuvres retenues ; chaque parution marque une étape dans l'évolution des relations littéraires France-Québec. Les violentes grèves ouvrières qui ont lieu en France en 1947 font que les critiques s'étonnent de la modération des travailleurs québécois dépeints dans *Bonheur d'occasion* ; la qualité de la production littéraire française de l'époque explique une certaine sévérité envers un écrivain inconnu et débutant. Ce n'est qu'à l'étape suivante, avec Blais et Ducharme, que la littérature québécoise sera vue en France comme vraiment autonome.

MARSHALL, Joyce (1988), « The Writer as Translator : A Personal View », *Canadian Literature*, n° 117, p. 25-29.

Romancière et traductrice de plusieurs romans de Gabrielle Roy, Joyce Marshall évoque son amitié avec l'auteure, née de leur longue collaboration. Elle a ainsi pu observer de près le fonctionnement de l'esprit à la fois original et discipliné de Gabrielle Roy, tout en découvrant la poésie de l'anglais, langue d'arrivée.

MARTINY, Michel (1996), « Le "regard" du peintre Jean-Paul Lemieux sur *La Petite Poule d'Eau* de Gabrielle Roy », André FAUCHON (dir.), *Colloque international « Gabrielle Roy ». Actes du colloque soulignant le cinquantième anniversaire de* Bonheur d'occasion, tenu au Collège universitaire de Saint-Boniface du 27 au 30 septembre 1995, Winnipeg, Presses universitaires de Saint-Boniface, p. 669-702.

Présentation commentée des 20 estampes de Jean-Paul Lemieux représentant des scènes de *La Petite Poule d'Eau*, reproduites ici en couleurs.

MATHIS, Ursula (1996), « La réception de l'œuvre de Gabrielle Roy dans les pays de langue allemande », André FAUCHON (dir.), *Colloque international « Gabrielle Roy ». Actes du colloque soulignant le cinquantième anniversaire de* Bonheur d'occasion, *tenu au Collège universitaire de Saint-Boniface du 27 au 30 septembre 1995*, Winnipeg, Presses universitaires de Saint-Boniface, p. 541-562.

Avec l'anglais, l'allemand est la seule langue dans laquelle ont été traduits les livres de Gabrielle Roy autres que *Bonheur d'occasion* ; mais les textes de la deuxième moitié de l'œuvre n'existent pas dans cette langue, pas plus d'ailleurs que *Bonheur d'occasion* lui-même, dont parlent pourtant tous les critiques littéraires. Dans la presse, Gabrielle Roy est reconnue comme l'un des grands noms de la littérature canadienne-française ; jamais on ne se hasarde à la critiquer. Beaucoup de critiques tiennent *La Route d'Altamont* pour son meilleur livre, et c'est celui qui est le plus souvent repris en anthologie, au détriment là encore des ouvrages plus récents. Gabrielle Roy n'est entrée dans les grands dictionnaires littéraires allemands qu'après sa mort, et les notices biographiques en parlent comme si elle avait arrêté de vivre vers 1950. Elle est vue pour l'essentiel comme un écrivain classique plutôt que moderne, voire comme une « grande dame », image quelque peu sclérosée.

MAY, Cédric (1981), « The Flickering Lights of Planet Earth : The Presentation of Manitoba in the Work of Gabrielle Roy », *Bulletin of Canadian Studies*, vol. 5, n° 2, p. 38-47.

Les meilleurs textes de Gabrielle Roy sont ceux qui ont pour décor les prairies. L'espace manitobain lui a révélé la diversité ethnique, la dualité intime-étrange, ville-nature, ainsi que l'essentielle solitude humaine. Le Manitoba est donc « le paradis de l'enfance et la source de sa propre vision du monde » (p. 44). Gabrielle Roy échappe à la banalité en saisissant l'essentiel au cœur du particulier.

MAY, Cédric (1991), « Des fleurs tenaces dans un désert à peupler : Gabrielle Roy et le thème du jardin », Marie-Lyne PICCIONE (dir.), *Un pays, une voix, Gabrielle Roy*, Actes du colloque du Centre d'études canadiennes de l'Université de Bordeaux, tenu les 13 et 14 mai 1987, Bordeaux-Talence, La Maison des sciences de l'homme d'Aquitaine, p. 95-105.

Le jardin, entré dans l'imaginaire littéraire de Gabrielle Roy par le biais de la culture anglaise, parcourt l'œuvre et traduit une quête d'« un mieux-être collectif et individuel que le progrès débridé menace d'asphyxie » (p. 104) ; le maître mot de l'œuvre serait ainsi « paradis ». Dans *Bonheur d'occasion*, le jardin n'apparaît jamais ; l'arbre semble être la seule trace de la nature qu'ait conservée la ville. Le discours du jardin est d'abord une onomastique, si bien qu'y domine le plaisir de nommer. Le jardin est un refuge et une invitation au départ, il est lié au commencement et à la fin de la vie.

MEAD, Gerald (1988), « The Representation of Solitude in *Bonheur d'occasion* », *Québec Studies*, n° 7, p. 116-136.

Le thème dominant de la séparation et de la solitude conditionne le ton et la perspective de *Bonheur d'occasion* en plus d'être déterminant pour l'intrigue et la représentation des personnages. Le mot « solitude » et ses variantes reviennent souvent à tous les niveaux discursifs (narration, réflexions des personnages, dialogues) ; la grande majorité des chapitres s'ouvrent ou se ferment sur un personnage seul ; les descriptions de l'espace renforcent l'isolement des personnages ; les scènes de communication et de fraternité sont des illusions ou des souvenirs ; les retours en arrière, loin d'éclairer les motivations des personnages, soulignent encore leur solitude ; les rencontres ne débouchent sur aucun rapprochement véritable ; enfin, la fusion entre voix du narrateur et réflexion intérieure du personnage renferme chaque personnage dans sa bulle, si bien que la conversation disparaît au profit du monologue intérieur au moment même où s'affirme la recherche de contact humain. Ni la religion ni l'exploitation commune et les malheurs partagés ne rapprochent véritablement les êtres. Cet isolement est lié à la pauvreté de Saint-Henri mais aussi, de manière plus générale, à la mentalité québécoise (mythe du Grand Nord). Ainsi, la solitude devient un thème surdéterminé qui a des retombées sur tous les aspects du roman ; la vision royenne de la solitude sociale se trouve à mi-chemin entre la solitude spirituelle du roman de la terre et la solitude personnelle et existentielle des romans des années 1960 et 1970 (Aquin, Bessette, Godbout).

MEDA, Marie-Paule (1996), « La mise en scène du souvenir dans *La Détresse et l'Enchantement* », André FAUCHON (dir.), *Colloque international « Gabrielle Roy ». Actes du colloque soulignant le cinquantième anniversaire de* Bonheur d'occasion, tenu au Collège universitaire de Saint-Boniface du 27 au 30 septembre 1995, Winnipeg, Presses universitaires de Saint-Boniface, p. 169-180.

C'est une esthétique du souvenir qui engendre le mouvement de la pensée dans l'autobiographie royenne. La narratrice attire souvent l'attention sur les défaillances de sa mémoire et sur les choix qu'elle effectue parmi les images qui surgissent dans son esprit ; son récit s'éloigne ainsi de la réalité documentaire pour mieux rendre une vérité plus profonde. Roy doit constamment « faire le pont entre le vécu et la fiction, deux degrés d'imaginaire » (p. 172). Les souvenirs se mélangent à des réflexions sur les principaux thèmes de l'œuvre (la nature, la mort), conférant ainsi à l'autobiographie une grande portée métaphysique. (Voir aussi Phi 1992.)

MELANÇON, Carole (1984), « Évolution de la réception de *Bonheur d'occasion* de 1945 à 1983 au Canada français », *Études littéraires*, vol. 17, n° 3, p. 457-468.

La lecture de quelque trois cents textes portant sur *Bonheur d'occasion* montre que l'évolution des méthodes d'analyse littéraire correspond à celle des idéologies définies par Marcel Rioux, soit la conservation, le rattrapage et le développementparticipation. Durant la première période (1945-1952), les valeurs sociales et morales sont à l'honneur ; on glorifie le personnage de Rose-Anna, incarnation des valeurs traditionnelles. Au cours de la deuxième période (1952-1962), plusieurs critiques (Marcotte, Brochu, Lapointe, Bessette) s'intéressent aux thèmes et à la forme du roman, à l'aide notamment de l'approche psychocritique, et le situent dans le contexte de la littérature mondiale et du renouvellement de la société québécoise. Enfin, la troisième période voit l'émergence d'une critique universitaire plus rigoureuse, loin du discours de l'amateur. Parmi les modèles théoriques, les approches thématique et sociologique reviennent le plus souvent.

MITCHAM, Allison (1979), « Gabrielle Roy's Children », *Antigonish Review,* vol. 9, n° 36, p. 95-99.

Même texte que dans le livre *The Literary Achievement of Gabrielle Roy* (1983a), ch. III, « Roy's Children », p. 20-23.

MITCHAM, Allison (1981), « Roy's West », *Canadian Literature,* n° 88, p. 161-163.

Même texte que dans le livre *The Literary Achievement of Gabrielle Roy* (1983a), ch. I, « Gabrielle Roy and the Canadian West », p. 9-13.

MITCHAM, Allison (1983b), « Gabrielle Roy's Northern Innocents », *The Northern Imagination : A Study of Northern Canadian Literature,* Moonbeam (Ontario), Penumbra Press, p. 75-82.

Même texte que dans le livre *The Literary Achievement of Gabrielle Roy* (1983a), ch. II, « Northern Innocence », p. 14-19.

MOCQUAIS, Pierre-Yves (1984), « La prairie et son traitement dans les œuvres de Gabrielle Roy et de Sinclair Ross », Pierre-Yves MOCQUAIS, André LALONDE et Bernard WILHELM (dir.), *La Langue, la Culture et la Société des francophones de l'Ouest,* Actes du 3e colloque du Centre d'études franco-canadiennes de l'Ouest, tenu au Centre d'études bilingues les 25 et 26 novembre 1983, Regina, Centre d'études bilingues, University of Regina, p. 151-168.

Gabrielle Roy comme Sinclair Ross accordent une place importante à l'Ouest canadien. Chez Gabrielle Roy, la dialectique ville-campagne, ou paradis perdu-paradis retrouvé, traverse toute l'œuvre. L'auteure est fascinée par la vastitude de la prairie, à laquelle correspond la grandeur morale des habitants, qui vivent en harmonie avec elle dans un ordre rassurant, voulu par Dieu. La vraie vie se trouve donc en pleine nature sauvage, où la prairie devient une présence crainte et admirée, pour tout dire personnifiée. Chez Ross, en revanche, les personnages sont abandonnés de Dieu et écrasés par un espace indifférent, étouffant, qu'ils cherchent à nier ou à oublier.

MOCQUAIS, Pierre-Yves (1995), « Structuration sémantique dans l'œuvre de Gabrielle Roy : l'exemple des lexèmes *prairie* et *plaine* », Claude ROMNEY et Estelle DANSEREAU (dir.), *Portes de communications. Études discursives et stylistiques de l'œuvre de Gabrielle Roy,* Sainte-Foy, Presses de l'Université Laval, p. 175-192.

La plaine, chez Gabrielle Roy, correspond avant tout à un état d'âme, marqué par le désir d'une harmonie entre l'être humain et la nature. Cette vision se répercute dans l'extrême cohérence sémantique et paradigmatique de l'œuvre. Le mot « plaine », beaucoup plus fréquent, évoque tantôt la solitude, tantôt la vastitude, tantôt la ligne droite et l'espace plan, tandis que « Prairie » renvoie à l'espace géographique nord-américain et « Prairies » à un espace culturel et historique francophone lié à la recherche d'une appartenance. Loin d'être le simple reflet d'une observation directe, la description de la prairie est assujettie à plusieurs médiations littéraires et devient le véhicule privilégié du souvenir. Se côtoient trois étapes : la Prairie comme métaphore du bonheur (récit d'enfance de la mère), les souvenirs d'enfance de Roy elle-même et le relais littéraire qui légitime le souvenir (lecture de *La Steppe* de Tchekhov).

MORENCY, Jean (1991), « Les chemins perdus : figurations de la vie, de la mort et de la renaissance chez Washington Irving, Alejo Carpentier et Gabrielle Roy », *Urgences*, nº 34, p. 75-87.

L'idée romantique du Nouveau Monde et du recommencement, thème unificateur des littératures américaines, se manifeste chez les trois écrivains étudiés. Dans *La Route d'Altamont*, l'antinomie entre la plaine démesurée et les collines symboles des origines traduit une méditation sur le temps et sur le dilemme « de l'attachement et de l'arrachement à sa mère » (p. 83). La scène où Christine trouve par hasard la route qui mène au cœur de la montagne Pimbina rejoint l'expérience américaine : « Le mouvement d'émancipation qui suit l'accès au pays secret, accès qui s'effectue par une porte étroite, par un chemin qu'on ne retrouve jamais » (p. 85). Christine pourra, dès lors, se libérer de la tutelle maternelle.

MORENCY, Jean (1994), « De la rupture à la continuité. Gabrielle Roy et André Langevin », *Le Mythe américain dans les fictions d'Amérique. De Washington Irving à Jacques Poulin*, Québec, Nuit blanche, p. 149-188.

La persistante dualité de l'œuvre royenne correspond à celle du mythe américain, dominé par un conflit entre la nature et la culture et hanté par la quête des origines de la vie, par un désir de retour vers les forces primitives et par la nécessité de la métamorphose et du recommencement. Nombre d'éléments de *La Montagne secrète,* dont la remontée vers le Nord, les figures du Survenant, du coureur des bois et de l'Indien, tous des évocations du passé américain, témoignent de la prégnance de ce mythe chez Gabrielle Roy, comme le fait également la quête artistique de Pierre. *La Route d'Altamont*, autre récit de métamorphose, avec ses personnages nomades et sédentaires, est le prolongement de *La Montagne secrète*. Bien qu'il s'accompagne d'un sentiment du tragique, l'optimisme de Gabrielle Roy la lie davantage à Melville ou à Hawthorne qu'à « un romancier de la défaite comme Savard » (p. 172) ; son intérêt pour les origines la rapproche également de Washington Irving. Malgré de nombreux contrastes avec l'œuvre d'André Langevin, on peut relever chez les deux auteurs la réactivation des mêmes mythes du continent américain et l'appel « aux figures synthétiques du renoncement » (p. 188). (Cet article recoupe en partie Morency 1986 et 1991.)

MORENCY, Jean (1997), « Deux visions de l'Amérique », *Études françaises* (« *Le Survenant* et *Bonheur d'occasion* : rencontre de deux mondes »), vol. 33, n° 3, p. 67-77.

Sous des apparences opposées, *Bonheur d'occasion* et *Le Survenant* décrivent deux aspects de notre destinée continentale : en effet, tous deux présentent de grandes affinités avec la littérature états-unienne, entre autres parce qu'ils mettent en scène un personnage qui a pour fonction de permettre le passage d'un état de conscience à un autre. Dans ce sens, les deux romans « décrivent en fait le même univers, un univers en transition qui semble attendre son rédempteur » (p. 68). Dans le cas de *Bonheur d'occasion*, s'exprime une attitude prométhéenne, c'est-à-dire une aspiration à dominer la nature : Jean Lévesque est le personnage qui, tel le capitaine Achab de Melville, secouera l'immobilisme ambiant en réalisant ses aspirations sociales et spatiales (géométrie) et introduira dans le roman le désir de la réalité états-unienne (succès matériel, monde urbain). Jean est celui qui possède la connaissance et qui éveille les consciences endormies ; c'est le personnage le plus « américain » du roman, et il a pour fonction de « révéler aux autres personnages une nouvelle réalité » (p. 72). Saint-Henri est donc un lieu qui résiste au progrès, mais aussi un lieu de transition où l'on sent l'appel du grand large, de la vie du continent ; Azarius, partagé entre le sédentarisme et le nomadisme, renvoie à certains mythes traditionnels du Canada français et des États-Unis. En contraste, le Survenant est une figure proche de Dionysos, qui rêve d'une fusion romantique avec la nature. Gabrielle Roy est donc de la lignée de Dos Passos, de Dreiser et de Mailer, tandis que Guèvremont annonce les Kerouac, McGuane et Harrison.

MORISSET, Jean, Miodrag KAPETANOVICH et Paul DUBÉ (1985), « Entre la détresse et le déchirement. Nature et signification de l'œuvre de Gabrielle Roy », Annette SAINT-PIERRE et Liliane RODRIGUEZ (dir.), *La Langue, la Culture et la Société des francophones de l'Ouest*, Actes du 4e colloque du Centre d'études franco-canadiennes de l'Ouest, tenu au Collège universitaire de Saint-Boniface les 23 et 24 novembre 1984, Saint-Boniface, Centre d'études franco-canadiennes de l'Ouest, p. 235-251.

Il s'agit d'un échange entre les trois hommes. M. Kapetanovich relève « l'aspect traditionaliste et même réactionnaire » (p. 237) de la vision politique de Gabrielle Roy, dont le succès dépend d'un heureux concours de circonstances : « La société québécoise avait besoin de s'offrir un écrivain, un grand écrivain, et elle s'est emparée de Gabrielle Roy » (p. 235). P. Dubé ajoute que c'est sa vie passée à l'écart qui explique que l'esthétique de l'auteure est demeurée des plus traditionnelles. J. Morisset s'étonne du silence de Gabrielle Roy touchant le sort des francophones de l'Ouest (minorisation, racisme), silence qui s'explique, selon Kapetanovich, par sa vision élitiste du créateur. Il signale aussi son manque d'imagination, tandis que Morisset évoque son refus de l'américanité et sa vénération de l'Europe. Tous trois s'accordent pour déplorer sa vision négative de l'amour et de la sexualité. Kapetanovich ajoute : « L'œuvre de Gabrielle Roy ne présente pas une femme émancipée mais une femme dominatrice qui participe à une sorte d'émasculation et qui n'est pas contestataire, d'un point de vue féministe » (p. 248).

NARDOUT-LAFARGE, Élisabeth (1991), « Stratégies d'une mise à distance : la Deuxième Guerre mondiale dans les textes québécois », *Études françaises*, vol. 27, n° 2, p. 43-60.

Le thème de la guerre, dans *Bonheur d'occasion*, fait émerger une réflexion sur les rôles sociaux de sexe. Le conflit mondial exacerbe les stéréotypes, les hommes se complaisant dans une virilité éculée (à l'exception d'Emmanuel, qui se bat par altruisme), les femmes se repliant sur l'attente et la reproduction de l'espèce. Dans plusieurs œuvres de la période, l'espace fictif est divisé en deux zones, l'une masculine, ouverte, étrangère, l'autre féminine et familière. La figure maternelle, à la fois apaisante et autoritaire, voire castratrice, n'arrive pas à retenir les hommes, qui fuient le féminin et se lancent à la poursuite d'une illusion de liberté qui risque de les conduire à la mort.

NNADI, Joseph (1996), « De grand-mère en petite fille ou la relativité du féminisme chez Gabrielle Roy et Mariama Bâ », André FAUCHON (dir.), *Colloque international « Gabrielle Roy ». Actes du colloque soulignant le cinquantième anniversaire de* Bonheur d'occasion, *tenu au Collège universitaire de Saint-Boniface du 27 au 30 septembre 1995*, Winnipeg, Presses universitaires de Saint-Boniface, p. 653-666.

L'absence du père et du grand-père dans certains récits de *La Route d'Altamont* illustre une volonté de substituer à l'ordre patriarcal une généalogie, voire une « trinité » féminine mystique (grand-mère, mère, fille) ; Éveline renvoie aussi à Ève, la première mère. À la fin de *De quoi t'ennuies-tu, Éveline ?*, « Bobonne », l'arrière-grand-mère, apparaît seule, réunie à toute sa descendance, pour signaler le triomphe définitif de la généalogie féminine. Cette femme forte incarne à la fois un féminisme audacieux et « un humanisme sans frontières » (p. 662). Chez Roy comme chez Mariama Bâ, la maternité est source de contraintes, mais elle permet aussi la réalisation de soi, et c'est par les mères et les grands-mères que transite le féminisme. Il y a donc convergence des féminismes de l'Occident et du tiers monde.

NOVELLI, Novella (1981), « Concomitances et coïncidences dans *Bonheur d'occasion* », *Voix et Images,* vol. 7, nº 1, p. 131-146.

Bonheur d'occasion est fait de deux intrigues croisées : les vies parallèles de Rose-Anna et de Florentine, toutes deux à la recherche du bonheur. La technique romanesque choisie fait que, de chapitre en chapitre, les deux intrigues s'influencent l'une l'autre. Les coïncidences, soit les moments où les deux personnages vivent les mêmes événements (ch. VI, IX, XIII, XXII, XXX), montrent les deux femmes en train de prendre leurs distances l'une par rapport à l'autre (par exemple la visite de Rose-Anna au Quinze-Cents) ; les concomitances, ou événements opposés (ch. V et VI, VII et VIII, X et XI, XIII et XIV, XV et XVI, XVIII, XIX et XXI, XXIII et XXXIV, XXIX et XXXI, XXXII et XXXIII), traduisent également l'évolution de leurs rapports et de leurs attitudes dans le sens d'une plus grande distance. Apparaît ainsi le drame de deux générations, l'une incapable de se séparer de son passé rural pour s'intégrer pleinement à la ville, l'autre avantagée par sa naissance urbaine et obtenant son intégration au prix de lourds sacrifices.

NOVELLI, Novella (1986), « *La Montagne secrète* ou le drame de l'artiste », Giovanni DOTOLI et Sergio ZOPPI (dir.), *Canada ieri e oggi. Atti del 6ᵉ convegno internazionale di studi canadesi, Selva di Fasano, 27-31 marzo 1985,* vol. 1, Sezione francofona, Fasano, Schena, p. 245-261.

Même lecture du roman que dans *Gabrielle Roy, de l'engagement au désengagement* (1989).

NOVELLI, Novella (1987), « Une préparation idéologique de *Bonheur d'occasion* », Carla FRATTA (dir.), *La Deriva delle francofonie : l'altérité dans la littérature québécoise,* Bologne, CLUV, p. 135-152.

Même lecture des textes journalistiques que dans *Gabrielle Roy, de l'engagement au désengagement* (1989).

NOVELLI, Novella (1988), « L'engagement social dans *Bonheur d'occasion* », G. BELLINI *et al., Saggi e ricerche sulle culture extra europee,* Rome, Bulzoni, p. 99-111.

Même lecture du roman que dans *Gabrielle Roy, de l'engagement au désengagement* (1989).

NOVELLI, Novella (1990), « L'isolement dans le Nord : *La Petite Poule d'Eau* », Giovanni DOTOLI et Sergio ZOPPI (dir.), *Canada ieri e oggi 2. Atti del 7ᵉ convegno internazionale di studi canadesi, Acireale (Catania), 18-22 maggio 1988,* vol. 1, Sezione francofona, Fasano, Schena, 1990, p. 137-152.

Même lecture du roman que dans *Gabrielle Roy, de l'engagement au désengagement* (1989).

NUTTING, Stéphanie (1993), « *Bonheur d'occasion* et *Maryse* : lectures croisées, lecture en ronds », *Voix et Images,* vol. 18, n° 2, p. 253-263.

À la lumière des conceptions de l'intertextualité et du dialogisme bakhtinien, les rapports entre *Bonheur d'occasion* et *Maryse* apparaissent clairement. Si le personnage de Florentine Lacasse figure dans *Maryse* sous forme d'allusions directes, il se manifeste aussi dans une série de similitudes entre les deux protagonistes : pauvreté, travail de serveuse, dépendance amoureuse, tendance à se constituer en objet du regard masculin. Toutefois, à la différence de Florentine qui demeure aliénée, privée de parole et assujettie au froid regard du narrateur, qui se confond avec celui, méprisant, de Jean, Maryse s'assume enfin, grâce entre autres à l'écriture. Ainsi, le jeu des similitudes fait surgir, dans le roman de Francine Noël, un avatar moderne du personnage royen, qui devient alors sujet créateur.

O'NEILL-KARCH, Mariel (1992), « Gabrielle Roy et William Arthur Deacon : une amitié littéraire », *Cultures du Canada français,* n° 9, p. 75-97.

Journaliste et critique littéraire, William Arthur Deacon s'est intéressé de près à la littérature canadienne-française et a tenté de forger des liens entre les deux solitudes (tout en étant lui-même incapable de comprendre le français). Il contribue largement à faire connaître l'œuvre de Gabrielle Roy au Canada anglais, entretient avec elle une abondante correspondance et lui prodigue des conseils de tous ordres. Toutefois, pour faire mousser sa propre renommée de journaliste, il incitait souvent Gabrielle Roy à participer à des événements culturels et à faire partie d'organismes comme la Canadian Authors' Association, alors qu'elle-même tenait avant tout à protéger sa solitude. S'il appréciait plus que quiconque le projet littéraire de Gabrielle Roy, il l'assimilait au fond à la littérature canadienne-anglaise ; de fait, il prône une idéologie de l'« assimilation tranquille » (p. 95) de la minorité francophone, qui serait naturellement portée, selon lui, à s'attirer un lectorat plus vaste en choisissant des thèmes susceptibles de plaire à la majorité anglophone.

OUELLET, Lise (1992), « Du récit d'apprentissage au discours des adieux dans *La Détresse et l'Enchantement* », *Dalhousie French Studies,* vol. 23, p. 69-77.

À un premier niveau, l'autobiographie de Gabrielle Roy correspond à la typologie du roman d'apprentissage (Susan Suleiman). Après la première partie, où domine l'influence maternelle, la seconde partie du livre décrit l'expérience initiatique classique : découverte de soi au moyen du voyage, naissance de la vocation. À un niveau plus profond, les nombreuses analepses évoquant l'histoire familiale éloignent l'œuvre de la quête linéaire du roman d'apprentissage. Les marques de l'énonciation (va-et-vient temporel, modalisateurs, jeux des pronoms, interrogations nombreuses) témoignent de la présence d'une narratrice âgée qui se retrouve en revivant les étapes de sa venue à l'écriture et révèlent un désir de communion avec le narrataire. Enfin, la quête de l'écrivain constitue un motif qui relie entre elles l'autobiographie, les fictions autobiographiques et les œuvres « impersonnelles » comme *Alexandre Chenevert* ou *La Montagne secrète*.

OUELLET, Lise (1993), « De l'autobiographie à la fiction autobiographique dans la littérature féminine », *La Licorne*, nº 27, p. 365-378.

Étude comparée de *Dans un gant de fer* de Claire Martin, de *La Détresse et l'Enchantement* et de *La Beauté de l'affaire* de France Daigle. On voit apparaître chez Gabrielle Roy, de façon implicite, le « pacte autobiographique » de Philippe Lejeune, qui atteste l'identité auteur-narrateur-personnage ; en même temps, Roy insiste sur la part d'imagination et d'invention que comporte son travail. L'omniprésence des modalisateurs et des déictiques spatio-temporels, les références aux trous de mémoire, les interrogations nombreuses, créent une esthétique intimiste et séduisent le narrataire, qui a l'impression de participer à l'élaboration du récit. La forme du récit d'apprentissage est souvent modifiée par l'approche de la mort et par le désir de renouer avec les origines. En somme, l'autobiographie de Gabrielle Roy se situe à mi-chemin entre le travail plus classique de Claire Martin et celui, plus éclaté, de France Daigle. (Voir aussi Wiktorowicz 1992.)

PAQUIN, Jacques (1994), « Quand l'autre c'est soi : altérité et création dans *La Montagne secrète* de Gabrielle Roy », Jacques PAQUIN et Pierre-Yves MOCQUAIS (dir.), *Les Discours de l'altérité*, Actes du 12e colloque du Centre d'études franco-canadiennes de l'Ouest, tenu à l'Institut de formation linguistique les 23 et 24 octobre 1992, Regina, Institut de formation linguistique, University of Regina, p. 125-135.

Dans *La Montagne secrète*, la création est assimilée à un acte d'amour, mais aussi à une dévoration de l'objet réel et à un violent corps à corps. En négligeant de quitter la Montagne avant l'arrivée de l'hiver, ce qui l'oblige à tuer le caribou, Pierre passe « de véritable démiurge à la condition d'une bête uniquement préoccupée de satisfaire sa faim » (p. 131). Se voit ainsi mise en lumière la contradiction constitutive de l'art, dans la vision royenne : d'un côté l'ivresse de la création, de l'autre la nécessité de sacrifier l'Autre à l'art. Le trajet qui mène du Grand Nord à Paris, donc de la nature à la culture, correspond à un passage du regard compatissant de l'artiste sur autrui au regard sans complaisance de l'Autre, du public, sur son œuvre. L'intérêt qu'éprouve Pierre pour l'autoportrait à la fin de sa vie montre qu'il captait dans chacun de ses tableaux, quel qu'en ait été le sujet, une facette de lui-même.

PARRIS, David L. (1991), « Une rencontre dans une gare. Le premier contact de Gabrielle Roy et de l'oncle Édouard à Paris », Marie-Lyne PICCIONE (dir.), *Un pays, une voix, Gabrielle Roy,* Actes du colloque du Centre d'études canadiennes de l'Université de Bordeaux, tenu les 13 et 14 mai 1987, Bordeaux-Talence, La Maison des sciences de l'homme d'Aquitaine, p. 85-93.

Lecture de deux récits d'un premier contact avec la France : *La Détresse et l'Enchantement* et *Des nouvelles d'Édouard* de Michel Tremblay. Bien qu'ils soient de milieu culturel différent, les deux personnages éprouvent pour Paris une même horreur attribuable à la cohue, à l'indifférence des passants et, surtout, à l'étrangeté aussi bien des objets quotidiens que des mots qui servent à les nommer. Tous deux sont déçus de cette ville, dont ils rêvaient pourtant avant d'y mettre pied et dont la beauté les séduit par instants, et finissent par la quitter « en vaincus » (p. 93).

PASCAL, Gabrielle (1979), « La condition féminine dans l'œuvre de Gabrielle Roy », *Voix et Images,* vol. 5, n° 1, p. 143-163.

Sans offrir un discours féministe développé, l'œuvre de Gabrielle Roy annonce à bien des égards le féminisme actuel. Les mères asservies, privées de liberté, inspirent à leurs filles « une révolte passionnée qui compromet plus ou moins définitivement l'élaboration de leur identité féminine » (p. 143). Celles-ci recherchent alors un moyen d'échapper à leur condition : « sublimation sociale » (Florentine), « sublimation raciale » (Elsa), « sublimation mystique » (Yvonne), « sublimation littéraire » (Joséphine, Christine). La nouvelle « Les déserteuses » constitue une mise en abyme de l'œuvre en ce qui a trait à la condition féminine : Éveline conquiert sa liberté au prix de nombreux sacrifices et, à la fin, se transforme en un personnage mythique, celui de la conteuse. Sinon, seule l'institutrice concilie la maternité (symbolique dans son cas) et la liberté ; elle s'attache aux enfants tout en demeurant autonome. Elle devient ainsi une autre figure mythique, le seul personnage féminin à échapper au sort commun ; ce recours au mythique comme moyen de résoudre l'opposition entre exigence de liberté et vocation maternelle, fréquent chez Roy, s'accompagne d'une certaine forme d'élitisme, car « ce statut d'exception condamne indirectement à l'impuissance toute la condition féminine qui ne relève pas de lui » (p. 160).

PASCAL, Gabrielle (1980), « La femme dans l'œuvre de Gabrielle Roy », *Revue de l'Université d'Ottawa,* vol. 50, n° 1, p. 55-61.

Reprise plus brève de Pascal 1979.

PATERSON, Janet M. (1996), « La poétique de l'alimentation dans *Bonheur d'occasion* », *Cahiers franco-canadiens de l'Ouest,* vol. 8, n° 2, p. 201-218.

L'analyse sémiotique du discours alimentaire de *Bonheur d'occasion* révèle que la nourriture est liée à des signifiés à la fois socioculturels et mythiques. Au Quinze-Cents, il s'établit de forts liens métonymiques entre la nourriture, le lieu et Florentine, liés au clinquant et à l'artificiel, et signes d'une classe sociale défavorisée. L'étude de la fonction communicative de la nourriture montre la distance émotive et sociale entre Jean et Florentine, ainsi que le refus de Rose-Anna de comprendre le don que lui fait Florentine en lui offrant un repas. La discrétion et la qualité du restaurant où Jean emmène dîner Florentine établit une série d'oppositions avec le Quinze-Cents ; là encore, la distance sociale entre les deux êtres empêche toute communication véritable. Du point de vue mythique, la nourriture est liée à de puissants fantasmes de bonheur : les « sucres » signifient, aux yeux de Rose-Anna, la forêt, la jeunesse et la tendresse des siens, mais la réalité dysphorique fera de nouveau ressortir la misère des Lacasse. En offrant à Jean du sucre à la crème, Florentine provoque en lui un afflux de souvenirs aussi bien que le désir sexuel, mais, là encore, c'est la dysphorie qui s'impose, avec la grossesse de Florentine. L'orange du petit Daniel est aussi liée au dépassement du quotidien, mais, arrivée trop tard, elle ne peut réaliser son potentiel euphorique. En somme, tout le discours alimentaire est lié à une représentation de l'opposition inconciliable entre les classes sociales et révèle l'impossibilité où sont les défavorisés de réaliser leurs désirs. (Voir aussi Resch 1978.)

PHI, Ylang (1992), « Aspects de la mémoire dans *La Détresse et l'Enchantement* de Gabrielle Roy », *Cahiers franco-canadiens de l'Ouest*, vol. 4, nᵒ 2, p. 275-289.

Analyse du rôle de la mémoire collective et individuelle dans ce retour aux origines qu'est l'autobiographie. La structure linéaire du temps se voit subvertie par le jeu de la mémoire, qui fait appel à un temps intérieur et donne à l'écriture son ampleur caractéristique. Affluent alors les souvenirs involontaires proustiens et les souvenirs en chassé-croisé, un souvenir en appelant un autre, si bien qu'apparaît un parallèle « entre les voyages spatiaux et les voyages mémoriels » (p. 280). Le rapport entre l'autobiographe et son jeune Moi est marqué par la distanciation, alors que, en ce qui a trait à la volonté de créer, il y a, entre les deux, identification. La mémoire sert à consoler, en lui rappelant des souvenirs heureux, un être cher qui se meurt. De même, rédiger l'autobiographie fait affluer les souvenirs (de plus en plus idéalisés à l'approche de la mort) et prépare l'auteure à disparaître à son tour.

PICCIONE, Marie-Lyne (1993), « *La Montagne secrète* ou la peinture inachevée : un échec de Gabrielle Roy », Jean-Michel LACROIX, Simone VAUTHIER et Héliane VENTURA (dir.), *Image et Récit. Littérature(s) et arts visuels du Canada*, Actes du colloque international tenu à Strasbourg les 22, 23 et 24 octobre 1992, Paris, Presses de la Sorbonne Nouvelle, p. 341-354.

« Plus qu'une biographie romancée, *La Montagne secrète* est une confession » (p. 343). Gabrielle Roy a prêté à Pierre nombre de ses propres traits et gestes, dont le plus important est d'avoir sacrifié à l'art les personnes et les valeurs les plus chères. L'esthétique de Pierre est proche de celle de Gabrielle Roy : même prédilection pour l'esquisse et le fragment, même art « parfois laborieux, qui laisse apercevoir l'effort qu'il a coûté » (p. 349). Nous sommes en présence d'un roman initiatique inversé, qui conduit de la possession à la désappropriation, si bien que le travail créateur devient de plus en plus difficile. À l'échec de Pierre correspond un mimétisme formel, la première partie du roman étant réussie sur les plans structurel et stylistique, la deuxième s'empêtrant dans les répétitions et les maladresses. Il y a donc double échec, celui du roman (peut-être volontaire) reprenant et dédoublant celui du héros. Ainsi, Gabrielle Roy fut le premier écrivain canadien-français à mettre en scène le difficile travail créateur, véritable obsession des romanciers qui l'ont suivie (Beaulieu, Poulin, Godbout).

PICCIONE, Marie-Lyne (1996), « La dialectique de la plaine et de la montagne dans l'œuvre de Gabrielle Roy », André FAUCHON (dir.), *Colloque international « Gabrielle Roy ». Actes du colloque soulignant le cinquantième anniversaire de* Bonheur d'occasion, tenu au Collège universitaire de Saint-Boniface du 27 au 30 septembre 1995, Winnipeg, Presses universitaires de Saint-Boniface, p. 313-322.

Omniprésente dans l'œuvre royenne et décrite de manières très diverses, la plaine devient également « le modèle absolu en fonction duquel sont appréhendés tous les autres paysages » (p. 315), dont la place de la Concorde. La montagne, dans *La Montagne secrète,* est sublime mais en quelque sorte passive ; dans plusieurs textes, elle se fait maternelle, protectrice. La plaine figure l'avenir, la jeunesse, alors que les collines attirent les êtres nostalgiques. Mais les deux sont, au bout du compte, indissociables. (Voir aussi May 1981, Harvey 1982 et 1993, Essar 1985.)

PORTO, Maria Bernadette Velloso (1996), « A língua como espaço da memória. Travessia e identidade no Quebec », *Anais do V Congresso da Assel-Rio,* Universidade Federal do Rio de Janeiro (Brésil), p. 911-921.

Dans l'incipit de *La Détresse et l'Enchantement,* Gabrielle Roy se remémore ses incursions dans le territoire de l'Autre et réfléchit, à partir de son expérience quotidienne d'autrefois, sur l'identité minoritaire. Contrairement à l'esprit du bilinguisme, s'observe ici une violence symbolique qui révèle la faible valeur du « capital linguistique [des francophones] sur le marché canadien des biens symboliques » (p. 911). L'intériorisation de la perspective méprisante de l'Autre résulte en un douloureux complexe d'infériorité. Hautement conflictuelles, les relations entre « nous » (les Franco-Manitobains) et « les autres » (les anglophones) entraînent une dichotomie spatiale qui structure le texte. Saint-Boniface et Winnipeg évoquent, par métonymie, deux univers inconciliables : français/anglais, soi/autre, familier/étranger, sécurité/menace, maison/rue, relations affectives/commerce et promotion sociale. Saint-Boniface est un lieu, au sens de Marc Augé, marqué par l'identité et l'enracinement dans l'histoire, tandis que Winnipeg demeure un non-lieu anonyme et impersonnel. Même là, la présence au grand magasin d'une vendeuse francophone fait aussitôt surgir le lieu au cœur du non-lieu. Le pont entre les deux villes (voir aussi Socken 1989) suggère une traversée identitaire dynamique. En revanche, Gabrielle Roy critique subtilement la vision des Franco-Manitobains comme peuple élu, « mythe compensatoire paralysant » (p. 915). Moins qu'une ville, Saint-Boniface est un quartier (Pierre Mayol), espace qui favorise la convivialité, la reconnaissance et le sentiment d'appartenance. À côté de cette vision quelque peu figée, voire dépassée, de l'identité francophone, apparaît chez Gabrielle Roy un Autre pluriel, formé des immigrants venus des quatre coins du monde, qui va au-delà de l'opposition anglais/français et apparente la romancière à la littérature migrante.

PURDY, Anthony (1990), « On the Outside Looking In : The Political Economy of Everyday Life in Gabrielle Roy's *Bonheur d'occasion* », *A Certain Difficulty of Being : Essays on the Quebec Novel*, Montréal/Kingston, McGill/Queen's University Press, p. 41-61.

Par contraste avec George Orwell, qui a observé de l'extérieur et de manière passive le milieu pauvre qu'il décrit, Gabrielle Roy emploie une narration omnisciente à focalisation multiple, forme polyphonique, dialogique, qui donne voix aux démunis ; ainsi, elle va plus loin qu'Orwell, dénonçant, sans snobisme de classe, la consommation et l'effet déshumanisant du capitalisme. En effet, le véritable sujet de *Bonheur d'occasion* est l'argent, notamment les mécanismes économiques qui font naître des désirs pour ensuite les transformer en besoins, privilégiant la valeur d'échange par rapport à la valeur d'usage. Ses structures thématiques et sémantiques sont les conséquences des relations économiques : l'espace urbain est défini en fonction de la classe sociale et de l'activité productrice, et toutes les relations humaines sont influencées par l'argent ou par le manque d'argent. Le coureur des bois du roman traditionnel (Savard) devient ici un déraciné aliéné, exploité ; les maux de la société sont économiques, comme devra l'être toute solution éventuelle. Le regard acquiert dans ce contexte une importance vitale, car c'est lui qui transforme l'être humain en signe ou en objet du désir, bref en bien de consommation. Du point de vue formel, l'écriture de Gabrielle Roy est efficace lorsqu'elle privilégie la métonymie et plus forcée lorsqu'elle épouse la métaphore.

PURI, S. (1986-1987), « La femme dans la littérature québécoise d'après *La Petite Poule d'Eau* de Gabrielle Roy », *Revue de l'OCDF*, Baroda, p. 19-32.

Cet article n'a pu être trouvé.

QUENNEVILLE (1991), Jean-Guy, « L'homme… à la mesure du pays », Jean-Guy QUENNEVILLE (dir.), *À la mesure du pays*, Actes du 10e colloque du Centre d'études franco-canadiennes de l'Ouest, tenu à St. Thomas More College les 12 et 13 octobre 1990, Saskatoon, Unité de recherche pour les études canadiennes-françaises (St. Thomas More College), University of Saskatchewan, p. 147-155.

Réflexion sur le rapport à la nature et à l'art dans l'histoire canadienne, qui traite brièvement de la nature et de sa transposition dans l'œuvre d'art dans *La Montagne secrète*, ainsi que dans une œuvre de l'auteur de l'article.

QUIGLEY, Theresia (1991), « Childhood Revisited », *The Child Hero in the Canadian Novel*, Toronto, NC Press, p. 8-22.

Contrairement aux enfants tourmentés que mettent en scène Anne Hébert et Marie-Claire Blais à la même époque, ceux de Gabrielle Roy sont spontanés, heureux, épanouis. Luzina, dans *La Petite Poule d'Eau*, est au fond restée une enfant, ayant conservé l'innocence et la joie premières. Comme le romancier canadien-anglais W. O. Mitchell, Roy a une vision romantique de l'enfance : amour de la nature, cadre naturel vaste et libre, sentiment de la fraternité humaine. Les expériences de Brian, protagoniste du roman de Mitchell, sont plus vivantes, plus directes, que celles de Christine dans *Rue Deschambault*, car elles ne transitent pas par la vision du même personnage devenu adulte. Chez Roy comme chez Mitchell, l'enfance est une valeur en soi, un paradis perdu dont on garde toute sa vie la nostalgie.

REA, Annabelle M. (1996), « *Le Premier Jardin* d'Anne Hébert comme hommage à Gabrielle Roy », André FAUCHON (dir.), *Colloque international « Gabrielle Roy ». Actes du colloque soulignant le cinquantième anniversaire de* Bonheur d'occasion, *tenu au Collège universitaire de Saint-Boniface du 27 au 30 septembre 1995*, Winnipeg, Presses universitaires de Saint-Boniface, p. 575-591.

Dans *Le Premier Jardin*, Anne Hébert rend hommage entre autres à Gabrielle Roy, sa « mère littéraire », surtout à *Bonheur d'occasion*. L'enfance de Flora Fontanges (orphelinat, adoption par des parents bourgeois, révolte et fuite) ressemble à celle de Jean Lévesque ; comme Gabrielle Roy, Flora se rendra en Europe en 1937 pour y faire du théâtre (du reste, Florentine aussi joue constamment un rôle). Comme Roy, Hébert s'intéresse à l'histoire du travail féminin et utilise la danse comme métaphore de la liberté de mouvement. Toutefois, Flora a une attitude plus positive envers sa sexualité, comme le montre sa décision de devenir mère célibataire. Le rapport mère-fille préoccupe également les deux romancières ; la montée du féminisme chez Florentine, à la fin du roman, coïncide avec une nouvelle solidarité envers sa mère. L'arbre flétri de la fin de *Bonheur d'occasion* est peut-être devenu l'arbre gigantesque du *Premier jardin*, tandis que Florentine, « avec son prénom de fleur et de déesse en version diminutive » (p. 587) a donné naissance, sur le plan onomastique, à Flora.

RESCH, Yannick (1978), « La ville et son expression romanesque dans *Bonheur d'occasion* de Gabrielle Roy », *Voix et Images*, vol. 4, n° 2, p. 244-257.

Saint-Henri est décrit le plus souvent comme un « faubourg » ou un « village », donc comme un mélange de ruralité et d'urbanité : la nature y est présente, certaines manifestations de la vie paysanne, tel le marché, y survivent, et il règne, entre les voisins, une certaine confiance et une forme de cordialité. En même temps, la promiscuité, la misère, le bruit sont autant de formes d'agression liées à l'espace urbain. Par opposition à ce quartier, la ville (la rue Sainte-Catherine) est un lieu utopique qui favorise les rêveries tout en révélant l'aliénation des pauvres tourmentés par des désirs irréalisables. Il existe donc un « rapport dialectique » (p. 250) entre Saint-Henri et Mont-réal, ce qu'illustre le traitement des restaurants et des bars. Le Quinze-Cents, micro-cosme du quartier, est à la fois un refuge et une prison ; il est lié au clinquant et au factice ainsi qu'à l'exploitation économique. Les sorties de Florentine avec Jean, puis avec Emmanuel, décrivent la réalité urbaine en plus d'illustrer l'évolution des rap-ports amoureux et de souligner le fossé des classes sociales. Les bars sont un espace sécurisant et en même temps ouvert ; ils favorisent la camaraderie et les débats d'idées, mais entre hommes seulement. En somme, Saint-Henri est « un organisme vivant, expression d'une réalité sociale et économique » (p. 245), de la vie person-nelle et collective, et du difficile passage de la campagne à la ville.

RESCH, Yannick (1991), « Figures de l'Étranger », Marie-Lyne PICCIONE (dir.), *Un pays, une voix, Gabrielle Roy*, Actes du colloque du Centre d'études canadiennes de l'Université de Bordeaux, tenu les 13 et 14 mai 1987, Bor-deaux-Talence, La Maison des sciences de l'homme d'Aquitaine, p. 75-84.

Contrairement à la majorité des écrivains québécois traditionnels, Gabrielle Roy fut solidaire des minorités. L'étranger, dans ses romans, est tantôt le Canadien français incapable de communiquer avec autrui, « étranger du dedans », tantôt « l'étranger du dehors », être pourtant proche, avec qui on peut ouvrir un dialogue (surtout dans *La Petite Poule d'Eau*). Dans l'autobiographie, la ville est à la fois le lieu de l'aliénation des Canadiens français confrontés à l'anglais et celui où se rencontrent les minori-tés ethniques ; de manière paradoxale, la notion d'étranger est liée à la fois à la dis-tance et à la proximité, à la solitude et à la fraternité. Ce sont toutefois les valeurs positives qui dominent, car les êtres ne sont jamais si proches les uns des autres que dans leur sentiment commun d'être des étrangers sur la terre.

RESCH, Yannick (1996), « Identité et altérité dans l'œuvre de Gabrielle Roy », André FAUCHON (dir.), *Colloque international « Gabrielle Roy ». Actes du colloque soulignant le cinquantième anniversaire de* Bonheur d'oc-casion, *tenu au Collège universitaire de Saint-Boniface du 27 au 30 sep-tembre 1995, Winnipeg, Presses universitaires de Saint-Boniface, p. 395-410.

C'est à travers le rapport à l'autre et au groupe social que le sentiment de l'identité, chez Gabrielle Roy, se laisse le mieux appréhender. Son ouverture sur l'extérieur, son sentiment d'altérité, qu'on voit dès l'incipit de son autobiographie, la démarquent assez jeune de la collectivité franco-manitobaine ; elle est moderne également par son intérêt pour les étrangers. Par ailleurs, son identité s'établit en grande partie grâce à l'identification à la mère (et, dans une moindre mesure, au père). L'enraci-nement dans la lignée parentale lui permet, au fond, de justifier son départ en l'at-tribuant au désir de venger les siens. Si, dans son œuvre, les étrangers et les nomades sont liés à des valeurs positives comme la liberté et l'aventure, c'est en raison du goût familial pour les voyages et pour l'errance, qui a fait que « l'autre, l'immigrant ou simplement l'inconnu, a été moins perçu comme source de menace que proche de l'image que Gabrielle Roy avait d'elle-même » (p. 409). C'est ainsi que Gabrielle Roy s'est libérée du discours nationaliste, fondé sur l'homogénéité raciale et sur l'exclusion de l'étranger, pour rechercher la solidarité et la fraternité.

RICARD, François (1984), « La métamorphose d'un écrivain. Essai biographique », *Études littéraires*, vol. 17, n° 3, p. 441-455.

Loin d'être, pour son auteure, l'œuvre inaugurale qu'il fut pour ses lecteurs de l'époque, *Bonheur d'occasion* marque, pour Gabrielle Roy, une fin plutôt qu'un début, car il clôt la période où elle pratiquait une littérature alimentaire. Son deuxième livre, *La Petite Poule d'Eau*, qui met au jour une esthétique toute différente, déconcerte les lecteurs, mais correspond pour l'auteure à l'idée qu'elle se fait de la haute littérature. Si, de 1950 à 1955, Roy hésite entre les deux tendances (roman réaliste et illumination autobiographique), publiant, entre autres, le roman social *Alexandre Chenevert* (écrit du reste au prix de longs efforts), la publication de *Rue Deschambault* confirme « l'orientation idyllique » de son œuvre, caractérisée par une plus grande liberté formelle, et illustrant « la richesse de ce qui allait bientôt devenir son mode d'expression privilégié : l'imagination autobiographique » (p. 453).

RICARD, François (1989a), « La biographie de Gabrielle Roy : problèmes et hypothèses », *Voix et Images*, vol. 14, n° 3, p. 453-460.

Le trajet de Gabrielle Roy compte deux grandes époques : celle, faite de voyages et de découvertes, où la vie nourrit l'œuvre, puis celle où l'œuvre reconstruit la vie. Cette existence appelle une biographie dans la mesure où elle est déterminante pour tous les écrits de l'auteure, y compris et peut-être surtout pour ceux d'où les éléments autobiographiques semblent absents. Le fait que l'auteure ait déjà raconté sa propre vie n'est d'ailleurs pas un obstacle, car, comme le montrent les écrits théoriques sur le sujet, l'autobiographie n'est qu'une interprétation parmi d'autres, qui peut être interrogée et qui compte des lacunes que le biographe devra combler.

RICARD, François (1989b), « Gabrielle Roy : petite topographie de l'œuvre », *Écrits du Canada français*, n° 66, p. 23-38.

L'œuvre publiée de Gabrielle Roy peut se diviser en quatre grandes phases : l'époque du « pur récit » (1945-1954) fait place à la période réflexive (1955-1966) ; on assiste ensuite à « la liquidation de l'imagination objective et [à] la montée de l'inspiration autobiographique » (1970-1977), avant de voir surgir enfin l'autobiographie véritable, qui est en quelque sorte la somme et le sommet de l'œuvre. Gabrielle Roy est un écrivain « moderne » en ce sens qu'elle met en scène « ce rehaussement, ou cette dévoration, de l'aventure par l'écriture, de l'être par son propre langage » (p. 27). Pourtant, l'auteure préfère, à l'étalement de ses angoisses de créatrice, la communication simple, directe et amicale avec ses lecteurs. Elle a trouvé, dans la juxtaposition en volume de plusieurs récits autobiographiques, sa forme privilégiée, qu'elle a portée à la perfection. La révolte et la contestation sont présentes dans ses livres, mais l'attitude la plus répandue est une « compassion ironique » (p. 36) proche de celle de Pascal.

RICARD, François (1992b), « Les inédits de Gabrielle Roy : une première lecture », Yolande GRISÉ et Robert MAJOR (dir.), *Mélanges de littérature canadienne-française et québécoise offerts à Réjean Robidoux*, Ottawa, Presses de l'Université d'Ottawa, p. 241-256.

À part l'œuvre canonique de Gabrielle Roy et les textes parus en revue (aujourd'hui presque inaccessibles), il existe deux types d'inédits : la correspondance et les textes de création (nouvelles, théâtre, romans). Ceux-ci, en plus de témoigner de la capacité de travail exceptionnelle de l'auteure, éclairent des périodes obscures de sa vie, notamment les années qui ont précédé ou suivi de près la publication de *Bonheur d'occasion*. Ils permettront de comprendre le passage des textes de commande à l'écriture libre. Bien qu'il soit raté, *Baldur* (rédigé vers 1965) aborde franchement la sexualité et dévoile la frayeur qu'inspirait à l'auteure le sort de la femme. Il existe aussi plusieurs versions de *La Saga d'Éveline*, qui porte sur la famille maternelle de l'auteure, et qui l'a occupée de manière intermittente durant toute sa vie. Enfin, le volet inédit de l'autobiographie tourne autour de la mort de la mère.

RICARD, François (1994), « Histoire d'une blague, ou la critique universitaire prise au piège », *L'Atelier du roman*, n° 3, p. 133-140 (repris dans *Liberté*, vol. 37, n° 4 [220], août 1995, p. 69-77).

Malgré son absence de finesse et ses clichés, « Le gardien de l'horizon », pastiche à la manière de Gabrielle Roy signé par Ricard et publié dans la revue *Liberté* en 1983, a éveillé l'intérêt de quelques universitaires à la fois crédules et paresseux. Les réactions qu'a suscitées ce texte illustrent les travers d'une certaine critique universitaire, dont les praticiens déploient un lourd attirail théorique qui leur tient lieu de sensibilité littéraire et les dispense de tout travail véritable sur le texte.

RICARD, François (1996b), « Il y a cinquante ans, *Bonheur d'occasion* », André FAUCHON (dir.), *Colloque international « Gabrielle Roy ». Actes du colloque soulignant le cinquantième anniversaire de* Bonheur d'occasion, tenu au Collège universitaire de Saint-Boniface du 27 au 30 septembre 1995, Winnipeg, Presses universitaires de Saint-Boniface, p. 3-26.

Extrait quelque peu modifié de *Gabrielle Roy, une vie* (biographie encore inédite à l'époque du colloque). Y sont décrits la rédaction de *Bonheur d'occasion* et l'accueil qu'a reçu le livre.

RICARD, François (1996c), « L'œuvre de Gabrielle Roy comme "espace autobiographique" », Martine MATHIEU (dir.), *Littératures autobiographiques de la francophonie,* Actes du colloque international, tenu à Bordeaux les 21, 22 et 23 mai 1994, Paris, C.E.L.F.A./L'Harmattan, p. 23-30.

Étudiée sur le plan diachronique, l'œuvre royenne présente un parcours autobiographique en quatre étapes : le récit de fiction dans lequel apparaît un avatar de l'auteure, sans mention de l'inspiration autobiographique (c'est le cas de Mlle Côté dans *La Petite Poule d'Eau*), le mode pseudo-autobiographique où le nom du personnage, qui dit pourtant « je », diffère de celui de l'auteure (la Christine de *Rue Deschambault*), un mode plus ambigu où la narratrice n'est affirmée ni comme identique à l'auteure, ni comme vraiment différente d'elle (la narratrice sans nom de *Ces enfants de ma vie*), enfin l'autobiographie à proprement parler, *La Détresse et l'Enchantement*. La parution de ce dernier texte invite à une véritable relecture de l'œuvre, car tous les écrits (y compris ceux qui, en apparence les plus éloignés de la vie de l'auteure, la présentent sous un déguisement qui lui permet une franchise parfois supérieure) appartiennent, dès lors, à un immense « espace autobiographique » (Lejeune) qu'il importe de sonder. Ce qui est en jeu dans ce projet autobiographique, c'est « non pas l'aveu mais la recréation, non pas la restitution du passé mais sa réparation » (p. 28), moins le récit fait après coup d'une vie presque déjà achevée que la naissance, dans et par l'écriture, d'un sujet qui n'émerge qu'en se remémorant son passé, acquérant ainsi « existence et identité, une identité à la fois problématique et péremptoire, comme inassumable et cependant toujours à réassumer » (p. 28).

RIEDEL, Walter (1984), « Variationen der Wandlung : Gabrielle Roys Roman *Alexandre Chenevert* und die Dramen Georg Kaisers *Von morgens bis mitternachts* und Elmer Rices *The Adding Machine* », *Canadian Review of Comparative Literature,* p. 205-215.

À partir d'un essai de Northrop Frye, *The Great Code : The Bible and Literature,* les trois œuvres à l'étude sont examinées du point de vue de l'utilisation des motifs et thèmes bibliques et des mythes judéo-chrétiens et grecs, notamment le motif du paradis perdu et le symbolisme de la crucifixion. Les trois auteurs critiquent la civilisation technologique et proposent des changements ou un renouvellement. Dans *Alexandre Chenevert,* le passage de la ville à la campagne et le retour à la ville sont liés à la quête du sens de la vie ; la souffrance d'Alexandre est à l'image de celle du Christ.

ROBERTS-VAN OORDT, Christina H. (1990), « D'Odette à Bernadette : la figure de la "petite" sœur dans l'œuvre de Gabrielle Roy », André FAUCHON (dir.), *Langue et Communication,* Actes du 9e colloque du Centre d'études franco-canadiennes de l'Ouest, tenu au Collège universitaire de Saint-Boniface les 12, 13 et 14 octobre 1989, Saint-Boniface, Centre d'études franco-canadiennes de l'Ouest, p. 217-224.

Bernadette, la sœur de Gabrielle Roy, joue le rôle central dans la famille de celle-ci et dans son œuvre. Plusieurs traits de caractère réunissaient les deux femmes, dont leur tempérament artistique et leur connaissance du pouvoir guérisseur des bons récits. Après la mort de Bernadette, l'écriture de sa sœur se renouvelle de façon dramatique. *La Détresse et l'Enchantement* se trouve déjà, en germe, dans la correspondance entre les deux sœurs. Ainsi, toute l'œuvre forme un grand cercle au centre duquel on trouve Bernadette, ou encore une grande symphonie « ayant une structure organique » (p. 223).

ROBERTS-VAN OORDT, Christina H. (1991), « Du livre brûlé au livre ressuscité : le père face à quatre personnages féminins clés dans l'œuvre royenne », *Cahiers franco-canadiens de l'Ouest,* vol. 3, n° 1, p. 55-68.

La grand-mère de Gabrielle Roy, sa mère et sa sœur Bernadette étaient, à l'instar de l'auteure elle-même, des créatrices dotées d'un grand pouvoir d'empathie, mais c'est Bernadette la plus importante, car on voit sa « figure réfléchie, comme dans un miroir, dans celles des trois autres personnages féminins clés » (p. 57). Plusieurs activités féminines (la création de la poupée, les récits de la mère) sont des métaphores de l'écriture, et l'amour de la mère a fait de l'auteure une femme autonome, assoiffée de liberté. La venue à l'écriture de Gabrielle Roy s'explique aussi par un désir de venger son père, à qui ont été interdits les livres. Enfin, puisque les dons artistiques se transmettent de mère en fille, Gabrielle Roy « venge en effet la détresse, non seulement de son père, mais de tous les siens » (p. 66).

ROBIDOUX, Réjean (1989), « Gabrielle Roy : la somme de l'œuvre », *Voix et Images,* vol. 14, n° 3, p. 376-379.

La structure de l'œuvre de Gabrielle Roy est marquée par deux tendances aussi valables l'une que l'autre : le réalisme social et le lyrisme idyllique ou l'utopie. En relation avec le déchirement entre le vivre et le raconter et en rapport avec la mère « quittée, perdue et retrouvée » (p. 379), un rapprochement s'établit avec « l'intentionnalité du Temps retrouvé » de Proust. Ainsi, « l'œuvre capitale de Gabrielle Roy, c'est toute l'œuvre, tout l'œuvre, encore en partie inédit et génétiquement toujours mal connu » (p. 377).

ROBINSON, Christine (1995a), « Gabrielle Roy : entre réalité et fiction », *Québec Studies,* n° 20, p. 97-105.

Les écrits manitobains et l'autobiographie de Gabrielle Roy sont des textes complémentaires, chacun racontant un autre pan de la vie de l'auteure, en vertu d'un pacte de lecture (Lejeune) hybride, ni pleinement romanesque ni pleinement autobiographique (à l'exception de *La Détresse et l'Enchantement*). Avec les années, la dimension autobiographique, réduite au minimum dans les paratextes des œuvres des débuts, s'affirme (contrairement à ce que croit Carol Harvey [1993], l'institutrice non nommée de *Ces enfants de ma vie* n'est déjà plus Christine). S'il est possible, en confrontant les textes les uns aux autres, de se faire une idée des faits réels de la vie de l'auteure et de mesurer la part d'embellissement que comportent les fictions auto-biographiques, il n'en demeure pas moins que ce qui compte avant tout, pour Gabrielle Roy, c'est d'atteindre ce qu'elle appelle « le ton le plus vrai », grâce à un habile mélange de réalité et de fiction.

ROBINSON, Christine (1995b), « *La Saga d'Éveline*, un grand projet roma-nesque de Gabrielle Roy », *Cahiers franco-canadiens de l'Ouest*, vol. 7, n° 2, p. 193-210.

Description du long roman inachevé de Gabrielle Roy consacré à l'histoire de la famille maternelle de l'auteure (départ du Québec des grands-parents, établissement au Manitoba, jeunesse et mariage de la mère), y compris le relevé des divers états du texte, de ses principaux personnages et épisodes et des différentes formes narratives adoptées à tour de rôle (roman, nouvelle, narration à la première ou à la troisième personne) ainsi qu'une tentative de datation des manuscrits. La publication pro-chaine de *La Saga d'Éveline* est annoncée.

ROBINSON, Christine (1996), « *La Saga d'Éveline* de Gabrielle Roy ou l'in-achèvement d'une œuvre », André FAUCHON (dir.), *Colloque internatio-nal « Gabrielle Roy ». Actes du colloque soulignant le cinquantième anniversaire de* Bonheur d'occasion, *tenu au Collège universitaire de Saint-Boniface du 27 au 30 septembre 1995*, Winnipeg, Presses universitaires de Saint-Boniface, p. 287-296.

Malgré le temps que Gabrielle Roy y a consacré et l'importance qu'elle y attachait, *La Saga d'Éveline* est restée inachevée. Il existe plusieurs états du texte. Une première version à la troisième personne, de facture réaliste, décrit la colonisation de l'Ouest et un triangle amoureux formé d'Éveline, personnage inspiré de la mère de Roy, et de ses deux prétendants. Par la suite, Gabrielle Roy mélange dans une même version nouvelles liées et texte romanesque ; le triangle amoureux disparaît au profit de l'his-toire d'Éveline, et une partie du texte est racontée à la première personne. Enfin, elle revient à la forme romanesque et se concentre sur la migration vers l'Ouest et le por-trait d'Éveline. L'inachèvement s'explique par des raisons d'ordre esthétique, dont l'inaptitude à produire un roman historique, mais peut-être surtout par l'autocen-sure. Ont peut-être joué la peur de publier, dans les années 1940 ou 1950, un roman qui critiquait ouvertement le sort des femmes, ainsi que le désir de fuir la littérature « engagée » et la réticence à livrer une image négative du couple parental.

ROBINSON, Christine (1997), « *La Route d'Altamont* de Gabrielle Roy, épave de *La Saga d'Éveline* ? », *Voix et Images*, vol. 23, n° 1, p. 135-146.

Contrairement à ce qu'a affirmé François Ricard, *La Route d'Altamont* serait non pas un fragment ou un morceau de *La Saga d'Éveline* (roman inédit et inachevé rédigé entre 1945 et 1965), mais bien une épave, c'est-à-dire une œuvre rédigée plus ou moins en même temps que le texte premier et liée de près à lui. Le relevé des ressemblances entre les deux textes le montre : mêmes personnages, même narration par une fille d'Éveline, mêmes thèmes du voyage, de la plaine et de la montagne. Cependant, l'étude des avant-textes de la nouvelle « La route d'Altamont » révèle une évolution qui éloigne Gabrielle Roy des préoccupations et du point de vue de *La Saga*. On comprend ce changement de perspective si l'on songe que *La Saga* était en définitive le « livre de la mère », l'histoire d'un mariage malheureux et une dénonciation de la maternité obligatoire ; *La Route d'Altamont* est en revanche « le livre de la fille », axé sur le personnage de Christine de même que sur son éloignement progressif de sa mère. Il s'agit donc d'un livre de deuil, deuil à la fois des êtres perdus, du passé et du projet de raconter l'histoire maternelle : dans cette perspective, « inachever *La Saga d'Éveline*, le "livre de la mère" le plus élaboré auquel Gabrielle Roy ait tenté de donner forme, c'est quitter la mère, c'est se choisir » (p. 146).

RODRIGUEZ, Liliane (1995), « Réalités linguistiques et création littéraire : le cas de *La Petite Poule d'Eau* de Gabrielle Roy », *Francographies. Bulletin de la Société des professeurs français et francophones d'Amérique*, vol. 2, p. 115-123.

Si l'on étudie le langage utilisé dans *La Petite Poule d'Eau*, on s'aperçoit que les emprunts à d'autres langues, les anglicismes et les régionalismes (« berlander », « tannante ») représentent assez fidèlement la situation linguistique qui a cours au Manitoba. Le narrateur emploie moins d'anglicismes que ses personnages, mais tout autant de régionalismes. Ainsi, puisqu'il n'y a pas d'écarts prononcés entre les différents discours que présente le roman, on est en droit de parler « d'une authenticité collective, d'une voix linguistiquement unifiée, plutôt que stylistiquement modulée pour chacun des personnages » (p. 123). Roman régional, *La Petite Poule d'Eau* annonce aussi le dépassement du régionalisme qui se confirmera dans la suite de l'œuvre royenne.

RODRIGUEZ, Liliane (1996), « Sous la parole, le parler : place et fonction de la langue régionale dans *La Petite Poule d'Eau* et *Rue Deschambault* », André FAUCHON (dir.), *Colloque international « Gabrielle Roy »*. *Actes du colloque soulignant le cinquantième anniversaire de* Bonheur d'occasion, tenu au Collège universitaire de Saint-Boniface du 27 au 30 septembre 1995, Winnipeg, Presses universitaires de Saint-Boniface, p. 449-457.

Dans *La Petite Poule d'Eau* et dans *Rue Deschambault,* les régionalismes phoniques, morphologiques, lexicaux et syntaxiques marquent tous les types de discours, du dialogue à la narration omnisciente. Toutefois, ils se retrouvent davantage dans les discours direct et indirect libre, très présents dans *La Petite Poule d'Eau,* que dans la narration omnisciente, qui domine dans *Rue Deschambault*. Ce fait expliquerait la baisse de 40 % du nombre de régionalismes dans l'œuvre plus tardive. Dans *La Petite Poule d'Eau,* c'est par le truchement du parler régional que s'effectuent les passages de la parole du personnage à celle de l'instance narrative ; les deux sont donc peu différenciées. Dans *Rue Deschambault*, la différence entre la voix des personnages et celle de la narratrice est plus marquée ; les régionalismes n'apparaissent dans la narration que lorsqu'il est question de l'enfance. Autrement dit, la narratrice adulte emploie un langage beaucoup plus standard que celui des autres personnages, y compris elle-même enfant. Entre les deux œuvres, Roy passe ainsi du régionalisme à son dépassement, l'introduction des réflexions sur la vocation d'écrivain entraînant un alignement sur la langue littéraire normative.

ROLFE, Christopher (1996), « Evoking Childhood. Gabrielle Roy's *Rue Deschambault* and Jean-Marie Poupart's *Bourru mouillé : pour ceux qui savent parler aux enfants* », *Romance Studies,* n° 27, p. 63-72.

La vision de l'enfance présentée dans *Rue Deschambault* est nostalgique et quelque peu idéalisée ; le projet de l'auteure est d'évoquer l'essence même de l'enfance en insistant sur les expériences universelles, telle l'évolution dans la perception du temps et de l'espace. Le ton légèrement ironique vient de l'écart entre narratrice adulte et personnage enfant. Manquent cependant chez Gabrielle Roy le caractère imprévisible, espiègle, fantaisiste et irrévérencieux de l'enfance, ainsi qu'une véritable dénonciation des travers des adultes, toutes qualités que possède *Bourru mouillé.*

ROMNEY, Claude (1991), « L'inversion du sujet : son utilisation par Gabrielle Roy dans la description de l'espace », Jean-Guy QUENNEVILLE (dir.), *À la mesure du pays,* Actes du 10ᵉ colloque du Centre d'études franco-canadiennes de l'Ouest, tenu à St. Thomas More College les 12 et 13 octobre 1990, Saskatoon, Unité de recherche pour les études canadiennes-françaises (St. Thomas More College), University of Saskatchewan, p. 181-189.

Fréquemment utilisée dans les récits de la plaine, l'inversion du sujet permet de nombreux effets de style, dont celui de créer une impression d'espace infini ou d'attirer l'attention sur le trait marquant d'un paysage. Il s'ensuit des descriptions vivantes, animées, ainsi que des phrases au rythme évocateur. Ce procédé stylistique sert admirablement la description de l'espace, car il permet de relier les éléments du paysage, augmentant ainsi la continuité entre eux.

ROMNEY, Claude (1995), « L'inversion du sujet dans les œuvres de Gabrielle Roy : effets stylistiques, cohésion et cohérence du discours », Claude ROMNEY et Estelle DANSEREAU (dir.), *Portes de communications. Études discursives et stylistiques de l'œuvre de Gabrielle Roy,* Sainte-Foy, Presses de l'Université Laval, p. 193-210.

L'inversion du sujet, chez Gabrielle Roy, a deux fonctions. D'une part, elle fait vivre au narrataire les sensations et les sentiments, le transformant ainsi en témoin direct des impressions visuelles, auditives ou émotives particulièrement intenses, si bien que passé et présent, ailleurs et ici coïncident. D'autre part, elle contribue à la cohésion syntaxique, à l'enchaînement textuel, aussi bien qu'à la cohérence des idées, renforçant ainsi la vision de solidarité de l'auteure. L'inversion est moins présente dans les récits à caractère autobiographique, signe peut-être d'une réticence de l'auteure à faire pénétrer le lecteur trop avant dans ses souvenirs (sauf dans *La Détresse et l'Enchantement*, où cette pudeur ne joue plus, peut-être parce que l'auteure s'exprime cette fois en son propre nom), et particulièrement fréquente dans *La Montagne secrète*, où elle confère à la phrase royenne son rythme caractéristique.

ROMNEY, Claude (1996), « Le bonheur du discours dans les écrits autobiographiques de Gabrielle Roy », André FAUCHON (dir.), *Colloque international « Gabrielle Roy ». Actes du colloque soulignant le cinquantième anniversaire de* Bonheur d'occasion, *tenu au Collège universitaire de Saint-Boniface du 27 au 30 septembre 1995*, Winnipeg, Presses universitaires de Saint-Boniface, p. 437-448.

Le « bonheur conversationnel » ou « bonheur du discours », celui qu'on éprouve à entrer en contact avec d'autres au moyen d'échanges verbaux ou écrits, prend plusieurs formes chez Gabrielle Roy. Inversement, le malheur dialogique naît des expéditions à Winnipeg, lorsque Mme Roy doit s'exprimer en anglais dans les grands magasins ; le simple recours à la langue maternelle évoque donc un paradis linguistique perdu. Entre mère et fille s'établissent des échanges dialogiques parfaits, l'une racontant des histoires à l'autre ; le voyage en autobus vers la Californie qu'effectue Éveline est la source d'un bonheur d'abord monologique (Éveline étant la seule énonciatrice), ensuite partagé. Dans tous ces cas, le bonheur du discours est lié de près à la création littéraire, car il vient des contes oraux que s'échangent les interlocuteurs.

ROY, Alain (1994), « Écriture et désir chez Gabrielle Roy. Lecture d'un récit de *La Route d'Altamont* », *Voix et Images*, vol. 20, n° 1, p. 133-161.

Chez Gabrielle Roy, le désir sexuel, « menaçant et mortifère » (p. 137), semble réservé aux hommes, et eux-mêmes, autant que les femmes, en sont les victimes. Derrière une façade idyllique se cachent donc des forces pulsionnelles qui travaillent l'écriture royenne. Par exemple, une lecture psychanalytique de la nouvelle « Le vieillard et l'enfant » révèle la mise en scène d'une expédition œdipienne. M. Saint-Hilaire représente le père-objet du désir de la fille, qui évince la mère jalouse et brave ses interdits ; il possède donc la connaissance et le pouvoir de satisfaire les appétits de la petite Christine. L'agitation qui s'empare de la fillette durant le voyage est d'ordre sexuel, et le lac Winnipeg représente le corps de la mère qui renferme le pénis paternel (les « rouleaux » que font les vagues). L'écriture royenne serait ainsi motivée par le désir de réparer ce « forfait filial », ce « dépouillement du corps maternel de ses contenus » ou cette « séparation et cet abandon de la figure maternelle » (p. 161). On doit y voir une forme de réparation telle que la décrit M. Klein.

ROY, Paul-Émile (1989), *Études littéraires. Germaine Guèvremont, Réjean Ducharme, Gabrielle Roy*, Montréal, Méridien, coll. « Littérature », p. 49-87.

Malgré les apparences, la religion est très présente dans *Bonheur d'occasion*, notamment dans la description de Saint-Henri, où l'église joue un rôle central, signe de la foi tenace des habitants du quartier qui ont su « au milieu de leur dénuement […] donner à leur vie une qualité d'humanité » (p. 82). Si Florentine vit coupée du monde, c'est faute d'attention au domaine spirituel ; sa relation avec Jean, trop axée sur le paraître, tourne court pour la même raison. Enfin, ses insatisfactions ont pour cause une inquiétude religieuse inavouée. Rose-Anna, par contre, est le prototype de l'être pauvre, démuni, qui retire, de ses rapports avec le divin, sécurité, confiance et joie. Emmanuel, lui, s'engage pour des motifs liés à la religion, donc par désir de faire le bien. Ainsi, sont valorisées dans le roman les « grandes données traditionnelles de la foi chrétienne » (p. 76), qui seule peut garantir le salut.

ROY-CYR, Yolande (1996), « Gabrielle Roy : fragile lumière, immortel éclat », André FAUCHON (dir.), *Colloque international « Gabrielle Roy ». Actes du colloque soulignant le cinquantième anniversaire de* Bonheur d'occasion, tenu au Collège universitaire de Saint-Boniface du 27 au 30 septembre 1995, Winnipeg, Presses universitaires de Saint-Boniface, p. 719-728.

Évocation de Gabrielle Roy par l'une de ses nièces.

ROY-CYR, Yolande, et Claude DELLA ZAZZERA (1996), « *Alexandre Chenevert* : le cheminement psychologique d'un homme tourmenté », André FAUCHON (dir.), *Colloque international « Gabrielle Roy ». Actes du colloque soulignant le cinquantième anniversaire de* Bonheur d'occasion, tenu au Collège universitaire de Saint-Boniface du 27 au 30 septembre 1995, Winnipeg, Presses universitaires de Saint-Boniface, p. 109-122.

Étude de l'évolution psychique d'Alexandre Chenevert. Le modèle existentialiste et humaniste montre l'angoisse et l'impuissance d'Alexandre, qu'écrase le sentiment de ses responsabilités ; il devient alors sec et incapable de vivre ses émotions. Le modèle épigénétique d'Erikson permet d'étudier les différentes étapes de sa vie et sa préoccupation pour les générations futures. Par ailleurs, certains membres de son entourage lui servent de conseillers, et son séjour au lac Vert ressemble presque à une psychothérapie ; il n'atteindra toutefois la sagesse et l'intégrité de son Moi qu'à la toute fin de sa vie.

RUBINGER, Catherine (1980), « Actualité de deux contes-témoins : "Le torrent" d'Anne Hébert et "Un jardin au bout du monde" de Gabrielle Roy », *Présence francophone*, n° 20, p. 121-126.

Œuvres mineures de leurs auteures respectives, « Le Torrent » et « Un jardin au bout du monde » innovent tout de même par leur facture et leurs idées. Sans se soucier des modes, Gabrielle Roy a poursuivi son exploration du cœur humain, des grandes vérités de la vie et de la recherche du bonheur. Martha est « la première à dominer son sort depuis que Maria Chapdelaine dut accepter le "bonheur d'occasion" qu'offre la vie » (p. 126).

SAINT-MARTIN, Lori (1989), *Malaise et Révolte des femmes dans la littérature québécoise depuis 1945*, Québec, Cahiers du Groupe de recherche multidisciplinaire féministe (GREMF), p. 35-129.

Dès ses premières œuvres, Gabrielle Roy pose, à propos des femmes, de nombreuses questions encore d'actualité, même si la plupart des critiques littéraires insistent sur son traditionalisme en la matière. Suit un examen de nombreux thèmes féministes, dont la dénonciation de la maternité obligée, le refus par les jeunes filles du trajet maternel en même temps que la naissance d'une réciprocité mère-fille, l'incompatibilité du destin féminin et de la réalisation de soi, l'importance accordée à l'autonomie obtenue grâce au travail ou à la création, les liens entre la mère et l'écriture, les difficiles rapports des femmes à la création artistique, les relations de pouvoir qui subordonnent la femme à l'homme, enfin la valorisation progressive des personnages féminins par rapport aux personnages masculins. Se trouvent donc annoncées, chez Gabrielle Roy, dès les années 1945-1955, de nombreuses problématiques de la théorie féministe des années 1970 et 1980.

SAINT-MARTIN, Lori (1990), « Gabrielle Roy : The Mother's Voice, the Daughter's Text », *American Review of Canadian Studies*, vol. 20, n° 3, p. 303-325.

Lorsqu'on étudie les textes dits autobiographiques de Gabrielle Roy à la lumière de la psychanalyse au féminin, il en ressort que le rapport à la mère est déterminant pour la venue à l'écriture de la fille. Les deux femmes sont liées dans une mise au monde réciproque, que reflètent les structures syntaxiques et narratives du texte. En ce qui concerne la fille, cette mise au monde transite par l'écriture. Ainsi, la fille écrit entre autres pour donner voix à sa mère, et tente de lui ménager un espace textuel bien à elle au lieu de lui imposer sa propre voix. Une lecture attentive montre ainsi que l'art d'écrire de Gabrielle Roy est ancré dans le rapport au corps et à la voix de la mère. Il faut donc plusieurs générations de créatrices pour produire la femme artiste qui les célébrera. (Voir aussi Gilbert Lewis 1985c.)

SAINT-MARTIN, Lori (1992), « Mère et monde chez Gabrielle Roy », dans Lori SAINT-MARTIN (dir.), *L'Autre Lecture. La critique au féminin et les textes québécois*, Montréal, XYZ, t. I, p. 117-137.

Version française légèrement remaniée de Saint-Martin 1990.

SAINT-MARTIN, Lori (1993a), « Elles, dans la ville », Évelyne TARDY *et al., Les Bâtisseuses de la Cité*, Cahiers scientifiques de l'ACFAS, p. 319-326.

Brève étude du thème de la femme et de la ville dans *Bonheur d'occasion*. Le passage de la campagne à la ville, la misère urbaine sont racontés d'un point de vue féminin, celui de Rose-Anna ; la guerre aussi est vue sous l'angle de la solidarité entre femmes de tous les pays. La prise de conscience de l'oppression des femmes se fait à l'occasion de promenades qui rappellent aux protagonistes que « la cité s'est bâtie sans elles » (p. 320). Le premier grand roman de Montréal est donc aussi un véritable roman au féminin.

SAINT-MARTIN, Lori (1993b), « Simone de Beauvoir and Gabrielle Roy : Contemporaries Reflecting on Women and Society », *Simone de Beauvoir Studies,* n° 10, p. 127-139.

Une lecture en parallèle de *Bonheur d'occasion* et du *Deuxième Sexe* de Simone de Beauvoir (1949) révèle la présence des mêmes problématiques féministes (souvent décrites par des formules quasi identiques) : le pouvoir et l'impouvoir des femmes, leur absence de liberté et les conséquences sociales et psychologiques des limites qu'on leur impose, les raisons pour lesquelles elles acceptent de devenir des objets du désir masculin, enfin leur rapport problématique à leur corps, aux autres femmes et aux hommes. Il est donc curieux de constater que, alors qu'on a reconnu en Simone de Beauvoir la fondatrice du féminisme moderne, le féminisme de Gabrielle Roy est longtemps passé inaperçu. Ce fait s'explique peut-être par le recours au réalisme, qui a fait conclure aux critiques que Roy prônait la soumission féminine alors qu'elle ne faisait que la mettre en scène. Pourtant, elle va même plus loin que Beauvoir à certains égards (revalorisation de traits associés aux femmes, dénonciation de la guerre d'un point de vue féminin).

SAINT-MARTIN, Lori (1994), « "Au plus près possible de vous tous" ». Deuil, distance et écriture dans la correspondance de Gabrielle Roy », Benoît MELANÇON et Pierre POPOVIC (dir.), *Les Femmes de lettres. Écriture féminine ou spécificité générique ?*, Actes du colloque du 15 mai 1994, Université de Montréal, Département d'études françaises, p. 117-135.

Les lettres qu'a envoyées Gabrielle Roy à sa sœur Bernadette illustrent les nombreux paradoxes du genre épistolaire, notamment la tension entre présence et absence, proximité et distance. La mort de Bernadette, devenue avec le temps une figure maternelle, offre l'occasion d'une véritable réparation, car, cette fois, Roy comblera la mourante de soins et d'affection, comme elle n'a pu le faire pour sa mère. Par ailleurs, les lettres évoquent sans cesse un désir de rencontre qui reste le plus souvent « lettre morte », les retrouvailles ne pouvant s'accomplir que dans l'écriture. L'effacement progressif du « je » au profit du « tu » va à l'encontre de la notion généralement admise selon laquelle la correspondance serait un genre narcissique. Dans ce contexte, « la lettre est un art de vivre, un art de mourir, et toujours, entre la vie et la mort — seule passerelle peut-être entre les deux —, un sublime et douloureux art d'écrire » (p. 135).

SAINT-MARTIN, Lori (1995), « Structures maternelles, structures textuelles dans les écrits autobiographiques de Gabrielle Roy », Claude ROMNEY et Estelle DANSEREAU (dir.), *Portes de communication. Études discursives et stylistiques de l'œuvre de Gabrielle Roy,* Québec, Presses de l'Université Laval, p. 27-46.

Les conclusions tirées à propos de la réciprocité mère-fille dans « Mère et monde chez Gabrielle Roy » sont ici approfondies du point de vue stylistique. On constate alors combien, dans les écrits dits autobiographiques, les images et les métaphores (le visage et le « corps-texte » de la mère, les collines), les figures (paradoxes, oxymores), les formes syntaxiques (marquées par la réciprocité, la répétition, le va-et-vient énonciatif), enfin jusqu'aux structures narratives (forme en spirale), sont surdéterminées par le rapport mère-fille. Autrement dit, une *généalogie* au féminin (deux générations de filles — Christine et Éveline — tentent de donner à la mère disparue une voix pour s'exprimer) donne lieu ici à une *stylistique* au féminin, à un art du récit totalement identifié à la mère.

SAINT-MARTIN, Lori (1996a), « Portrait de l'artiste en (vieille) femme », André FAUCHON (dir.), *Colloque international « Gabrielle Roy ». Actes du colloque soulignant le cinquantième anniversaire de* Bonheur d'occasion, tenu au Collège universitaire de Saint-Boniface du 27 au 30 septembre 1995, Winnipeg, Presses universitaires de Saint-Boniface, p. 513-522.

Dans ses premières œuvres, Gabrielle Roy accorde surtout aux hommes le pouvoir créateur et la réflexion métaphysique, fidèle en cela à la répartition traditionnelle des rôles symboliques dans la culture (voir aussi Saint-Martin 1989). Par la suite, les femmes de l'œuvre accéderont elles aussi à ces domaines prestigieux. C'est le cas de la mère conteuse, dont l'esthétique inspire celle de la fille, mais aussi celle de nombreuses créatrices œuvrant dans l'éphémère (jardinage, décoration, fabrication de poupées). En raison de la haute valeur symbolique qu'elle accorde à l'artisanat, Gabrielle Roy s'apparente aux théoriciennes féministes contemporaines de l'histoire de l'art, qui contestent la survalorisation du « grand art » (masculin) par rapport à l'artisanat (féminin). Le jardin de Martha, dans « Un jardin au bout du monde », obéit à de hautes visées métaphysiques : célébrer la vie et la soutenir contre la mort, faire triompher la beauté. Le prologue de la nouvelle lie du reste le travail d'artisanat de Martha à celui, savant, de la narratrice-écrivaine, si bien qu'on se trouve en présence d'une « assimilation volontaire, consciente, de deux entreprises créatrices au féminin » (p. 520) et d'une nouvelle vision de la création artistique.

SAINT-MARTIN, Lori (1996b), « Bibliographie annotée des études critiques sur Gabrielle Roy, 1984-1995 » (avec la collaboration de Sylvie Lamarre, Laure Neuville, Katherine Roberts et Sophie Sainte-Marie), *Cahiers franco-canadiens de l'Ouest*, vol. 8, n° 2, p. 283-371.

Bibliographie annotée des études consacrées à l'œuvre de Gabrielle Roy, précédée d'une introduction critique.

SAINT-MARTIN, Lori (1997), « Sexe, pouvoir et dialogue » (avec la collaboration de Sylvie Lamarre et de Laure Neuville), *Études françaises* (« *Le Survenant* et *Bonheur d'occasion* : rencontre de deux mondes »), vol. 33, n° 3, p. 37-52.

Une comparaison systématique des dialogues de *Bonheur d'occasion* et du *Survenant* révèle que l'instance narrative de *Bonheur d'occasion* éclaire davantage l'intériorité des personnages et leur prête beaucoup plus souvent la parole, d'où une plus grande polyphonie. Comme les réflexions des personnages de *Bonheur d'occasion* contredisent très souvent leurs paroles, le dialogue est « le lieu de la tromperie, de la ruse, et, pour tout dire, d'une immense et douloureuse solitude » (p. 42) ; le plaisir de la parole, les rituels de la sociabilité, si importants dans *Le Survenant*, sont presque absents de *Bonheur d'occasion*. Dans les deux romans, par ailleurs, les dialogues permettent une critique des relations de pouvoir entre les sexes. Dans *Bonheur d'occasion*, les hommes dominent les échanges linguistiques et ont le monopole de la parole publique et performative ; la parole des femmes se limite aux domaines familial et amoureux. Mais il ne faut pas en conclure que Gabrielle Roy prône l'exclusion des femmes de la sphère publique ; dans les limites que lui impose le réalisme, elle explique pourquoi les femmes sont incapables de soutenir un débat public d'idées et leur prête, par le biais du discours indirect libre, une réflexion privée à caractère sociopolitique. En fait, les réflexions intérieures que présente le roman sont surtout celles de Rose-Anna et de Florentine ; on peut donc parler d'« une volonté de prêter voix aux femmes, même et surtout lorsque la société les réduit au silence » (p. 52). C'est dire que les deux romancières « minent, de l'intérieur et grâce aux outils mêmes du réalisme, l'imposante construction sociale et discursive qu'elles prétendent soutenir » (p. 52).

SCHONBERGER, Vincent L. (1989), « The Problem of Language and the Difficulty of Writing in the Literary Works of Gabrielle Roy », *Studies in Canadian Literature*, vol. 14, n° 1, p. 127-138.

Au cœur de l'œuvre de Gabrielle Roy, on retrouve une lutte pour maîtriser le pouvoir de représentation du langage ainsi qu'une réflexion sur les épreuves que connaissent les écrivains : déchirement entre le vivre et le raconter (*Rue Deschambault*), tentatives pénibles de tracer des signes sur le papier (*Ces enfants de ma vie*, *La Petite Poule d'Eau*) ou de s'exprimer par une lettre (*La Rivière sans repos*, *Alexandre Chenevert*). Dans ce dernier roman, le langage comme système de signification se trouve remis en cause. L'aliénation culturelle du personnage se traduit par une incapacité de manipuler les signifiants linguistiques, mais aussi par le grand nombre d'énoncés anglais qui se glissent dans le roman. (Voir aussi Babby 1982 et 1985.)

SCHONBERGER, Vincent L. (1995), « *Alexandre Chenevert* : récit plurico-dique », Claude ROMNEY et Estelle DANSEREAU (dir.), *Portes de communications. Études discursives et stylistiques de l'œuvre de Gabrielle Roy*, Sainte-Foy, Presses de l'Université Laval, p. 83-102.

Sommet de l'œuvre de Gabrielle Roy, *Alexandre Chenevert* remet en question le code narratif de ce « roman miroir » que fut *Bonheur d'occasion*, donnant à voir sa propre émergence textuelle. Le récit de la vie d'Alexandre que trace le Dr Hudon constitue une mise en abyme du roman tout entier, dont il dévoile le processus d'énonciation. Dans la narration se côtoient deux discours, dont l'un parodie souvent l'autre, ce qui problématise le déchiffrement du texte. En faisant largement appel à une inter-textualité ironique, Gabrielle Roy explore « les frontières du récit » (p. 95). Le but de l'auteure ici est non pas seulement de faire voir la réalité, mais de la faire voir autre-ment et de s'interroger sur la manière même dont la réalité peut être contemplée et dépeinte. Ainsi, le roman « est à la fois signe d'une histoire tragique et résistance à cette histoire, un acte de protestation contre le "terrorisme" du code monosémique et coercitif de tout langage autoritaire » (p. 99), « forme non contrainte, subversive, polyphonique, épiphanique » (p. 100). (Voir aussi Babby 1982.)

SCHONBERGER, Vincent L. (1996), « Stratégies de démythification du dis-cours idéologique dans *Alexandre Chenevert* », André FAUCHON (dir.), *Colloque international « Gabrielle Roy ». Actes du colloque soulignant le cin-quantième anniversaire de* Bonheur d'occasion, *tenu au Collège universi-taire de Saint-Boniface du 27 au 30 septembre 1995*, Winnipeg, Presses uni-versitaires de Saint-Boniface, p. 137-147.

Étude comparée de certains éléments d'ordre narratologique de *Bonheur d'occasion* et d'*Alexandre Chenevert*. Le premier roman de l'auteure, plus journalistique et plus misérabiliste, cherche à produire un effet de réel ; la fonction référentielle du lan-gage éclipse en grande partie la fonction poétique. Les nombreuses scènes mélo-dramatiques affaiblissent la portée tragique du roman, tandis que les discours démonstratifs et rationnels laissent peu de liberté au lecteur. Inversement, dans *Alexandre Chenevert*, Gabrielle Roy a compris que « le discours littéraire n'a pas pour but d'exprimer une idée fixe de la réalité mais plutôt de la signifier en l'explorant, en l'interrogeant, en la démythifiant » (p. 142). Par divers moyens textuels (collage d'autres langues et langages, autoreprésentations diverses, réflexions sur l'écriture), Gabrielle Roy fait d'*Alexandre Chenevert* un roman qui représente moins la réalité qu'il ne s'interroge sur son propre fonctionnement.

SHEK, Ben-Z. (1984), « *Bonheur d'occasion* à l'écran : fidélité ou trahison ? », *Études littéraires*, vol. 17, n° 3, p. 481-497.

Une comparaison entre le roman de Gabrielle Roy et son adaptation cinématographique et télévisuelle révèle une banalisation des personnages et une quasi-disparition de la conscience politique et sociale. Privée de sa dimension collective, l'intrigue glisse de l'ironie vers le mélodrame et perd sa force contestataire ; les travailleurs, plutôt que le capitalisme, deviennent les grands responsables de la Crise. Bref, le passage au cinéma déforme le roman, du point de vue tant idéologique qu'esthétique.

SHEK, Ben-Z. (1986), « "La généreuse disparité humaine" dans l'œuvre de Gabrielle Roy, de *Bonheur d'occasion* à *La Détresse et l'Enchantement* », *Études canadiennes/Canadian Studies*, vol. 21, n° 1, p. 235-244.

Gabrielle Roy s'est éveillée tôt à la présence des immigrants dans son pays. Dans *Bonheur d'occasion*, on sent une grande sympathie pour les victimes du nazisme. *La Petite Poule d'Eau* met en scène non pas des caricatures, mais des personnages véridiques ; le « méchant » du roman est le marchand canadien-français, Bessette, plutôt que l'étranger. Dans *Alexandre Chenevert* et *Rue Deschambault*, se côtoient une attitude positive envers les nouveaux venus et une mentalité empreinte de préjugés. Dans *Un jardin au bout du monde* et *Ces enfants de ma vie*, les immigrants sont liés à la beauté et à l'amour. Sans oublier l'ouverture au monde, l'autobiographie évoque la survie problématique de la langue et de la culture canadiennes-françaises. Bref, Gabrielle Roy a été le premier auteur québécois à dépasser la méfiance face à l'étranger, qu'elle voit avant tout comme un être humain, un semblable.

SHEK, Ben-Z. (1989), « De quelques influences possibles sur la vision du monde de Gabrielle Roy : George Wilkinson et Henri Girard », *Voix et Images*, vol. 14, n° 3, p. 437-452.

À l'origine de la « vision du monde progressiste et démocratique » (p. 438) de Gabrielle Roy, on retrouve peut-être l'empreinte de deux hommes qu'elle a connus dans les années 1940. George Wilkinson, ancien pasteur et militant politique, décrivait dans *Le Jour* (journal libéral qui dénonce aussi le racisme) les conditions de vie des chômeurs, critiquait le système social responsable selon lui de la Crise et s'insurgeait contre la montée du fascisme. Critique d'art au journal libéral *Le Canada*, Henri Girard a sans doute été pour Gabrielle Roy un « mentor » (p. 447). Il critiquait la xénophobie des élites intellectuelles de l'époque et prônait une littérature axée sur la vie contemporaine. En revanche, il était d'avis que l'artiste doit se désintéresser des questions matérielles, dont la politique, point de vue qu'a rejeté Gabrielle Roy.

SHEK, Ben-Z. (1996), « La critique "gauchiste" (et gauche ?) de *Bonheur d'occasion* », André FAUCHON (dir.), *Colloque international « Gabrielle Roy »*. *Actes du colloque soulignant le cinquantième anniversaire de* Bonheur d'occasion, tenu au Collège universitaire de Saint-Boniface du 27 au 30 septembre 1995, Winnipeg, Presses universitaires de Saint-Boniface, p. 55-68.

Réponse à quatre articles qui mettent en cause l'importance formelle et sociale de *Bonheur d'occasion,* signés par J. Wilson Clark, Guy Laflèche, Jean Morisset et Myo Kapetanovich. Ces quatre hommes ont en commun une vision « gauchiste » au sens de Lénine (« ultra-radical, volontariste, dans un sens philosophique et, donc, sans prise suffisante sur la réalité » [p. 57]), qui les conduit à simplifier, voire à fausser, le roman, à passer sous silence ses éléments contestataires pour en dénoncer le « point de vue bourgeois », à déformer les propos d'autres critiques et à reprocher à Gabrielle Roy d'être une romancière plutôt qu'une polémiste ; tous quatre affichent une méconnaissance de l'œuvre qui frise la mauvaise foi. L'acharnement de ces critiques à démolir *Bonheur d'occasion* a son origine « dans un mépris et pour le peuple et pour le genre réaliste » (p. 64) qui rappelle les historiens conservateurs de la littérature.

SIMON, Sherry (1992-1993), « Le discours du Juif au Québec en 1948 : Jean Le Moyne, Gabrielle Roy », *Québec Studies*, n° 15, p. 77-86.

Dans *Alexandre Chenevert,* le Juif est un personnage symbolique important, « gardien de passage » (p. 81) entre le monde des idées et des événements internationaux, connoté positivement, et le monde du quotidien ; sa représentation est empreinte de contradictions. Si Alexandre éprouve de la sympathie envers les Juifs de Palestine, ceux de Montréal incarnent une étrangeté plus inquiétante. En même temps qu'il associe les Juifs à la manipulation de l'information, Alexandre s'identifie à leur condition de réfugiés. Ainsi, Gabrielle Roy « nous décrit la modernité comme un réseau complexe et insistant de communications qui redéfinit les contours de la conscience individuelle » (p. 81) ; elle se demande « en vertu de quels espaces l'on devient l'étranger d'un autre » (p. 84), ce qui rend son texte extrêmement actuel.

SIROIS, Antoine (1979), « Costume, maquillage et bijoux dans *Bonheur d'occasion* », *Présence francophone*, n° 18, p. 159-164.

Dans son premier roman, Gabrielle Roy accorde une importance extrême aux moindres détails de la toilette des personnages principaux. Loin d'être dépourvus de signification, ces éléments traduisent les étapes de la recherche de Florentine, l'évolution de sa relation avec les hommes et sa transformation en femme élégante. Ainsi, Roy décrit dans ce roman « la conquête de la ville de cette première génération urbaine dont les ambitions sont encore assez matérielles et artificielles, pour qui les signes extérieurs de la réussite semblent aussi importants que la réussite elle-même et qui croient même que ces signes extérieurs entraînent nécessairement le bonheur » (p. 163).

SIROIS, Antoine (1984), « Gabrielle Roy et le Canada anglais », *Études littéraires*, vol. 17, n° 3, p. 469-479.

Bonheur d'occasion a connu au Canada anglais une réception critique enthousiaste, en partie parce que, grâce à ses origines franco-manitobaines, l'auteure jette des ponts entre les deux solitudes. Les premiers critiques anglophones soulignent le caractère universel du roman, sa parenté avec des œuvres naturalistes européennes ou américaines ainsi que la manière dont il contribue à l'émergence d'une identité canadienne. Le roman suscite par la suite un intérêt durable, figurant dans tous les ouvrages canadiens-anglais où il est question de littérature québécoise et retenant l'attention de nombreux critiques anglophones.

SIROIS, Antoine (1989), « De l'idéologie au mythe : la nature chez Gabrielle Roy », *Voix et Images*, vol. 14, n° 3, p. 380-386 (repris sous le titre « De l'idéologie au mythe de la nature. Romans et nouvelles de Gabrielle Roy » dans *Mythes et Symboles dans la littérature québécoise*, Montréal, Triptyque, 1992, p. 51-59).

Dès *Bonheur d'occasion*, Gabrielle Roy rompt avec l'idée de la nature présentée dans la littérature québécoise jusque-là. En effet, la nature cesse chez elle d'être rattachée à l'idéologie agriculturaliste et à la possession du sol, emblème de la nation ; elle rappelle désormais « un temps primordial, celui de l'Éden » (p. 382), si bien qu'elle atteint pour la première fois dans notre littérature une portée universelle. La recherche du bonheur que symbolise le paradis perdu prend souvent la forme d'une quête initiatique, notamment dans *La Détresse et l'Enchantement*, où les haltes dans la nature constituent des moments de révélation. Le rapport à la nature, qui commande ici un langage mythique, se trouve à la source même de l'écriture royenne. Sont à signaler aussi les parallèles avec l'idée jungienne du héros voyageur à la recherche de la lumière de la conscience.

SIROIS, Antoine (1991), « Prix littéraires pour les écrivains québécois », Virginia M. SHADDY (dir.), *International Perspectives in Comparative Literature : Essays in Honor of Charles Dedeyan*, Lewiston, Edwin Mellen Press, p. 147-159.

Sont étudiées ici les circonstances entourant l'attribution de grands prix littéraires français à des romancières québécoises (Roy, Blais, Hébert). En ce qui concerne *Bonheur d'occasion*, inconnu en France à l'époque, la victoire s'expliquerait peut-être par des motifs d'ordre politique (reconnaissance de l'effort de guerre canadien ou tentative d'obtenir du blé de l'Ouest) plutôt que littéraire, car la forme de l'œuvre, proche du roman populaire français des années 1930 et 1940, a dérouté la critique parisienne. On constate alors la difficulté de juger une œuvre sans tenir compte de son contexte propre, ici la rupture avec le roman du terroir.

SIROIS, Antoine (1996), « Le Grand Nord chez Gabrielle Roy et Yves Thériault », André FAUCHON (dir.), *Colloque international « Gabrielle Roy ». Actes du colloque soulignant le cinquantième anniversaire de* Bonheur d'occasion, *tenu au Collège universitaire de Saint-Boniface du 27 au 30 septembre 1995,* Winnipeg, Presses universitaires de Saint-Boniface, p. 605-616.

Publiés entre 1957 et 1970, *La Montagne secrète* et *La Rivière sans repos,* ainsi que deux œuvres d'Yves Thériault, *Agaguk* et *Tayaout, fils d'Agaguk,* témoignent des relations conflictuelles entre le Nord et le Sud en mettant en scène deux espaces, deux temps et deux cultures. Dans toutes ces œuvres, sauf *La Rivière sans repos,* le protagoniste vit une quête initiatique archétypale (zone inconnue, descente aux enfers, figures bienveillantes, illumination, retour) dont l'instance narrative souligne le caractère religieux. Les deux romanciers reprennent nombre d'éléments propres à la mythologie inuit, dont la conviction que les éléments naturels sont habités par une âme ou un esprit, croyance donnant lieu à une inquiétude que seuls apaisent les rituels et les règles. Bien qu'elle ne fasse pas aussi souvent allusion à la mythologie inuit que Yves Thériault, Gabrielle Roy pratique un anthropomorphisme qui rapproche son texte de la fable et lui permet d'évoquer les mystères de la vie et de la mort. Comme les primitifs, les personnages des quatre romans ont une vie rythmée par les cycles saisonniers, solaire et lunaire, et sont partagés entre la tentation du retour aux origines (surgissent alors des références plus étonnantes aux images bibliques du jardin d'Éden) et la recherche du progrès. Gabrielle Roy et Yves Thériault ont donc tous deux « une vision cosmique qui s'apparente à l'esprit mythique » (p. 615).

SMART, Patricia (1988), « Quand les voix de la résistance deviennent politiques. *Bonheur d'occasion* ou le réalisme au féminin », *Écrire dans la maison du père. L'émergence du féminin dans la tradition littéraire du Québec,* Montréal, Québec/Amérique, p. 197-233 (version anglaise : *Writing in the Father's House : The Emergence of the Feminine in the Quebec Literary Tradition,* trad. Patricia Smart, Toronto, University of Toronto Press, 1991, p. 159-187).

En mettant au centre de son roman l'histoire d'une mère et en montrant le prix du dévouement maternel, Gabrielle Roy crée un réalisme au féminin ; l'instance narrative ressemble à une mère qui écoute tendrement tous ses enfants à la fois et laisse s'exprimer ceux qui n'ont jamais été entendus. La mère et la guerre sont donc « comme les deux pôles d'un univers souffrant et en besoin de salut » (p. 204), et le réalisme met en cause l'impasse de la culture patriarcale tout en « donnant une voix à ceux et à celles qui ont été écrasés par la culture » (p. 205). C'est dans l'amour mère-fille, entravé par la culture, que réside le meilleur espoir de solidarité entre les femmes, mais le moment de son épanouissement n'est sans doute pas encore venu. Par ailleurs, l'apparition de multiples figures de mères, toutes détruites par leur rôle maternel, montre combien le prix du dévouement est exorbitant pour la femme et pour la société. Rejetant le destin maternel, Florentine, d'objet du désir destructeur de Jean Lévesque, devient un sujet de plein droit, grâce à une relation d'amour-amitié avec l'homme nouveau, Emmanuel Létourneau, qui incarne une « pensée-femme » (p. 232). Ainsi, la trajectoire féminine serait non pas linéaire, comme celle de Jean Lévesque, mais marquée par l'ambivalence et les contradictions. Dans ses livres subséquents, Gabrielle Roy abandonnera le réalisme et cherchera à remonter vers une source maternelle qui s'exprimera dans une forme plus libre et plus ouverte, plus « féminine ».

SMART, Patricia (1997), « "Changer la vie" ou "changer le monde" ? », *Études françaises* (« *Le Survenant* et *Bonheur d'occasion* : rencontre de deux mondes »), vol. 33, n° 3, p. 15-21.

Germaine Guèvremont et Gabrielle Roy dénoncent toutes deux la rage de posséder les objets, l'argent et les femmes qui anime autant la société paysanne traditionnelle que la société capitaliste urbaine ; ce faisant, elles remettent en question la pensée dualiste et la domination des femmes par les hommes. En même temps qu'elles constatent les méfaits de cette idéologie, elles en demeurent prisonnières dans la mesure où elles chantent encore les louanges de la mère traditionnelle et présentent des jeunes femmes stéréotypées qui n'arrivent pas à échapper aux carcans sociaux. Chez elles, les femmes demeurent confinées au corps et à la maternité, tandis que, en raison des contraintes de la vraisemblance, les idées contestataires des auteures s'expriment par l'intermédiaire d'un personnage masculin (Emmanuel et le Survenant). Le choix de ce rédempteur androgyne, qui brouille les catégories du masculin et du féminin pour ouvrir « la voie à une vision plus généreuse des possibilités humaines » (p. 20), permet d'échapper aux idées reçues sur le « roman féminin » de l'époque.

SOCKEN, Paul (1979), « Gabrielle Roy : An Annotated Bibliography », R. LECKER et J. DAVID (dir.), *The Annotated Bibliography of Canada's Major Authors*, Downsview, ECW Press, p. 213-261.

Liste des écrits de Gabrielle Roy et des entrevues qu'elle a données, suivie d'une bibliographie commentée des thèses et mémoires, livres, articles et comptes rendus consacrés à son œuvre entre 1945 et le milieu de l'année 1978.

SOCKEN, Paul (1984), « Les dimensions mythiques dans *Alexandre Chenevert* », *Études littéraires*, vol. 17, n° 3, p. 499-529.

Alexandre Chenevert se rattache à la tradition des héros qui révèlent à autrui le sens caché de la vie. Son trajet narratif reprend le schéma tripartite de la quête du héros défini par Joseph Campbell : contestation de ses limites, remontée aux sources de la vie et de la réflexion humaines, puis retour vers la communauté pour la faire bénéficier de sa sagesse nouvelle. Ainsi, en révolte contre l'aliénation de la vie urbaine, Alexandre se rend au lac Vert, où il entreprend une descente en lui-même au bout de laquelle il découvre une réalité et une vérité atemporelles. S'il se révèle incapable de communiquer à autrui ses découvertes (il ne peut transmettre que sa soif d'absolu), sa douloureuse agonie suscite la compassion et crée la fraternité dont il rêvait. Bref, « le dénouement apportera l'unité là où régnait la division et c'est l'aventure mythologique qui sera l'instrument de cette harmonisation » (p. 504).

SOCKEN, Paul (1989), « L'enchantement dans la détresse : l'irréconciliable réconcilié chez Gabrielle Roy », *Voix et Images,* vol. 14, n° 3, p. 433-436.

Le premier chapitre de *La Détresse et l'Enchantement* présente « l'écrivain, l'œuvre entière, toute la philosophie » (p. 436). Y figurent nombre d'oppositions chères à Gabrielle Roy : ville-campagne, français-anglais, pauvreté-richesse, spirituel-matériel, et, bien entendu, détresse-enchantement. Le pont qui lie Saint-Boniface à Winnipeg, symbole du mouvement, est lié au passage d'un pôle à l'autre de l'antithèse ; il rappelle aussi le cadre familial, où l'épreuve la plus cruelle est l'isolement et l'immobilité. Les contraintes qu'impose la réalité aiguisent l'imagination de Roy et son sens de l'observation ; elles expliquent aussi sa philosophie humaniste et sa capacité d'amenuiser sa détresse en s'identifiant à la souffrance d'autrui.

SOCKEN, Paul (1991), « *Ces enfants de ma vie* : l'apprentissage de Gabrielle Roy », *Cahiers franco-canadiens de l'Ouest,* vol. 3, n° 1, p. 15-30.

Ces enfants de ma vie traite d'un double passage vécu par la narratrice, de l'adolescence à l'âge adulte et de l'enseignement à l'écriture. Durant cette période capitale, les élèves lui ont donné de grandes leçons de vie : le pouvoir de l'art, la valeur du sacrifice, la vraie nature de l'amour, l'importance vitale de l'harmonie, dons qu'elle transmettra par la suite à ses lecteurs. Cependant, le véritable sujet du livre est la mémoire de la narratrice et son évolution psychique, et non les enfants eux-mêmes, qui servent plutôt de révélateurs, de catalyseurs.

SOCKEN, Paul (1996), « Jacques Poulin : héritier spirituel de Gabrielle Roy », André FAUCHON (dir.), *Colloque international « Gabrielle Roy ». Actes du colloque soulignant le cinquantième anniversaire de* Bonheur d'occasion, tenu au Collège universitaire de Saint-Boniface du 27 au 30 septembre 1995, Winnipeg, Presses universitaires de Saint-Boniface, p. 593-603.

L'œuvre de Gabrielle Roy renaît dans celle de Jacques Poulin, qui reconnaît à plusieurs reprises à quel point elle l'a inspiré. Les ressemblances sont en effet nombreuses. Tous deux pratiquent une écriture dépouillée et en apparence simple, mais toute en nuances, mélangent réalisme et allégorie, et évoquent fréquemment les images de l'eau et de la maison. Ils partagent la nostalgie du paradis perdu et l'espoir de lendemains meilleurs, ainsi qu'un idéal de fraternité et une vision de l'écriture, perçue comme une « forme d'exploration de soi et du monde et un don des plus personnels au lecteur » (p. 594), mais aussi comme une manière de transformer le monde. Chez les deux auteurs, la quête de soi est réservée pour l'essentiel aux artistes et aux écrivains. Tous deux valorisent le métissage et l'androgynie comme moyens de rapprocher les êtres en unissant le masculin et le féminin, le spirituel et le matériel. Bref, Jacques Poulin a décidé, de propos délibéré, d'intégrer dans sa vision du monde celle de Gabrielle Roy, lui rendant ainsi hommage.

STÉPHAN, Andrée (1987a), « La condition féminine dans *Pieds nus dans l'aube* de Félix Leclerc et *Rue Deschambault* de Gabrielle Roy », *Plurial*, n° 1, p. 69-73.

Les deux œuvres étudiées tracent un même portrait de la mère de famille traditionnelle. Sans être hostile à la religion, Gabrielle Roy laisse entendre que la vie cloîtrée correspond à une forme d'aliénation ; elle critique, « sans hargne, ni lourdeur » (p. 71), l'obligation où se trouvent les femmes d'avoir de nombreux enfants et de se soumettre à leur mari. Elle formule quelques revendications féministes : droit au voyage, égalité morale des sexes, sublimation par le métier ou par l'art. En général, sa vision de la condition féminine est plus sombre et plus réaliste que celle de Leclerc, même si elle fait preuve, lorsqu'elle valorise le salut par l'art, d'un certain élitisme. (Voir aussi Pascal 1979.)

STÉPHAN, Andrée (1987b), « La langue populaire dans *Bonheur d'occasion* de Gabrielle Roy », *Présence francophone*, n° 31, p. 99-111.

Bonheur d'occasion marque une étape importante dans l'entrée du parler populaire québécois dans la littérature. L'usage de la langue parlée apparaît ici comme « l'affirmation consciente d'un état de fait, dépourvue tout autant de culpabilité que de triomphalisme » (p. 103) ; Gabrielle Roy est donc à cet égard un écrivain avant-gardiste. Entre le français standard de l'instance narrative et la langue parlée québécoise utilisée dans les dialogues, on trouve un niveau intermédiaire, celui des passages en style indirect libre où se confondent les propos du narrateur et ceux du personnage, ce qui explique peut-être le manque d'authenticité souvent reproché aux personnages de Jean et d'Emmanuel. L'utilisation du parler populaire correspond à la fois à un souci de réalisme, à une volonté de satire sociale (surtout dans le monologue d'Alphonse), à un désir de situer les personnages dans une hiérarchie sociale et à une tentative d'inscription romanesque de la poésie de la langue parlée.

STÉPHAN, Andrée (1991a), « Attraits et contraintes du corps féminin chez Gabrielle Roy. Les prémisses de *Bonheur d'occasion* et leur écho dans le reste de l'œuvre », Marie-Lyne PICCIONE (dir.), *Un pays, une voix, Gabrielle Roy*, Actes du colloque du Centre d'études canadiennes de l'Université de Bordeaux, tenu les 13 et 14 mai 1987, Bordeaux-Talence, La Maison des sciences de l'homme d'Aquitaine, p. 57-65.

Si les personnages féminins de Gabrielle Roy sont réussis, c'est qu'ils « s'éprouve[nt] aussi comme corps-pour-soi » (p. 57), à la différence des personnages masculins. En revanche, leurs attraits physiques se sont déjà estompés, en ce qui concerne Rose-Anna, ou les renferment, comme pour Florentine, dans la séduction et le narcissisme. Pèsent sur les femmes une « fatalité hostile » (p. 60) qui les voue à la solitude, une malédiction liée à leur fécondité. La maternité entraîne la solitude : on a honte de son corps, on ne peut se confier à autrui ni demander de l'aide ; enfin, la maternité sépare les mères de leurs enfants mêmes, comme dans le cas de Mme Laplante dont « le dolorisme avec lequel elle a assumé ses devoirs a tari en elle toute source d'affection » (p. 64). Devant un tel constat, les filles « ne peuvent que confondre le legs de la misère et celui de la maternité dans un refus global » (p. 62). Par contre, Rose-Anna puise, dans sa douzième maternité, « une sorte de résurrection » (p. 65). Roy remet en cause le mythe de la mère canadienne-française en en faisant ressortir le côté sombre, témoignant d'un « féminisme implicite » (p. 57) avant-gardiste pour l'époque, féminisme fondé sur la compassion plutôt que sur la dénonciation. (Voir aussi Bourbonnais 1990.)

STÉPHAN, Andrée (1991b), « La femme et la guerre dans *Bonheur d'occasion* de Gabrielle Roy », *Cahiers franco-canadiens de l'Ouest*, vol. 3, n° 1, p. 43-54.

Des liens particuliers se tissent entre les femmes et la guerre dans *Bonheur d'occasion*, justifiant ainsi le titre du roman. Si elles tirent profit de la guerre, elles ne jouissent que d'un « bonheur altéré » (p. 53) : désenchantement pour Florentine, désarroi pour Rose-Anna. Renfermés dans la sphère privée, les personnages féminins (surtout Florentine, égoïste et futile) paraissent incapables de toute réflexion politique ; comme l'a déjà noté André Brochu, il s'agit d'une opposition cercle-droite, femme-homme, esclavage-liberté. Deux visions qu'auront Florentine et Rose-Anna de la guerre, l'une liée à la droite, l'autre au cercle, illustrent la dualité qui sous-tend le roman : la guerre est à la fois « une solution et un désastre » (p. 50).

STÉPHAN, Andrée (1996), « La soif d'évasion chez Mélina-Éveline », André FAUCHON (dir.), *Colloque international « Gabrielle Roy ». Actes du colloque soulignant le cinquantième anniversaire de* Bonheur d'occasion, *tenu au Collège universitaire de Saint-Boniface du 27 au 30 septembre 1995, Winnipeg, Presses universitaires de Saint-Boniface, p. 323-332.*

Tout comme Christine peut être assimilée à Gabrielle Roy, il est possible de comparer Mélina, la mère réelle, et Éveline. À la fois captive de ses devoirs familiaux et assoiffée de départs, elle se libère, très tard, une fois la maison familiale vendue. Le voyage est pour elle avant tout un élan vers les autres, une recherche de compréhension et de communication. En quittant le Manitoba, Gabrielle poursuit l'entreprise de sa mère, qui lui a légué l'amour des mots. (Voir aussi Harvey 1993.)

STRATFORD, Philip (1986), « Mainstream or Two Solitudes : Hugh MacLennan and Gabrielle Roy », *All the Polarities : Comparative Studies in Contemporary Canadian Novels in French and English*, Toronto, ECW Press, p. 12-29 (version française, « Courant dominant ou deux solitudes ? Hugh MacLennan et Gabrielle Roy », dans *Pôles et convergences. Essai sur le roman canadien et québécois*, trad. Monique V.-Landa, Liber, 1991, p. 33-67).

Plusieurs éléments biographiques, dont la publication en 1945 d'un roman marquant, rapprochent les deux auteurs (débuts dans l'enseignement, études à l'étranger, établissement à Montréal vers le même âge, travail de journaliste, venue à l'écriture assez tardive). En revanche, bien que tous deux pratiquent le réalisme social et mettent en scène le petit peuple, MacLennan s'intéresse à l'ensemble de la société canadienne-anglaise et canadienne-française sur une période de plus de vingt ans et décrit de nombreux clivages entre les deux peuples, entre les pauvres et les riches et entre divers éléments de la société canadienne-française (nationalistes et fédéralistes, curé et seigneur…). Quant à Gabrielle Roy, sa narration est d'une portée beaucoup plus limitée et son réalisme est plus sélectif : elle ne met en scène qu'un seul quartier francophone, avec moins de personnages, et la hiérarchie sociale qu'elle dépeint s'arrête à la petite bourgeoisie ; l'autre solitude n'est présente qu'implicitement. La durée romanesque est de quelques mois à peine, et l'unité de lieu et d'action rapproche son œuvre de la tragédie classique. MacLennan se fait volontiers didactique, alors que Roy préfère l'allusion à l'explication et ne sacrifie jamais l'intérêt romanesque au développement du thème. Comme point de vue romanesque, on retrouve chez MacLennan un narrateur omniscient qui surplombe en quelque sorte ses personnages. Roy nous offre plutôt des aperçus multiples de la réalité, grâce à un regard mobile qui privilégie nombre de personnages à tour de rôle. Sa compassion pour les démunis (qui s'oppose à un intérêt, chez MacLennan, pour les mécanismes du pouvoir), son intérêt pour les personnages féminins et sa vision fortement intériorisée sont peut-être une « manifestation de l'intuition féminine de l'auteur » (p. 67).

TANGUAY, Céline (1996), « Les mots du corps dans *Alexandre Chenevert* ou l'envers de la communication avortée », *Cahiers franco-canadiens de l'Ouest*, vol. 8, n° 2, p. 149-170.

La communication non verbale occupe, dans *Alexandre Chenevert*, une très grande place. Alexandre, conscient de cet aspect de la communication, se montre doué autant pour l'encodage que pour le décodage. Au début du premier chapitre, à la banque, l'instance narrative privilégie Alexandre en privant du discours direct les clients qui le contestent et en reléguant à l'arrière-plan leurs actes de communication corporelle ; le caissier est donc beaucoup moins victime et davantage maître de la situation que ne l'a affirmé la critique (voir Boucher 1988a). Par la suite, à la cafétéria, il perd une partie de ses moyens linguistiques et gestuels ; enfin, dans la rencontre avec le directeur de la banque, celui-ci maîtrise entièrement la situation en contrôlant ses propres gestes ainsi que ceux d'Alexandre et en s'accaparant la parole. Dans la mesure où Alexandre maîtrise son propre langage corporel, il arrive à sortir de l'aliénation dont il souffre, causée en grande partie par le langage trompeur de la publicité et de la propagande.

THÉORET, France (1995), « Ce que parler veut dire », *Voix et Images,* vol. 20, nº 3, p. 684-691.

La Détresse et l'Enchantement est le livre de l'« apprentissage de la subjectivité qui exige de ne pas céder aux enracinements » (p. 684). La marche, liée au vagabondage, annonce le voyage synonyme de rupture avec le conformisme du milieu franco-manitobain, mais surtout avec la misère des siens. Puisque la solidarité familiale ne joue que dans les moments de malheur, la décision de partir, de s'offrir « un luxe inégalitaire, privilège d'une seule » (p. 688), est insupportable pour l'entourage. Ainsi, bien que le voyage finisse par conduire à l'écriture (même si, dans le livre même, l'incertitude à ce sujet est maintenue), la rupture est « de l'ordre de l'impensable pour une femme piégée par sa naissance dans une famille pauvre qui réclame son soutien » (p. 688-689).

THIFAULT, Jocelyne (1996), « *Alexandre Chenevert,* de nouveaux avant-textes », *Cahiers franco-canadiens de l'Ouest,* vol. 8, nº 2, p. 171-180.

L'examen des archives de Gabrielle Roy concernant *Alexandre Chenevert* révèle l'existence d'avant-textes jamais mentionnés par la critique : deux petits calepins, l'un en français, l'autre bilingue, où se retrouvent des notes sur l'actualité de l'époque (nouvelles et annonces parues dans *La Presse,* ou dans le *Britannica Book of the Year,* et dont les titres sont parfois repris tels quels), ainsi qu'un article de *L'Action catholique* portant sur la famine dans le monde. Le recours à des sources documentaires accroît l'effet de réel que produit le roman et fait ressortir l'importance des médias dans le monde moderne.

THOMAS, Clara (1991), « The Accomodating I », *Recherches anglaises et nord-américaines,* nº 24, p. 79-89.

Dance on the Earth, mémoires de Margaret Laurence, et *La Détresse et l'Enchantement,* autobiographie de Gabrielle Roy, portent tous deux sur le rôle marquant des femmes, particulièrement la mère. Mais alors que Laurence cherche surtout à rendre hommage aux êtres aimés, Roy ausculte sa propre vie et s'interroge sur sa signification ; on est proche de la confession. Elle laisse non pas un message d'espoir, mais bien une réflexion sur les douloureux mystères de la vie. Contrairement à Laurence, Gabrielle Roy utilise de nombreuses techniques proches de la fiction, telles que l'invention de dialogues et de scènes, les métaphores et les manipulations temporelles.

TRÉPANIER, Esther (1994), « Entre la littérature et la peinture, la montagne : l'écart entre les représentations littéraires de Montréal et la peinture d'Adrien Hébert », *University of Toronto Quarterly*, vol. 63, n° 4, p. 551-565.

Étude du rapport à la ville moderne chez les peintres et écrivains canadiens-français de la première moitié du siècle, particulièrement chez Adrien Hébert, qui peint une ville dynamique, positive, moderne et colorée, empreinte de progrès. Gabrielle Roy et Roger Viau représentent les mêmes lieux — le port, la rue Sainte-Catherine, la Montagne —, mais, plus proches de la culture savante qu'Adrien Hébert, pour qui la ville est marquée par les signes du plaisir et du divertissement, les romanciers insistent sur la dimension symbolique de la Montagne, qui évoque à la fois le fossé qui sépare les amoureux et l'écart entre les possédants et les dépossédés ou encore entre les anglophones et les francophones. Leurs œuvres sont donc empreintes d'un certain misérabilisme, absent de la peinture hébertienne.

TUCHMAÏER, Henri (1991), « *Bonheur d'occasion*, le chasseur et sa proie », Marie-Lyne PICCIONE (dir.), *Un pays, une voix, Gabrielle Roy*, Actes du colloque du Centre d'études canadiennes de l'Université de Bordeaux, tenu les 13 et 14 mai 1987, Bordeaux-Talence, La Maison des sciences de l'homme d'Aquitaine, p. 67-74.

La relation homme-femme dans *Bonheur d'occasion* obéit à la métaphore du chasseur et de sa proie. De chasseresse qui guette l'arrivée de Jean, Florentine se transforme rapidement en « proie consentante » (p. 68) qui fascine Jean malgré lui. Lorsque disparaît Jean, au milieu du roman, Florentine devient la chasseresse et Emmanuel sa proie. Cet état de choses correspond à une vision du monde capitaliste, c'est-à-dire à une lutte implacable pour la survie, dont la conséquence naturelle est la guerre. Les relations entre les êtres sont alors dénaturées par le monde industrialisé, où chacun est cible, proie ou objet.

TUFTE, Leif (1993), « *Bonheur d'occasion* et les avatars du réalisme », J. CARLSEN (dir.), *Literary Responses to Arctic Canada*, Lund, The Nordic Association for Canadian Studies, p. 153-165.

Jusqu'ici, la critique s'est peu souciée d'établir la taxinomie du réalisme royen. Or, un examen de la position de l'instance narrative révèle une « multiplicité générique » (p. 159) intéressante. Si *Bonheur d'occasion* se situe pour l'essentiel dans la continuité du réalisme classique du XIXe siècle français (narrateur distant et détaché qui contemple de haut la scène, ton objectif), il s'en démarque dans la mesure où le lecteur est continuellement invité à s'émouvoir du sort des personnages (il n'y a donc pas la « détonalisation du message » dont parle Philippe Hamon). On se rapproche donc du roman populiste (intérêt pour le peuple et pour le langage parlé, compassion, voire attendrissement, face au sort des défavorisés, situations parfois folkloriques ou mièvres) et de l'œuvre populaire mélodramatique (ton larmoyant, emphase excessive, un peu à la manière des *Misérables*). Le roman est donc « une synthèse — totalement réussie ou non, cela reste à déterminer — de près d'un siècle de l'histoire du roman à tendance réaliste et sociale » (p. 162). Demeure, par rapport aux classes populaires, une certaine distance, du fait que l'auteure « ne peut pas se libérer de sa propre origine dans la petite bourgeoisie déclassée » (p. 158), à l'instar d'ailleurs de plusieurs romanciers populistes à l'attitude paternaliste.

URBAS, Jeannette (1988), « Not Enough Time… », *Atlantis,* vol. 14, n⁰ 1, p. 164-169.

Récit de l'amitié qui a lié l'auteure de l'article à Gabrielle Roy et compte rendu d'une conversation portant sur le rôle de la femme dans l'œuvre royenne.

URBAS, Jeannette (1992), « La recherche d'appartenance chez Gabrielle Roy », Gratien ALLAIRE, Paul DUBÉ et Gamila MORCOS (dir.), *Après dix ans… bilan et prospective,* Actes du 11ᵉ colloque du Centre d'études franco-canadiennes de l'Ouest, tenu à la Faculté Saint-Jean les 17, 18 et 19 octobre 1991, Edmonton, Institut de recherche de la Faculté Saint-Jean, University of Alberta, p. 91-97.

Résumé des principales étapes du trajet de Gabrielle Roy : prise de conscience du statut minoritaire des francophones et du prestige de l'anglais, débuts dans l'enseignement, départ pour le Québec puis pour la France, enfin établissement définitif au Québec. La recherche de l'appartenance, thème central de l'autobiographie, ne figure que dans quelques scènes des romans, où l'on assiste à un choc des cultures ; elle a néanmoins marqué la sensibilité de l'auteure et renforcé sa vision de la dualité.

URBAS, Jeannette (1994), « La lente reconnaissance d'une vocation », André FAUCHON (dir.), *La Production culturelle en milieu minoritaire,* Actes du 13ᵉ colloque du Centre d'études franco-canadiennes de l'Ouest, tenu au Collège universitaire de Saint-Boniface les 14, 15 et 16 octobre 1993, Winnipeg, Presses universitaires de Saint-Boniface, p. 331-337.

Alors que, dans *Rue Deschambault,* la naissance de la vocation d'écrivain semble spontanée, instinctive et joyeuse, l'autobiographie raconte une longue hésitation douloureuse, un appel confus, un itinéraire parsemé de doutes et de faux départs. Pour découvrir sa voie, l'auteure doit assumer le français comme langue maternelle et langue d'écriture, en plus d'échapper aux contraintes d'un milieu minoritaire.

URBAS, Jeannette (1996), « Gabrielle Roy : auteur et critique littéraire », André FAUCHON (dir.), *Colloque international « Gabrielle Roy ». Actes du colloque soulignant le cinquantième anniversaire de* Bonheur d'occasion, tenu au Collège universitaire de Saint-Boniface du 27 au 30 septembre 1995, Winnipeg, Presses universitaires de Saint-Boniface, p. 531-540.

Transcription partielle commentée de quatre entrevues avec Gabrielle Roy, réalisées entre 1969 et 1979, qui portent sur son esthétique, sur sa méfiance envers les critiques, sur quelques-unes de ses insatisfactions de créatrice et sur sa vision des auteurs à qui on la comparait souvent, dont Marie-Claire Blais, Anne Hébert et Carson McCullers.

VAN TOOREN, Marjolein (1995), « Le double regard. Communication et identité dans *La Montagne secrète* », Leo H. HOEK et Kess MEERHOFF (dir.), *Rhétorique et Image. Textes en hommage à A. Kibédi Varga*, Amsterdam/Atlanta, Rodopi, p. 217-232.

En raison de la grande importance qu'elle accorde au regard, Gabrielle Roy a tout naturellement choisi un peintre comme double fictif : Pierre partage du reste son goût pour la solitude et en même temps pour la fraternité humaine, son refus de la théorie, sa volonté de répondre à un appel vague mais pressant. L'échec de Pierre vient de son incapacité de concilier la solitude et la solidarité ; il se plie trop servilement à la mode artistique parisienne et se laisse intimider par les autres créateurs. Il s'ensuit qu'on retrouve dans *La Montagne secrète* « en quelque sorte le négatif d'un art poétique, le personnage échouant là où l'auteur a réussi » (p. 231). Il s'agit donc d'une autobiographie artistique détournée, construite à partir des épreuves que l'auteure a traversées et dont elle a triomphé.

VAUCHERET, Étienne (1985), « Un faubourg de Montréal dans *Bonheur d'occasion* de Gabrielle Roy », *Études canadiennes/Canadian Studies*, n° 19, p. 105-117.

Les descriptions, chez Gabrielle Roy, « sont rarement gratuites » (p. 107) ; le faubourg est presque toujours vu à travers les yeux d'un personnage qui s'y promène, bien que l'auteure prête à ses créatures nombre de ses propres réflexions. La vie de misère est présentée sous deux angles, le logement et le travail ; l'auteure l'oppose à l'opulence de Westmount. Si le roman est maintenant « passablement démodé » (p. 116), il conserve un intérêt documentaire dans la mesure où il décrit la vie d'un quartier montréalais. Le naturalisme à la Zola, non dénué de misérabilisme, s'accompagne d'une grande compassion pour les humbles de la terre.

VAUCHERET, Étienne (1991), « L'image des Inuit dans *La Rivière sans repos* de Gabrielle Roy », *Cahiers franco-canadiens de l'Ouest*, vol. 3, n° 1, p. 81-96.

Les textes sur les Inuit, qui opposent le progrès à la tradition, renferment une réflexion critique sur la capacité de l'évolution sociale et technologique de rendre les gens plus heureux, donc sur les transformations qu'a apportées le modernisme dans la vie des peuples du Grand Nord. Si les méthodes blanches sont parfois jugées par les Inuit plus efficaces que les leurs, en revanche l'auteure loue les valeurs morales des Inuit, si bien qu'elle « pousse jusqu'au paradoxe » sa dénonciation du progrès (p. 91). Sa préoccupation pour la souffrance humaine trouve ici un nouveau cadre sociologique, et *La Rivière sans repos* se rattache à la première manière de l'auteure, le réalisme social de *Bonheur d'occasion*.

VAUCHERET, Étienne (1994), « Le défi éducatif dans *La Petite Poule d'Eau* (1950) et *Ces enfants de ma vie* (1977) de Gabrielle Roy », Jacques LECLAIRE (dir.), *Défi/Challenge dans le roman canadien de langue française et de langue anglaise*, Rouen, Université de Rouen, Collection de l'Association française d'études canadiennes, nº 4, p. 127-137.

Malgré les quelque trente années qui les séparent, les ouvrages à l'étude portent sur la même période marquante de la vie de l'auteure, à savoir ses années d'enseignement. Une même thématique les réunit : « un triple défi éducatif » (p. 128). En effet, la protagoniste doit, dans les deux cas, composer avec une situation géographique particulière, régler des problèmes liés aux relations avec les parents des élèves et adapter sa pédagogie aux conditions du milieu. Sensibilité et pessimisme sont les traits marquants des deux recueils.

VIAU, Robert (1992a), « Personnages et paysages de l'Ouest dans les romans de Gabrielle Roy », *L'Ouest littéraire : visions d'ici et d'ailleurs*, Montréal, Méridien, p. 89-139.

Les Prairies jouent, dans l'œuvre de Gabrielle Roy, un rôle unificateur : les romans qui s'y déroulent ont en commun, malgré leur aspect idyllique, un réalisme certain. Il faut se garder de conclure trop vite au caractère autobiographique de ces textes, car il s'agit toujours d'une réalité recréée, embellie. Leur sens est lié non pas à une réalité géographique, mais au travail de création romanesque : les Prairies sont le seul univers où, vivant en harmonie avec la nature, l'humanité peut s'épanouir ; mais, paradoxalement, les enfants éprouvent fatalement le besoin de s'éloigner. Ce lieu devient donc le paradis perdu, l'incarnation du rêve d'innocence, de jeunesse et de fraternité qui traverse l'œuvre. Les Prairies revêtent des sens multiples, évoquant pour Éveline l'ennui et l'exil, pour Christine l'appel du large, pour les immigrants le pays d'origine, maintenant perdu. (Voir aussi May 1981, Harvey 1982, Essar 1985.)

VIAU, Robert (1992b), « Les prairies dans trois romans de Gabrielle Roy », Gratien ALLAIRE, Paul DUBÉ et Gamila MORCOS (dir.), *Après dix ans… bilan et prospective,* Actes du 11e colloque du Centre d'études franco-canadiennes de l'Ouest, tenu à la Faculté Saint-Jean les 17, 18 et 19 octobre 1991, Edmonton, Institut de recherche de la Faculté Saint-Jean, University of Alberta, p. 77-89.

Version préliminaire de Viau 1992a.

VIGNEAULT, Robert (1996), « Régimes de narration dans les nouvelles de Gabrielle Roy : entre le récit et l'essai », François GALLAYS et Robert VIGNEAULT (dir.), *La Nouvelle au Québec*, Montréal, Fides, coll. « Archives des lettres canadiennes », t. IX, p. 87-107.

Les nouvelles de Gabrielle Roy tiennent de l'essai dans la mesure où y apparaît souvent une méditation existentielle ou encore un questionnement sur les mystères de la vie ; c'est surtout le cas des nouvelles où la voix d'une narratrice plus âgée se mêle en contrepoint à la voix enfantine, plus fraîche et plus spontanée. Les maximes, les interrogations ou encore les nombreux modalisateurs ont pour fonction d'interpeller le lecteur et de le faire réfléchir. Par ailleurs, le mode d'énonciation objective utilisée par exemple dans *La Petite Poule d'Eau* (elle-même empreinte d'une certaine chaleur puisque la narratrice transmet son empathie pour les personnages) réussit moins à Gabrielle Roy que le mode subjectif, sa forme de prédilection. À l'intérieur du mode d'énonciation subjective, on retrouve encore trois régimes de narration différents : un narrateur-témoin passif (« Un vagabond frappe à notre porte »), des nouvelles où l'instance narrative et le personnage principal coïncident avec Gabrielle Roy, ce qui donne au texte un air fabriqué, contraint (*Cet été qui chantait*), enfin des textes où seules la narratrice et la protagoniste coïncident (*Rue Deschambault, La Route d'Altamont, Ces enfants de ma vie*). Cette dernière manière est la plus heureuse, car Roy s'y affranchit des contraintes d'un pacte autobiographique trop explicite sans perdre sa liberté d'intervenir dans le récit ; essai et fiction convergent alors dans une forme hybride nouvelle.

VISELLI, Santé A. (1991), « La montagne chez Gabrielle Roy », *Études canadiennes/Canadian Studies*, nº 31, p. 97-106.

Étudiée dans une optique mythocritique, la montagne, chez Gabrielle Roy, est un symbole polyvalent, ambigu. Dans *Bonheur d'occasion*, elle connote à la fois l'amour et la haine, la vie et la mort, la guerre et la paix, tout en attirant l'attention sur la douloureuse condition humaine. Jean Lévesque, à la fois Icare et Prométhée, et Pierre Cadorai, assimilé à Pygmalion, ont face à elle les mêmes angoisses existentielles. Séduisante dans *La Montagne secrète*, elle devient « une métonymie de la création artistique et l'aboutissement logique de la recherche du beau, de l'absolu » (p. 101). Sa forme triangulaire rappelle le divin, « un moyen d'entrer en rapport avec le sacré, un retour à un principe fondateur » (p. 106), et renvoie à la trinité grand-mère-Éveline-Christine. Dans *La Route d'Altamont*, la montagne, de mystique qu'elle était, acquiert une portée plus philosophique, évoquant la stabilité, l'accomplissement et les origines familiales ; liée à la quête identitaire et à la vie, elle suscite chez Christine un sentiment d'angoisse.

VOLDENG, Évelyne (1996), « Le symbolisme de la montagne dans *La Montagne secrète* de Gabrielle Roy et *La montagne est jeune* de Han Suyin », André FAUCHON (dir.), *Colloque international « Gabrielle Roy »*. *Actes du colloque soulignant le cinquantième anniversaire de* Bonheur d'occasion, *tenu au Collège universitaire de Saint-Boniface du 27 au 30 septembre 1995, Winnipeg*, Presses universitaires de Saint-Boniface, p. 629-639.

Chez Gabrielle Roy, la montagne a de nombreuses fonctions symboliques. Dans *Bonheur d'occasion*, elle évoque surtout les questions philosophiques et sociales ; elle est liée à la stabilité et à la rencontre des contraires (masculin et féminin) dans *La Route d'Altamont* et à l'enfance à retrouver dans « Où iras-tu Sam Lee Wong ? » Dans *La Montagne secrète* et *La montagne est jeune*, la montagne incarne une divinité féminine adorée. Associée à la quête artistique, elle exerce une fascination sur l'être créateur, jusqu'à en devenir plus mythique que réelle. Enfin, elle symbolise la fusion des éléments naturels et la quête intérieure, proche de la transmutation dont rêvent les alchimistes. Dans ce contexte, la connaissance de soi peut conduire à une sorte de renaissance spirituelle comme celle que connaît Pierre à la fin du roman, où il « trouve sa montagne au prix de sa vie » (p. 637). La montagne est donc, chez Gabrielle Roy, « une structure qui habite le roman » (p. 638).

WEINMANN, Heinz (1993), « Montréal : le défi de l'ouverture », *Québec français,* nº 90, p. 95-98.

Si on cherche à comprendre l'accueil réservé à l'Autre dans la littérature et au cinéma, il faut se tourner vers *Bonheur d'occasion,* le premier roman à mettre en scène la métropole. Bien que Jean incarne, pour Florentine, l'étranger, il ne s'agit pas d'une véritable ouverture à l'Autre : au contraire, Jean est de même souche que Florentine et rappelle « la silhouette rassurante du même qui surplombe l'imaginaire québécois jusqu'au tournant des années 1980 » (p. 96).

WHITAKER, Muriel (1989), « The Innocent Eye : Perceptive Children in Canadian Prairie Fiction », F. OTTEN et Gary D. SCHMIDT (dir.), *The Voice of the Narrator in Children's Literature : Insights from Writers and Critics,* New York, Greenwood Press, p. 285-294.

Lecture d'œuvres de quatre écrivains de l'Ouest canadien, dont Gabrielle Roy, ayant mis en scène des enfants protagonistes. Comme traits communs, on retrouve la perte d'innocence qui suit la mort du père, la présence d'un monde restreint mais marqué par une émotivité intense, enfin l'importance de la nature et le recours à une perspective d'enfant pour traiter de questions métaphysiques. À propos de Gabrielle Roy, sont notés l'extrême sensibilité de Christine aux sensations, son intérêt pour les questions sexuelles et religieuses dont on discute autour d'elle, ainsi que le décalage entre innocence enfantine et perspective adulte, décalage qui donne naissance à l'ironie.

WHITFIELD, Agnès (1984), « Gabrielle Roy et Gérard Bessette : quand l'écriture rencontre la mémoire », *Voix et Images,* vol. 9, nº 3, p. 129-141.

Ces enfants de ma vie et *Le Semestre* traitent longuement du rapport entre l'écriture et la mémoire. La présence de la narratrice royenne est relativement discrète ; cependant, au moment de la plus grande intensité émotive, la nouvelle sur Médéric, elle se manifeste davantage, en raison de l'insistance soit sur la fusion avec son ancien Moi, soit sur l'autonomie des deux instances. Tous les textes mettent en scène l'harmonie retrouvée après une rupture initiale, harmonie liée à une présence maternelle, si bien que le texte vise « une réparation de l'objet blessé et perdu : la mère » (p. 137). La mémoire sert ici à la réactualisation du passé, tandis que, dans *Le Semestre,* elle aide le Moi actuel à mieux se connaître. C'est peut-être le fait que l'acte créateur est lié chez Gabrielle Roy à un mécanisme de défense et chez Gérard Bessette à une « réparation du sujet menant à une véritable sublimation » (p. 140) qui explique que celui-ci a su se renouveler tandis qu'on constate, chez Gabrielle Roy, un certain essoufflement.

WHITFIELD, Agnès (1990a), « Gabrielle Roy as Feminist : Re-reading the Critical Myths », *Canadian Literature*, n° 126, p. 20-31.

Bien que Gabrielle Roy traite sans cesse des femmes et de leur exploitation socio-économique, la critique traditionnelle a passé sous silence les éléments féministes de son œuvre et, plus généralement, n'a tenu aucun compte de la différence sexuelle dans ses lectures. Se sont formés à propos de Gabrielle Roy nombre de mythes, dont celui de son conservatisme, en raison de sa représentation de mères de famille nombreuse, plus rassurantes que les jeunes femmes ambitieuses. Plusieurs critiques, des hommes pour la plupart, lui ont reproché également la faiblesse de ses personnages masculins, ce qui révèle, chez eux, une nostalgie des valeurs patriarcales. Une relecture féministe contribuerait à éclairer nombre de tensions thématiques présentes dans l'œuvre : par exemple, le désir de retrouver l'innocence perdue peut être lié à un retour à la période d'avant la chute dans la sexualité féminine ; la vision négative de la sexualité est liée à la domination des femmes par les hommes. L'identité et la création sont d'autres thèmes qui gagneraient à être étudiés à la lumière de la théorie féministe.

WHITFIELD, Agnès (1990b), « Relire Gabrielle Roy, écrivaine », *Queen's Quarterly*, vol. 97, n° 1, p. 53-66.

Reprise de Whitfield 1990a en ce qui a trait au « mythe maternel » qui a fait conclure au traditionalisme de l'auteure. Pour ce qui est de la sexualité, on passe sous silence le viol d'Elsa en insistant sur sa résignation plutôt que sur sa révolte. Dans ce contexte, ce qu'on a vu comme une incapacité de créer des personnages masculins convaincants se révèle comme une dénonciation implicite du patriarcat et des stéréotypes de sexe, si gênante que la critique a préféré la passer sous silence. Les tensions et ambiguïtés qui parcourent la réception critique de l'œuvre ouvrent, de façon paradoxale, de nouvelles perspectives de lecture. Si on relit par exemple *Ces enfants de ma vie* d'un point de vue féministe, on voit que s'y exprime le rêve d'un couple fondé sur l'égalité et la tendresse, comme celui, virtuel, que forment Médéric et l'institutrice. Les images traditionnelles d'attente féminine et de dynamisme masculin (comme dans la scène finale où Médéric à cheval lance un bouquet à la narratrice assise dans le train) se voient remises en cause par des renversements et des réflexions sur les enjeux de pouvoir et, surtout, par des scènes de réciprocité et de complicité parfaites qui présentent « une vision profondément féminine de l'amour, vu non pas comme conquête et exploitation, mais comme confiance […], comme affirmation […] et reconnaissance de l'autre » (p. 64). Le grand sujet du livre devient donc une tentative de concilier le rapprochement avec l'autre et l'autonomie.

WHITFIELD, Agnès (1991), « Gabrielle Roy's *Children of My Heart* or Portrait of the Artist as a Young Woman », Janice MORGAN et Colette T. HALL (dir.), *Redefining Autobiography in Twentieth-Century Women's Fiction,* New York, Garland, p. 209-225.

Comme c'est souvent le cas dans l'autobiographie au féminin, l'émergence de la femme artiste se fait ici à travers le portrait de l'Autre masculin, en l'occurrence six garçons possédant eux aussi des dons d'artiste ; la dualité identité/altérité est donc au cœur du texte. La recherche de l'identité de femme et d'écrivaine « est représentée comme une question plutôt que comme une quête » (p. 214) : derrière un texte explicite axé sur les garçons et les valeurs viriles, on devine une perception matriarcale de la créativité (l'art comme don plutôt que comme conquête prométhéenne) et une prise de distance par rapport aux stéréotypes homme-femme, que rejettent aussi les garçons. Dans tous les cas, la vocation artistique provient de la mère et les garçons sont initiés tôt au nourrissage et au don de soi. Du point de vue temporel, la linéarité du trajet masculin se voit déjouée par l'évolution circulaire de la narratrice. La relation avec Médéric, « amour sans conquête » (p. 219), se situe hors des confins de la société patriarcale et ne peut être poursuivie ; cependant, l'institutrice apprend peu à peu à vivre avec l'Autre plutôt que par son intermédiaire. En somme, si la femme artiste a du mal à se réaliser, c'est parce qu'elle doit aussi s'inscrire comme jeune femme dans les normes patriarcales ; son désir de retourner à l'enfance est donc lié à un désir de renouer avec l'âge d'or matriarcal. Ce n'est que par le biais de l'art que la narratrice parvient à conjuguer l'intimité et l'autonomie.

WHITFIELD, Agnès (1992a), « Altérité et identité : tensions narratives dans *Ces enfants de ma vie* de Gabrielle Roy », Louise MILOT et Japp LINTVELT (dir.), *Le Roman québécois depuis 1960. Méthodes et analyses,* Québec, Presses de l'Université Laval, p. 167-180.

Version française abrégée de Whitfield 1991.

WHITFIELD, Agnès (1992b), « L'autobiographie au féminin : identité et altérité dans *La Détresse et l'Enchantement* de Gabrielle Roy », Yolande GRISÉ et Robert MAJOR (dir.), *Mélanges de littérature canadienne-française et québécoise offerts à Réjean Robidoux,* Ottawa, Presses de l'Université d'Ottawa, p. 391-404.

Les personnages masculins de l'autobiographie, généralement négligés par la critique au profit de la mère, participent d'une critique de l'homme patriarcal. Ils se regroupent en quatre catégories : les « figures protectrices » (p. 395) éphémères, les figures d'autorité proches de la figure paternelle, les pères à proprement parler, enfin les amis et amoureux. Il s'agit d'êtres bienveillants, souvent représentés sous le signe du féminin, étrangers à toute volonté de domination. Ainsi, *La Détresse et l'Enchantement* relève de l'autobiographie au féminin en raison de la primauté qu'il accorde au privé et à l'affectif, révélant « la formation essentiellement relationnelle de l'identité féminine » (p. 403).

WHITFIELD, Agnès (1996), « Vision et création chez Gabrielle Roy : le regard réciproque », André FAUCHON (dir.), *Colloque international « Gabrielle Roy ». Actes du colloque soulignant le cinquantième anniversaire de* Bonheur d'occasion, tenu au Collège universitaire de Saint-Boniface du 27 au 30 septembre 1995, Winnipeg, Presses universitaires de Saint-Boniface, p. 271-285.

L'étude des regards échangés dans *La Détresse et l'Enchantement* révèle une préoccupation pour la réciprocité caractéristique de l'autobiographie au féminin : on y retrouve des regards entre mère et fille, marqués à la fois par la tendresse et par l'angoisse, ou « entre femmes artistes, cherchant leur vocation » (p. 274). La solidarité qui en naît s'étend bientôt à l'ensemble de la communauté franco-manitobaine. Mais le regard réciproque peut aussi s'échanger avec des hommes et traduire la complicité ou l'étonnement. Le regard porté sur les paysages, qui permet aussi des illuminations, éveille un désir de réciprocité entre l'auteure et d'éventuels lecteurs. Il faudrait donc parler de « l'éco-imagination » de Gabrielle Roy, qui refuse la hiérarchie et vise les échanges d'égal à égal, « respectueuse de la co-existence d'éléments parfois contradictoires » (p. 282).

WIKTOROWICZ, Cécilia (1992), « Fonctions et signification du narrataire autobiographique chez Gabrielle Roy », Madeleine FRÉDÉRIC (dir.), *Entre l'histoire et le roman : la littérature personnelle*, Bruxelles, Université libre de Bruxelles, Centre d'études canadiennes, p. 77-99.

Le pacte de lecture (Lejeune) de *La Détresse et l'Enchantement,* jamais explicité, doit être cherché dans le processus énonciatif. Si la narratrice ne s'adresse jamais directement au narrataire, celui-ci est convoqué par le jeu des pronoms. La raison d'être de l'autobiographie, la reconquête de soi grâce à la mémoire, fait qu'on ménage un grand rôle au narrataire, qui devient « un agent essentiel pour réaliser l'effet de "totalisation" que vise l'expression autobiographique » (p. 90). La dimension émotive compte davantage que l'exactitude, la narratrice avouant ouvertement ses oublis ; la figure du « pauvre derviche » souligne le dépouillement et la proximité de la mort, deux conditions qui favorisent l'émergence d'une complicité. Aux liens familiaux se substitue donc « la nouvelle identification avec un interlocuteur à la fois anonyme et collectif » (p. 92). Cette communication privilégiée entre narrateur et narrataire obéit à la vision royenne de la réconciliation de tous les êtres humains. (Voir aussi Ouellet 1993.)

WIKTOROWICZ, Cécilia (1993), « De la constitution personnelle du sujet "écrivain" à l'émergence de la forme intimiste de Gabrielle Roy », Louise MILOT et Fernand ROY (dir.), *Les Figures de l'écrit. Relecture de romans québécois des* Habits rouges *aux* Filles de Caleb, Québec, Nuit blanche, p. 145-176.

Les fictions autobiographiques de Gabrielle Roy font ressortir le côté euphorique de l'écriture, en occultant les épreuves et les tâtonnements, alors que la sémiotique des passions permet de montrer que, dans l'autobiographie, deux parcours pathémiques se côtoient : d'une part, l'inaccessibilité du savoir et de l'écriture pour les Landry-Roy conduit Gabrielle Roy à entreprendre un programme de vengeance ; d'autre part, l'écriture devient l'objet d'une quête autonome, mais douloureuse. L'auteure abandonne tout (sa famille, Stephen, ses ambitions théâtrales) et se rapproche graduellement de l'écriture ; le couple euphorique Esther-Father Perfect se substitue à celui, dysphorique, des vrais parents, confirmant Gabrielle Roy dans son désir d'écrire. Cependant, l'acte créateur renferme simultanément les deux pôles, positif et négatif, car, s'il permet un certain rapprochement avec le familial, la culpabilité n'en colore pas moins le discours. Cette dysphorie « expliquerait […] le retour obsessif de l'écrivain sur lui-même et, partant, la réorientation progressive de la forme vers le genre intimiste » (p. 175).

WIKTOROWICZ, Cécilia (1996), « Retracer les configurations de la culpabilité et de la réparation dans *La Détresse et l'Enchantement* », André FAUCHON (dir.), *Colloque international « Gabrielle Roy ». Actes du colloque soulignant le cinquantième anniversaire de* Bonheur d'occasion, tenu au Collège universitaire de Saint-Boniface du 27 au 30 septembre 1995, Winnipeg, Presses universitaires de Saint-Boniface, p. 181-204.

La rencontre des antagonismes, qui marque toute l'œuvre royenne, crée une ambiguïté dont la cause profonde est la culpabilité. La dialectique passionnelle culpabilité-réparation rend compte du paradoxe qui sous-tend l'œuvre. L'identité de Gabrielle Roy, après la coûteuse opération racontée au début de *La Détresse et l'Enchantement*, se résume tout entière à un sentiment de dette (voir aussi Cadieux 1989) ; ces affects négatifs l'éloignent de ses parents tout en la conduisant à accumuler les réussites scolaires et professionnelles auxquelles elle désire en même temps échapper. Le séjour chez les Perfect en Angleterre est l'occasion de la mise en place d'un « roman familial » où une seconde famille d'élection remplace le couple parental jugé indigne. Dès lors, la notion de dette se transforme en don gratuit, fait dans le bonheur et la confiance ; l'écriture est liée à l'obtention du pardon. Mais le sentiment de devoir envers les siens perdure, si bien que la dette ne pourra jamais être acquittée.

WILLIAMS, David (1991), « Imagism and Spatial Form in *The Road Past Altamont* », *Confessional Fictions : A Portrait of the Artist in the Canadian Novel*, Toronto, University of Toronto Press, p. 174-190.

Comparaison de l'esthétique royenne avec celle du mouvement imagiste d'Ezra Pound. Pour résoudre le conflit qui surgit entre le désir d'immobiliser un instant fugitif et le fait que le langage se déploie dans le temps, dans la durée, Gabrielle Roy met en scène des moments d'illumination, des « instants lyriques » (p. 178) prenant la forme d'une figure temporelle qui se transforme en figure spatiale. Le temps est à la fois linéaire et circulaire : « Le ventre rond du temps donne naissance au temps linéaire » (p. 187). Ainsi, la méthode royenne est « mentalement phénoménologique et physiquement féminine » (p. 179), car elle allie à une démarche apparentée au modernisme, au sens anglo-américain du terme, une sensibilité à l'ancrage du récit dans le maternel.

Annexe 1

Articles d'introduction à l'œuvre de Gabrielle Roy (choix)

BOILEAU, Marthe (1979), « Gabrielle Roy et son œuvre », *Cahiers de la Société d'études et de conférences,* n° 2, p. 103-111.

BOIVIN, Aurélien (1996), « *Bonheur d'occasion* ou le salut par la guerre », *Québec français,* n° 102, p. 86-90.

CELLA, Achille (1982), « Gabrielle Roy : una voce francese del Canada », *Quaderni di Francofonia,* I, *Letteratura francofona del Canada,* CLUEB Bologne, p. 105-115.

DUCROCQ-POIRIER, Madeleine (1978), *Le Roman canadien de langue francaise de 1860 à 1958. Recherche d'un esprit romanesque,* Paris, Nizet, p. 443-452.

FRATTA, Carla (1981), « *Bonheur d'occasion* di Gabrielle Roy », Alfredo RIZZARDI (dir.), *Canada : L'immaginazione letteraria,* Abano Terme, Piovan, p. 193-201.

GAGNON, Maurice (1986), « Gabrielle Roy (1909-1983) », *The French Novel of Quebec,* Boston, Twayne Publishers, coll. « Twayne's World Author Series, French Canadian Literature », p. 34-42.

HOY, Helen (1988), « Gabrielle Roy (22 March 1909-13 July 1983) », *Dictionary of Literary Biography,* vol. 68, « Canadian Writers, 1920-1959. First Series », W. H. NEW (dir.), Detroit, Gale Research Company, p. 299-317.

KUSHNER, Éva (1979), « De la représentation à la vision du monde », *Québec français,* n° 36, p. 38-40.

LEFRANÇOIS, Isabelle (1983), « Gabrielle Roy à livres ouverts. Entrevue imaginaire », *Bulletin des agriculteurs,* n° 66, p. 111-112, p. 116.

MARSHALL, Joyce (1983), « Gabrielle Roy 1909-1983 », *Antigonish Review,* n° 55, p. 35-46.

MAY, Cédric (1985), *Breaking The Silence : The Literature of Québec,* Birmingham, University of Birmingham, p. 91-94, p. 142-148.

MEADWELL, Kenneth W. (1993), « Gabrielle Roy », Frank MAGILL (dir.), *Magill's Survey of World Literature*, New York, Marshall Cavendish, p. 1656-1664.

MILLETICH, Maria (1991), « Gabrielle Roy, *Bonheur d'occasion, Ces enfants de ma vie* », Rudolf RADLER (dir.), *Kindlers Neues Literatur Lexikon*, vol. 14, Munich, Kindler, p. 408-410.

SOCKEN, Paul (1983), « In Memoriam : Gabrielle Roy (1909-1983) », *Revue canadienne des langues vivantes/Canadian Modern Language Review*, vol. 40, n° 1, p. 105-110.

STACKELBERG, Jürgen von (1992), « Liebeserklärung an Gabrielle Roy », Gilles DORION *et al.*, *Le Français d'aujourd'hui. Une langue à comprendre. Französisch heute*, Mélanges offerts à Jürgen Olbert, Francfort-sur-le-Main, Diesterweg, p. 355-361.

STOUCK, David (1988), « Gabrielle Roy », *Major Canadian Authors : A Critical Introduction to Canadian Literature in English*, Lincoln, University of Nebraska Press, 2ᵉ éd., p. 143-161.

THÉRIO, Adrien (1986), « Évangile selon Gabrielle Roy », Cécile CLOUTIER-WOJCIECHOWSKA et Réjean ROBIDOUX (dir.), *Solitude rompue. Textes réunis en hommage à David M. Hayne*, Ottawa, Presses de l'Université d'Ottawa, p. 394-395.

WALKER, E. A. (1980), « Gabrielle Roy », Jeffrey M. HEATH, *Profiles in Canadian Literature*, vol. 1, Toronto/Charlottetown, Dundurn Press, p. 105-112.

On consultera aussi les ouvrages de référence tels que le *Dictionnaire des œuvres littéraires du Québec* (DOLQ) et *The Oxford Companion to Canadian Literature*, 2ᵉ éd.

Annexe 2

Mentions de l'œuvre de Gabrielle Roy dans les articles sur la littérature québécoise (choix)

BEAUGRAND, Raymond (1981), « Evoluzione della letteratura franco-canadese », Alfredo RIZZARDI (dir.), *Canada : L'immaginazione letteraria,* Abano Terme, Piovan, p. 233-245 (*Bonheur d'occasion*).

BLODGETT, E. D. (1983), « How Do You Say "Gabrielle Roy" ? », Camille R. LABOSSIÈRE (dir.), *Translation in Canadian Literature,* Ottawa, Presses de l'Université d'Ottawa, p. 13-34 (sur la traduction littéraire au Canada).

FRANCŒUR, Marie, et Louis FRANCŒUR (1996), « Phanéroscopie du Moi artiste », *Semiotica,* vol. 108, n°s 1-2, p. 83-98 (*La Montagne secrète*).

GAUVIN, Lise (1978), « Une ville en mode mineur : considérations sur Montréal dans le roman récent », *Possibles,* vol. 3, n° 1, p. 11-23 (*Bonheur d'occasion* ; *Alexandre Chenevert*).

GODARD, Barbara (1984), « Ex-centriques, Eccentric, Avant-Garde : Women and Modernism in the Literatures of Canada », *Room of One's Own,* vol. 8, n° 4, p. 57-75 (*Alexandre Chenevert*).

GRACE, Sherrill E. (1980), « Duality and Series : Forms of the Canadian Imagination », *Revue canadienne de littérature comparée/Canadian Review of Comparative Literature,* vol. 7, n° 4, p. 438-451 (*Rue Deschambault*).

HÉBERT, Pierre (1982), « Un problème de sémiotique diachronique : norme coloniale et évolution des formes romanesques québécoises », *Recherches sémiotiques/Semiotic Inquiry,* vol. 2, n° 3, p. 211-239 (*Bonheur d'occasion* ; *Alexandre Chenevert*).

LÉARD, Jean-Marcel (1981), « Du sémantique au sémiotique en littérature : la modernité romanesque au Québec », *Études littéraires,* vol. 14, n° 1, p. 17-60 (*Bonheur d'occasion*).

LECLAIRE, Jacques (1992), « Romans canadiens en anglais et en français : autour du volontarisme », *Études canadiennes/Canadian Studies*, n° 32, p. 81-95 (*Bonheur d'occasion*).

LEMIRE, Maurice (1979), « Le roman québécois des mœurs urbaines », *Québec français*, n° 36, p. 56-57 (*Bonheur d'occasion* ; *Alexandre Chenevert*).

MAILHOT, Laurent (1980), « Le roman québécois et ses langages », René BOUCHARD (dir.), *Culture populaire et littératures au Québec*, Saratoga, Anna Libri, p. 147-170 (*Bonheur d'occasion*).

MAKWARD, Christiane, en collaboration avec Odile CAZENAVE (1989), « The Others' Others : "Francophone" Women and Writing », *Yale French Studies*, n° 75, p. 190-207 (*Bonheur d'occasion*).

MARSLAND, Elizabeth (1978), « "La chaîne ténue" : Roads and Railways in the Prairie Novel », *Canadian Literature*, n° 77, p. 64-72 (*La Route d'Altamont*).

MEADWELL, Kenneth (1991), « Montagne et désir dans le roman québécois de Laure Conan à Gilbert Laroque », *Études canadiennes/Canadian Studies*, n° 31, p. 73-80 (*Bonheur d'occasion*).

MELANÇON, Joseph (1981), « L'evoluzione letteraria del Quebec nel dopoguerra », Alfredo RIZZARDI (dir.), *Canada : L'immaginazione letteraria*, Abano Terme, Piovan, p. 63-73 (*Bonheur d'occasion*).

MICHON, Jacques (1979a), « Pour une analyse de l'idéologie romanesque », Jacques MICHON (dir.) *Structure, Idéologie et Réception du roman québécois de 1940 à 1960*, Cahiers d'études littéraires et culturelles, n° 3, Sherbrooke, Université de Sherbrooke, p. 32-41 (*Bonheur d'occasion*).

MICHON, Jacques (1979b), « Esthétique et réception du roman conforme : 1940-1957 », Jacques MICHON (dir.), *Structure, Idéologie et Réception du roman québécois de 1940 à 1960*, Cahiers d'études littéraires et culturelles, n° 3, Sherbrooke, Université de Sherbrooke, p. 4-20 (*Bonheur d'occasion*).

MICHON, Jacques (1981), « Fonctions et historicité des formes romanesques », *Études littéraires*, vol. 14, n° 1, p. 61-79 (*Bonheur d'occasion*).

MOSS, Jane Byers (1980), « Pathological Images in the Quebec Novel », *American Review of Canadian Studies*, vol. 10, n° 1, p. 39-47 (*Bonheur d'occasion* ; *Alexandre Chenevert*).

MULLINS, Stanley G. (1986), « A Plethora of Outsiders : Being a Variety of Experience Recounted in the Canadian Novel », *Revue de l'Université Laurentienne/Laurentian University Review*, vol. 18, n° 2, p. 49-59 (*La Petite Poule d'Eau*).

OORE, Irène, et Marie-Thérèse VINET (1990-1991), « La syntaxe des adverbiaux dans quelques textes littéraires », *ALFA. Actes de langue française et de linguistique*, Halifax, n°ˢ 3-4, p. 169-186 (*Alexandre Chenevert*).

PARÉ, François (1992), *Les Littératures de l'exiguïté*, Hearst, Le Nordir, p. 65-67 (*Bonheur d'occasion*).

PORTO, Maria Bernadette Velloso (1997), « Tradução e travessia de fronteiras. Viagens pela América na literatura quebequense contemporânea », Eurídice FIGUEIREDO et Eloína Prati DOS SANTOS (dir.), *Recortes transculturais*, Niterói (Brésil), EDUFF/ABECAN (Editora da Universidade Federal Fluminense/Associação Brasileira de Estudos Canadenses), p. 75-89 (*La Petite Poule d'Eau*).

SAINT-PIERRE, Annette (1993), « Itinéraire de l'écriture et de l'édition dans l'Ouest canadien », *La Licorne,* n° 27, p. 263-272 (la carrière littéraire de Gabrielle Roy).

SCHOEMPERLEN, Diane (1979), « The Role of the House in Canadian Fiction », *Malahat Review,* n° 51, p. 17-32 (*Bonheur d'occasion*).

VAN LENT, Peter (1986), « Absence and Departure : The Male Mystique in French-Canadian Literature before 1950 », *American Review of Canadian Studies,* vol. 16, n° 1, p. 17-23 (*Bonheur d'occasion*).

WILHELM, Bernard (1988), « Un début de littérature francophone dans l'Ouest canadien », *Language, Culture and Curriculum,* vol. 1, n° 3, p. 233-241 (la carrière littéraire de Gabrielle Roy).

Index des sujets traités

Alexandre Chenevert

Andron, 1996 ; Arguin, 1989 ; Babby, 1982 ; Babby, 1985 ; Boucher, 1988a ; Brochu, 1989 ; Brotherson, 1981 ; Brotherson, 1991 ; Chadbourne, 1989 ; Chassay, 1992 ; Chassay, 1995 ; Dorsinville, 1984 ; Drummond, 1990 ; Drummond, 1991 ; Frédéric, 1995 ; Gauvin, 1986 ; Gilbert Lewis, 1985a ; Jones, 1982 ; Kapetanovich, 1990 ; Kwaterko, 1994 ; Novelli, 1989 ; Riedel, 1984 ; Roy-Cyr & Della Zazzera, 1996 ; Schonberger, 1995 ; Schonberger, 1996 ; Simon, 1992-3 ; Socken, 1984 ; Socken, 1987 ; Tanguay, 1996 ; Thifault, 1996.

Bonheur d'occasion

Allard, 1997 ; Amprimoz, 1982 ; Arguin, 1989 ; Babby, 1985 ; Behounde, 1983 ; Bourbonnais, 1988 ; Brochu, 1979 ; Cambron, 1997 ; Chadbourne, 1996 ; Coleman, 1993 ; Copeta & Costantino, 1985 ; Couillard, 1981 ; Delson-Karan, 1995 ; des Rivières, 1978 ; Dolbec, 1992 ; Dorsinville, 1984 ; Drummond, 1986 ; Drummond, 1988 ; Drummond, 1989 ; Duchaine, 1992 ; Elder, 1995 ; Ewing, 1985 ; Fitzpatrick, 1984 ; Fratta, 1993 ; Frédéric, 1988 ; Frédéric, 1989 ; Frédéric, 1992 ; Frédéric, 1995 ; Gallays, 1996 ; Gann, 1995 ; Gauvin, 1986 ; Gilbert Lewis, 1985a ; Grace, 1984 ; Green, 1979 ; Green, Lewis & Gould, 1985 ; Hayward, 1993 ; Kapetanovich, 1991b ; L'Hérault, 1989 ; L'Hérault, 1991 ; L'Hérault, 1994 ; Marcotte, G., 1989 ; Marcotte, G., 1997 ; Marmier, 1982 ; Mead, 1988 ; Melançon, 1984 ; Morency, 1997 ; Nardout-Lafarge, 1991 ; Novelli, 1981 ; Novelli, 1988 ; Novelli, 1989 ; Nutting, 1993 ; Paterson, 1996 ; Purdy, 1990 ; Rea, 1996 ; Resch, 1978 ; Ricard, 1996a ; Ricard, 1996b ; Roy, P.-É., 1989 ; Saint-Martin, 1989 ; Saint-Martin, 1993a ; Saint-Martin, 1993b ; Saint-Martin, 1997 ; Schonberger, 1996 ; Shek, 1984 ; Shek, 1996 ; Sirois, 1979 ; Sirois, 1984 ; Sirois, 1991 ; Smart, 1988 ; Smart, 1997 ; Socken, 1982 ; Stéphan, 1987b ; Stéphan, 1991a ; Stéphan, 1991b ; Stratford, 1986 ; Trépanier, 1994 ; Tuchmaïer, 1991 ; Tufte, 1993 ; Vaucheret, 1985 ; Weinmann, 1993.

Contes pour enfants

Arcand, 1996.

Correspondance

Genuist, P., 1990 ; Marcotte, S., 1997 ; Saint-Martin, 1994.

La Détresse et l'Enchantement

Baril, 1996 ; Bednarski, 1989 ; Berthiaume, 1988 ; Brochu, 1986 ; Cadieux, 1989 ; Claxton, 1996 ; Costantino, 1996 ; Dubé, 1989 ; Dubé, 1995 ; Francœur, M., 1996 ; Genuist, M., 1990 ; Guérard, 1987 ; Harvey, 1994d ; Kahane, H. & Kahane, R., 1994 ; L'Hérault, 1989 ; L'Hérault, 1991 ; L'Hérault, 1994 ; Lafontaine, T., 1986 ; Lennox, 1988 ; Lord, 1994 ; Maindron, 1991 ; Marazza, 1992 ; Meda, 1996 ; Ouellet, 1992 ; Ouellet, 1993 ; Parris, 1991 ; Phi, 1992 ; Porto, 1996 ; Ricard, 1996a ; Roberts-Van Oordt, 1990 ; Saint-Martin, 1989 ; Socken, 1989 ; Théoret, 1995 ; Thomas, 1991 ; Urbas, 1992 ; Whitfield, 1992b ; Whitfield, 1996 ; Wiktorowicz, 1992 ; Wiktorowicz, 1993 ; Wiktorowicz, 1996.

De quoi t'ennuies-tu, Éveline ?

Babby, 1989 ; Guillemette, 1993 ; Guillemette, 1995 ; Levasseur, 1991.

Ces enfants de ma vie

Arpin, 1994 ; Bartosova, 1989 ; Bartosova-Jack, 1996 ; Boucher, 1988b ; Clemente, 1993 ; Courchene, 1989-1990 ; Delson-Karan, 1988a ; Francœur, M., 1984 ; Gallays, 1980 ; Harvey, 1991 ; Harvey, 1994d ; Kapetanovich, 1982 ; MacDonell, 1996 ; Ricard, 1996a ; Socken, 1991 ; Vaucheret, 1994 ; Whitfield, 1984 ; Whitfield, 1990b ; Whitfield, 1991 ; Whitfield, 1992a.

Cet été qui chantait

Bell, 1991-1992 ; Juery, 1981 ; Ricard, 1996a.

« Le Gardien de l'horizon »

(Faux texte de Gabrielle Roy : voir Ricard, 1994)
Crochet, 1992.

Inédits

(Voir aussi La Saga d'Éveline.)
Larouche, 1984 ; Marcotte, S., 1997 ; Ricard, 1992a ; Ricard, 1992b ; Ricard, 1996a ; Robinson, 1995b ; Robinson, 1996 ; Robinson, 1997.

Un jardin au bout du monde

Bourbonnais, 1982 ; Bourbonnais, 1990 ; Brochu, 1989 ; Crochet, 1993 ; Dansereau, 1990a ; Dansereau, 1990b ; Dansereau, 1992 ; Dansereau, 1995 ; Dansereau, 1996 ; Genuist, M., 1991a ; Harvey, 1996b ; Ricard, 1996a ; Rubinger, 1980 ; Saint-Martin, 1989 ; Saint-Martin, 1996a.

La Montagne secrète

Amprimoz, 1981 ; Babby, 1985 ; Brochu, 1984 ; Delson-Karan, 1993 ; Fiand, 1979 ; Francœur, L., 1996 ; Francœur, L. & Francœur, M., 1993 ; Gaboury-Diallo, 1996 ;

Joubert, 1996 ; Kapetanovich, 1991a ; Lacombe, 1981 ; Lamarre, 1996 ; Lamarre, 1997 ; Malette, 1994 ; Morency, 1986 ; Morency, 1994 ; Novelli, 1986 ; Novelli, 1989 ; Paquin, 1994 ; Piccione, 1993 ; Piccione, 1996 ; Quenneville, 1991 ; Ricard, 1996a ; Sirois, 1996 ; Van Tooren, 1995 ; Voldeng, 1996.

Nouvelles des débuts

Gilbert Lewis, 1985b ; Hahn, 1995 ; Ricard, 1996a.

Nouvelles

Vigneault, 1996.

Œuvre

Bourbonnais, 1992 ; Boyce, 1996 ; Chadbourne, 1978 ; Chadbourne, 1991 ; Chung, 1995 ; Daviau, 1987 ; Daviau, 1993 ; Delson-Karan, 1996 ; Fauchon, 1996a ; Genuist, M., 1991b ; Gilbert Lewis, 1980 ; Gilbert Lewis, 1981a ; Gilbert Lewis, 1981b ; Gilbert Lewis, 1982 ; Gilbert Lewis, 1983 ; Gilbert Lewis, 1984 ; Hahn, 1987 ; Hesse, 1984a ; Lafontaine, C., 1986 ; Livesay, 1983 ; Maindron, 1996 ; Mathis, 1996 ; May, 1991 ; Mitcham, 1979 ; Mitcham, 1983a ; Morisset, Kapetanovich, Dubé, 1985 ; Pascal, 1979 ; Pascal, 1980 ; Piccione, 1991 ; Resch, 1991 ; Ricard, 1984 ; Ricard, 1989b ; Ricard, 1996c ; Robidoux, 1989 ; Romney, 1995 ; Romney & Dansereau, 1995 ; Saint-Martin, 1989 ; Schonberger, 1989 ; Shek, 1986 ; Sirois, 1989 ; Socken, 1996 ; Viselli, 1991.

Œuvre autobiographique

Bourbonnais, 1990 ; Bourbonnais, 1996 ; Brault, 1989 ; Figueiredo, 1995 ; Nnadi, 1996 ; Resch, 1996 ; Robinson, 1995a ; Romney, 1996 ; Saint-Martin, 1990 ; Saint-Martin, 1992 ; Saint-Martin, 1995 ; Saint-Martin, 1996a ; Stéphan, 1996.

Œuvre manitobaine

Bartosova, 1994b ; Beckett, 1996 ; Collet, 1992 ; Essar, 1991 ; Franzen, 1996 ; Harvey, 1982 ; Harvey, 1990b ; Harvey, 1992 ; Harvey, 1993 ; Harvey, 1994a ; Harvey, 1994b ; Harvey, 1994c ; Harvey, 1996a ; Hughes, 1983 ; MacDonell, 1994 ; May, 1981 ; Mitcham, 1981 ; Mocquais, 1984 ; Mocquais, 1995 ; Romney, 1991 ; Viau, 1992a ; Viau, 1992b.

La Petite Poule d'Eau

Baril, 1996 ; Chadbourne, 1989 ; Davidson, 1979 ; Delson-Karan, 1987 ; Jakabfi, 1988 ; Joubert, 1996 ; Knowler, 1996 ; Lavorel, 1996 ; Lecomte, 1996 ; Martiny, 1996 ; Novelli, 1989 ; Novelli, 1990 ; Puri, 1986-7 ; Quigley, 1991 ; Ricard, 1996a ; Rodriguez, 1995 ; Rodriguez, 1996 ; Vaucheret, 1994.

Reportages

Clemente, 1996 ; Hahn, 1995 ; Hahn, 1996 ; Harvey, 1991 ; Harvey, 1996b ; Labonté, 1982 ; Novelli, 1987 ; Ricard, 1996a.

La Rivière sans repos

Babby, 1984 ; Babby, 1985 ; Dansereau, 1995 ; Dansereau, 1996 ; Kapetanovich, 1992 ; Mitcham, 1983b ; Ricard, 1996a ; Sirois, 1996 ; Vaucheret, 1991.

La Route d'Altamont

Belleau, 1980 ; Blodgett, 1980 ; Boucher, 1991 ; Clarke, 1996 ; Collet, 1986 ; Delson-Karan, 1988b ; Essar, 1985 ; Gaboury-Diallo, 1996 ; Gilbert Lewis, 1979 ; Gilbert Lewis, 1985c ; Gilbert [Lewis], 1993 ; Harvey, 1985 ; Harvey, 1990a ; Jukpor, 1989 ; Kasper, 1996 ; Knowler, 1996 ; Morency, 1991 ; Morency, 1994 ; Piccione, 1996 ; Ricard, 1996a ; Roberts-Van Oordt, 1991 ; Roy, A., 1994 ; Williams, 1991.

Rue Deschambault

Bartosova, 1994a ; Belleau, 1980 ; Calloud & Panier, 1983 ; Clarke, 1996 ; Crochet, 1990-1991 ; Ducrocq-Poirier, 1991 ; Dufault, 1987 ; Dufault, 1991 ; Dunn-Lardeau, 1996a ; Dunn-Lardeau, 1996b ; Gaboury-Diallo, 1996 ; Gilbert Lewis, 1979 ; Gilbert Lewis, 1985c ; Heidenreich, 1996 ; Hesse, 1984b ; Huffman, 1997 ; Joachim, 1980 ; Quigley, 1991 ; Ricard, 1996a ; Roberts-Van Oordt, 1990 ; Roberts-Van Oordt, 1991 ; Rodriguez, 1996 ; Rolfe, 1996 ; Stéphan, 1987a ; Urbas, 1994 ; Whitaker, 1989.

La Saga d'Éveline

Robinson, 1995b ; Robinson, 1996 ; Robinson, 1997.

« Terre des hommes »

Bell, 1991.

Textes critiques sur l'œuvre de Gabrielle Roy

Chadbourne, 1984 ; Collectif, 1981 ; Gallays, 1980 ; Ricard, 1994 ; Saint-Martin, 1996b ; Shek, 1996 ; Socken, 1979 ; Whitfield, 1990a ; Whitfield, 1990b.

Vie de Gabrielle Roy

Clemente & Clemente, 1997 ; Marshall, 1988 ; O'Neill-Karch, 1992 ; Ricard, 1984 ; Ricard, 1989a ; Ricard, 1996a ; Ricard, 1996b ; Roy-Cyr, 1996 ; Shek, 1989 ; Urbas, 1988 ; Urbas, 1996.

Index des approches

Approche biographique

Clemente & Clemente, 1997 ; Genuist, 1990 ; Genuist, M., 1990 ; Harvey, 1993 ; Marshall, 1988 ; O'Neill-Karch, 1992 ; Ricard, 1984 ; Ricard, 1989a ; Ricard, 1996a ; Ricard, 1996b ; Ricard, 1996c ; Roberts-Van Oordt, 1990 ; Robinson, 1995a ; Roy-Cyr, 1996 ; Shek, 1989 ; Urbas, 1988 ; Urbas, 1996.

Approche comparatiste

Allard, 1997 ; Behounde, 1983 ; Bell, 1991 ; Bell, 1991-1992 ; Blodgett, 1980 ; Cambron, 1997 ; Clarke, 1996 ; Collet, 1986 ; Couillard, 1981 ; Delson-Karan, 1996 ; Drummond, 1989 ; Drummond, 1990 ; Duchaine, 1992 ; Dufault, 1991 ; Ewing, 1985 ; Fitzpatrick, 1984 ; Franzen, 1996 ; Frédéric, 1988 ; Gallays, 1996 ; Gilbert Lewis, 1981a ; Gilbert [Lewis], 1993 ; Green, 1979 ; Guillemette, 1993 ; Harvey, 1994c ; Hughes, 1983 ; Jakabfi, 1988 ; Jones, 1982 ; Levasseur, 1991 ; L'Hérault, 1994 ; Livesay, 1983 ; Maindron, 1991 ; Maindron, 1996 ; Marcotte, G., 1997 ; Mocquais, 1984 ; Morency, 1991 ; Morency, 1994 ; Morency, 1997 ; Nnadi, 1996 ; Nutting, 1993 ; Ouellet, 1993 ; Parris, 1991 ; Purdy, 1990 ; Rea, 1996 ; Riedel, 1984 ; Rolfe, 1996 ; Saint-Martin, 1993b ; Saint-Martin, 1997 ; Sirois, 1996 ; Smart, 1997 ; Socken, 1996 ; Stéphan, 1987a ; Stratford, 1986 ; Thomas, 1991 ; Trépanier, 1994 ; Voldeng, 1996 ; Whitaker, 1989 ; Whitfield, 1984 ; Williams, 1991.

Critique au féminin

Bourbonnais, 1988 ; Bourbonnais, 1990 ; Clemente, 1993 ; Couillard, 1981 ; Courchene, 1989-1990 ; Dunn-Lardeau, 1996a ; Elder, 1995 ; Gilbert Lewis, 1979 ; Gilbert Lewis, 1982 ; Gilbert Lewis, 1985a ; Gilbert Lewis, 1985b ; Gilbert Lewis, 1985c ; Gilbert [Lewis], 1993 ; Grace, 1984 ; Green, 1979 ; Green, Lewis & Gould, 1985 ; Harvey, 1990a ; Harvey, 1993 ; Harvey, 1994d ; Hayward, 1993 ; Heidenreich, 1996 ; Kasper, 1996 ; Lamarre, 1996 ; Lamarre, 1997 ; Nnadi, 1996 ; Nutting, 1993 ; Pascal, 1979 ; Pascal, 1980 ; Rea, 1996 ; Saint-Martin, 1989 ; Saint-Martin, 1990 ; Saint-Martin, 1992 ; Saint-Martin, 1993a ; Saint-Martin, 1993b ; Saint-Martin, 1994 ; Saint-Martin, 1995 ; Saint-Martin, 1996a ; Saint-Martin, 1997 ; Smart, 1988 ; Smart, 1997 ;

Stéphan, 1987a ; Stéphan, 1991a ; Stéphan, 1991b ; Whitfield, 1990a ; Whitfield, 1990b ; Whitfield, 1991 ; Whitfield, 1992a ; Whitfield, 1992b ; Whitfield, 1996.

Études génériques

Boucher, 1988b ; Boucher, 1991 ; Clemente, 1993 ; Ducrocq-Poirier, 1991 ; Figueiredo, 1995 ; Heidenreich, 1996 ; Huffman, 1997 ; Marcotte, S., 1997 ; Ouellet, 1992 ; Ouellet, 1993 ; Ricard, 1996c ; Robinson, 1995a ; Saint-Martin, 1994 ; Vigneault, 1996 ; Whitfield, 1991 ; Whitfield, 1992a ; Whitfield, 1992b.

Génétique textuelle

Dansereau, 1992 ; Dunn-Lardeau, 1996b ; Harvey, 1991 ; Harvey, 1996b ; Robinson, 1995b ; Robinson, 1996 ; Robinson, 1997 ; Thifault, 1996.

Approche linguistique et formelle

Amprimoz, 1982 ; Babby, 1982 ; Babby, 1984 ; Babby, 1985 ; Babby, 1989 ; Bartosova, 1994a ; Belleau, 1980 ; Boucher, 1988a ; Brault, 1989 ; Brochu, 1979 ; Brochu, 1984 ; Brochu, 1989 ; Cadieux, 1989 ; Calloud & Panier, 1983 ; Cambron, 1997 ; Clemente, 1996 ; Coleman, 1993 ; Crochet, 1990-1991 ; Dansereau, 1990a ; Dansereau, 1990b ; Dansereau, 1995 ; Dansereau, 1996 ; Daviau, 1987 ; Daviau, 1993 ; Dubé, 1989 ; Dubé, 1995 ; Francœur, M., 1984 ; Francœur, M., 1996 ; Frédéric, 1995 ; Gann, 1995 ; Guillemette, 1993 ; Guillemette, 1995 ; Hahn, 1987 ; Hahn, 1995 ; Hahn, 1996 ; Harvey, 1985 ; Huffman, 1997 ; Juery, 1981 ; Kwaterko, 1994 ; Labonté, 1982 ; Lafontaine, T., 1986 ; Lennox, 1988 ; MacDonell, 1996 ; Malette, 1994 ; Marcotte, G., 1989 ; Marcotte, G., 1997 ; Mead, 1988 ; Mocquais, 1995 ; Ouellet, 1992 ; Ouellet, 1993 ; Paterson, 1996 ; Rodriguez, 1995 ; Rodriguez, 1996 ; Romney, 1991 ; Romney, 1995 ; Romney, 1996 ; Romney & Dansereau, 1995 ; Saint-Martin, 1995 ; Schonberger, 1989 ; Schonberger, 1995 ; Schonberger, 1996 ; Stéphan, 1987b ; Tanguay, 1996 ; Thomas, 1991 ; Tufte, 1993 ; Vigneault, 1996 ; Whitfield, 1984 ; Wiktorowicz, 1992 ; Wiktorowicz, 1993 ; Wiktorowicz, 1996.

Approche mythocritique

Amprimoz, 1981 ; Francœur, L. & Francœur, M., 1993 ; Gaboury-Diallo, 1996 ; Joubert, 1996 ; Morency, 1986 ; Morency, 1991 ; Morency, 1994 ; Morency, 1997 ; Riedel, 1984 ; Sirois, 1989 ; Sirois, 1996 ; Socken, 1984 ; Socken, 1987 ; Viselli, 1991 ; Voldeng, 1996.

Approche psychanalytique

Dansereau, 1990a ; Dansereau, 1990b ; Dansereau, 1995 ; Gilbert Lewis, 1985c ; Lamarre, 1996 ; Lamarre, 1997 ; Roy, A., 1994 ; Saint-Martin, 1990 ; Saint-Martin, 1992 ; Saint-Martin, 1995 ; Whitfield, 1984.

Approche psychologique

Arpin, 1994 ; Roy-Cyr & Della Zazzera, 1996.

Analyse de la réception

Chadbourne, 1984 ; Collectif, 1981 ; Gallays, 1980 ; Gauvin, 1986 ; Marmier, 1982 ; Mathis, 1996 ; Melançon, 1984 ; Ricard, 1994 ; Ricard, 1996a ; Saint-Martin, 1996b ; Shek, 1996 ; Sirois, 1984 ; Socken, 1979 ; Whitfield, 1990a ; Whitfield, 1990b.

Approche sociologique

Allard, 1997 ; Arguin, 1989 ; Behounde, 1983 ; Cambron, 1997 ; Copeta & Costantino, 1985 ; des Rivières, 1978 ; Dolbec, 1992 ; Dorsinville, 1984 ; Ewing, 1985 ; Frédéric, 1988 ; Frédéric, 1989 ; Frédéric, 1992 ; Jakabfi, 1988 ; Joachim, 1980 ; Kapetanovich, 1982 ; Kapetanovich, 1990 ; Kapetanovich, 1991a ; Kapetanovich, 1991b ; Kapetanovich, 1992 ; Marcotte, G., 1997 ; Morisset, Kapetanovich, Dubé, 1985 ; Nardout-Lafarge, 1991 ; Novelli, 1981 ; Novelli, 1986 ; Novelli, 1987 ; Novelli, 1988 ; Novelli, 1989 ; Novelli, 1990 ; Porto, 1996 ; Purdy, 1990 ; Resch, 1978 ; Shek, 1984 ; Shek, 1996 ; Sirois, 1991 ; Stratford, 1986 ; Trépanier, 1994 ; Vaucheret, 1985.

Étude des symboles

Amprimoz, 1981 ; Bourbonnais, 1982 ; Crochet, 1993 ; Delson-Karan, 1987 ; Delson-Karan, 1988a ; Delson-Karan, 1988b ; Delson-Karan, 1993 ; Delson-Karan, 1995 ; Genuist, M., 1991b ; Hahn, 1987 ; Harvey, 1990b ; Harvey, 1992 ; Viselli, 1991.

Approche thématique

Américanité

Chassay, 1992 ; Chassay, 1995 ; Guillemette, 1993 ; Levasseur, 1991 ; Morency, 1991 ; Morency, 1994 ; Morency, 1997.

Enfance

Bartosova, 1989 ; Bartosova-Jack, 1996 ; Collet, 1986 ; Dufault, 1987 ; Dufault, 1991 ; Mitcham, 1979 ; Quigley, 1991 ; Rolfe, 1996 ; Whitaker, 1989.

Espace

Arguin, 1989 ; Bartosova, 1994b ; Beckett, 1996 ; Blodgett, 1980 ; Bourbonnais, 1982 ; Chadbourne, 1996 ; Collet, 1992 ; Copeta & Costantino, 1985 ; Costantino, 1996 ; Dolbec, 1992 ; Essar, 1985 ; Fauchon, 1996b ; Gann, 1995 ; Genuist, M., 1991a ; Gilbert [Lewis], 1985a ; Grace, 1984 ; Harvey, 1982 ; Harvey, 1990b ; Harvey, 1992 ; Harvey, 1993 ; Harvey, 1994b ; Harvey, 1994c ; Lecomte, 1996 ; Lord, 1994 ; MacDonell, 1994 ; May, 1981 ; May, 1991 ; Mitcham, 1983b ; Mocquais, 1984 ; Piccione, 1996 ; Porto, 1996 ; Resch, 1978 ; Saint-Martin, 1993a ; Sirois, 1989 ; Sirois, 1996 ; Trépanier, 1994 ; Vaucheret, 1985 ; Viau, 1992a ; Viau, 1992b.

Existentialisme

Bell, 1991 ; Brotherson, 1981 ; Brotherson, 1991 ; Davidson, 1979 ; Drummond, 1986 ; Drummond, 1988 ; Drummond, 1989 ; Drummond, 1991 ; Fiand, 1979.

Identité minoritaire

Baril, 1996 ; Genuist, M., 1990 ; Harvey, 1994a ; Harvey, 1994d ; Harvey, 1996a ; Kahane, H. & Kahane, R., 1994 ; Lafontaine, C., 1986 ; Porto, 1996 ; Urbas, 1992 ; Urbas, 1994.

Interculturel

Chung, 1995 ; Dansereau, 1990a ; Dansereau, 1990b ; Dansereau, 1995 ; Dansereau, 1996 ; Hesse, 1984b ; Joachim, 1980 ; Kwaterko, 1994 ; L'Hérault, 1989 ; L'Hérault, 1991 ; L'Hérault, 1994 ; Resch, 1991 ; Resch, 1996 ; Shek, 1986 ; Simon, 1992-1993 ; Vaucheret, 1991 ; Weinmann, 1993.

Poétique

Berthiaume, 1988 ; Cadieux, 1989 ; Coleman, 1993 ; Francœur, L., 1996 ; Francœur, M., 1984 ; Paquin, 1994 ; Piccione, 1993 ; Quenneville, 1991 ; Van Tooren, 1995 ; Williams, 1991.

Quête identitaire

Boucher, 1988b ; Brotherson, 1991 ; Crochet, 1993 ; Dubé, 1989 ; Essar, 1991 ; Francœur, M., 1996 ; Jukpor, 1989 ; L'Hérault, 1989 ; L'Hérault, 1991 ; L'Hérault, 1994 ; Lennox, 1988 ; Lord, 1994 ; Resch, 1996 ; Socken, 1989 ; Théoret, 1995 ; Urbas, 1994.

Temps et mémoire

Bell, 1991-1992 ; Bourbonnais, 1992 ; Kasper, 1996 ; Meda, 1996 ; Phi, 1992.

Voyage

Boucher, 1991 ; Chadbourne, 1978 ; Essar, 1991 ; Gilbert Lewis, 1980 ; Knowler, 1996 ; Stéphan, 1996.

Autres thèmes

Andron, 1996 ; Arcand, 1996 ; Babby, 1989 ; Bednarski, 1989 ; Bourbonnais, 1996 ; Boyce, 1996 ; Brochu, 1986 ; Chadbourne, 1989 ; Chadbourne, 1991 ; Claxton, 1996 ; Crochet, 1992 ; Dunn-Lardeau, 1996a ; Fitzpatrick, 1984 ; Fratta, 1993 ; Genuist, M., 1991b ; Gilbert Lewis, 1981a ; Gilbert Lewis, 1981b ; Gilbert Lewis, 1983 ; Gilbert Lewis, 1984 ; Guérard, 1987 ; Harvey, 1993 ; Heidenreich, 1996 ; Hesse, 1984a ; Jones, 1982 ; Kasper, 1996 ; Labonté, 1982 ; Lacombe, 1981 ; Lafontaine, T., 1986 ; Lavorel, 1996 ; Maindron, 1996 ; Marazza, 1992 ; Marcotte, S., 1997 ; Martiny, 1996 ; Mead, 1988 ; Mitcham, 1981 ; Mitcham, 1983a ; Nardout-Lafarge, 1991 ; Parris, 1991 ; Paterson, 1996 ; Puri, 1986-87 ; Ricard, 1989b ; Ricard, 1992b ; Ricard, 1994 ; Riedel, 1984 ; Roberts-Van Oordt, 1990 ; Roberts-Van Oordt, 1991 ; Robidoux, 1989 ; Robinson, 1995b ; Roy, P.-É., 1989 ; Rubinger, 1980 ; Sirois, 1979 ; Socken, 1991 ; Stéphan, 1991b ; Tuchmaïer, 1991 ; Vaucheret, 1994 ; Whitfield, 1996.

Table

Remerciements   9

Gabrielle Roy devant la critique   11

Comment utiliser la bibliographie   43

Livres   45

Articles et chapitres de livres   57

Annexe 1 : Articles d'introduction à l'œuvre
de Gabrielle Roy (choix)   177

Annexe 2 : Mentions de l'œuvre de Gabrielle Roy
dans les articles sur la littérature québécoise (choix)   179

Index des sujets traités   183

Index des approches   187

MISE EN PAGES ET TYPOGRAPHIE :
LES ÉDITIONS DU BORÉAL

ACHEVÉ D'IMPRIMER EN SEPTEMBRE 1998
SUR LES PRESSES DE L'IMPRIMERIE AGMV MARQUIS,
À CAP-SAINT-IGNACE (QUÉBEC).